科学出版社“十四五”普通高等教育本科规划教材

《应用统计学》配套学习指导书

应用统计学学习指导

贾　祥／编著

科学出版社

北　京

内 容 简 介

本书为科学出版社“十四五”普通高等教育本科规划教材《应用统计学》（武小悦、刘琦、贾祥、吴昕阳编著）配套的学习指导书，主要内容包括绪论、描述性统计、抽样与估计、统计调查、假设检验、方差分析与试验设计、回归分析、主成分分析与因子分析、判别分析与聚类分析、时间序列分析、指数各章节的学习指导、习题和习题参考答案，以及大部分章节的软件操作。

本书可作为管理科学与工程、系统工程、工业工程、数据工程、经济管理等专业的应用统计学课程的习题册，也可供相关工程技术人员参考。

图书在版编目（CIP）数据

应用统计学学习指导 / 贾祥编著. -- 北京 ：科学出版社，2025. 6.
ISBN 978-7-03-080151-7

Ⅰ. C8

中国国家版本馆 CIP 数据核字第 2024830EK2 号

责任编辑：方小丽 / 责任校对：姜丽策
责任印制：张　伟 / 封面设计：有道设计

科学出版社出版
北京东黄城根北街 16 号
邮政编码：100717
http://www.sciencep.com
固安县铭成印刷有限公司印刷
科学出版社发行　各地新华书店经销
*
2025 年 6 月第　一　版　开本：787×1092　1/16
2025 年 6 月第一次印刷　印张：14 1/2
字数：344 000

定价：48.00 元

（如有印装质量问题，我社负责调换）

前　言

党的二十大报告指出："我们要坚持教育优先发展、科技自立自强、人才引领驱动，加快建设教育强国、科技强国、人才强国，坚持为党育人、为国育才，全面提高人才自主培养质量，着力造就拔尖创新人才，聚天下英才而用之。"①2023年9月，习近平总书记在黑龙江考察调研时指出，要以科技创新引领产业全面振兴；整合科技创新资源，引领发展战略性新兴产业和未来产业，加快形成新质生产力②。数据是继土地、劳动力、资本和技术后的第五大生产要素，如何释放数据的生产力尤为关键。统计学是一门收集、分析、表现和解释数据的科学和艺术，为更好促进高等教育中的统计学课程学习，我们编写出版了科学出版社"十四五"普通高等教育本科规划教材《应用统计学》（武小悦、刘琦、贾祥、吴昕阳编著），本书为该教材配套的学习指导书。

本书每章内容包括学习指导、习题和习题参考答案，另外部分章节还提供了软件操作。其中学习指导用表格概括性地介绍了规划教材中相应章节的知识结构，并用思维导图形式给出了学习要点；软件操作以规划教材中的算例或案例为例，详细介绍了如何利用 Python 和 MATLAB 软件进行分析和计算，给出了相应数据和具体代码；习题是对规划教材中课后习题的补充，题型包括单项选择题、判断题、简答题和计算题等，同时在习题参考答案部分给出了相应的参考答案。

对于软件操作，考虑到目前公开出版的很多教材中已直接提供了 Excel 软件和 SPSS 软件的操作，也有很多辅导书全面介绍了 SPSS 等统计软件的操作，因此本书主要介绍如何利用 Python 和 MATLAB 这两种软件编程进行统计分析。Python 是目前主流的大数据分析软件，MATLAB 是很多工科的常用分析软件，介绍这两种软件编程的统计分析，有助于读者将统计分析方法与其他理论结合起来解决实际问题。为了更针对性地通过 Python 和 MATLAB 编程进行统计分析，本书给出了规划教材中的案例数据，以及图、表的运行代码和注释，并扩展给出了软件中相关函数的参数说明。

与本书配套的除了科学出版社出版的规划教材外，还包括学堂在线平台上的"应用统计学"MOOC（massive open online course，大规模开放在线课程）（国防科技大学公开课）、头歌（EduCoder）实践教学平台上的"应用统计学"实践课程（国防科技大学）等线上资源，其中 MOOC 配套了教学视频、习题和试题，EduCoder 课程配套了 Python 编程的实践项目。欢迎读者在学堂在线和 EduCoder 平台注册访问这些资源。如果需要本书中代码的

---

① 《习近平：高举中国特色社会主义伟大旗帜 为全面建设社会主义现代化国家而团结奋斗——在中国共产党第二十次全国代表大会上的报告》，https://www.gov.cn/xinwen/2022-10/25/content_5721685.htm, 2024年7月21日。

② 《习近平在黑龙江考察时强调：牢牢把握在国家发展大局中的战略定位 奋力开创黑龙江高质量发展新局面》，https://www.gov.cn/yaowen/liebiao/202309/content_6903032.htm?device=app，2023年9月8日。

电子版，可发邮件（邮箱：jiaxiang09@sina.cn）联系作者或联系出版社向作者获取。

本书在编写过程中，除了参考规划教材外，还参考借鉴了一些国内外相关文献，在此一并向有关作者表示感谢。另外，本书中的大部分习题来源于国防科技大学“应用统计学”课程团队的习题库、试题库等课程建设成果。同时，十分感谢科学出版社方小丽编辑为本书出版所做的大量工作。

由于编者水平有限，本书难免存在不足之处，欢迎读者予以批评指正。

编著者

2025 年 3 月于长沙

目　录

第1章 绪　　论

1.1 学 习 指 导

本章的知识结构如表 1-1 所示。

表 1-1　绪论的知识结构

章节	知识点	内容		
统计与统计学	统计学概念	一门收集、分析、表现和解释数据的艺术和科学		
	分类	方法用途	描述统计学	研究数据的收集、整理、表述、分析和解释的方法
			推断统计学	研究如何根据数据推断总体特征的方法
		研究内容	理论统计学	研究一般原理
			应用统计学	研究如何应用理论解决实际问题
总体与样本	总体	概念		研究对象的全部个体组成的集合，每个个体称为总体单位
		性质		大量性、同质性、变异性
		个体数量		有限总体、无限总体
	标志	概念		总体单位所共同具有的属性或特征
		分类	内容	品质标志、数量标志
			标志值	不变标志、可变标志
	指标	概念		总体的数量特征
		要素		指标名称、计量单位、计算方法
		一个指标只能反映总体在某一个方面的特征		
	样本和样品	样本		总体中按一定的规则抽取的总体单位组成的集合
		样品		组成样本的个体称为样品
数据与变量	数据	分类	生成方式	观测数据、实验数据
			对应时间	截面数据、时间序列数据
			数据的值	定性数据、定量数据
		来源		原始数据、次级数据
	变量	概念		可变的标志或指标
		测量水平		定类测量、定序测量、定距测量、定比测量
		分类	取值间隙	离散型变量、连续型变量
			相互关系	因变量、自变量
			测量水平	分类变量、数值型变量
	常见概率分布	二项分布、均匀分布、正态分布、指数分布		
	分位数	连续型变量的分位数、离散型变量的分位数		
统计工作	基本职能	信息、咨询、监督		
	作用	提供信息、验证假设、推断结论		
	过程	统计设计、统计调查、统计整理、统计分析		
	职业道德	求真务实，确保真实；实事求是，不带偏好；服务社会，依法统计		
常用的统计软件	专业统计软件、通用程序设计软件、通用电子表格软件			

学习要点及其关系如图 1-1 所示。

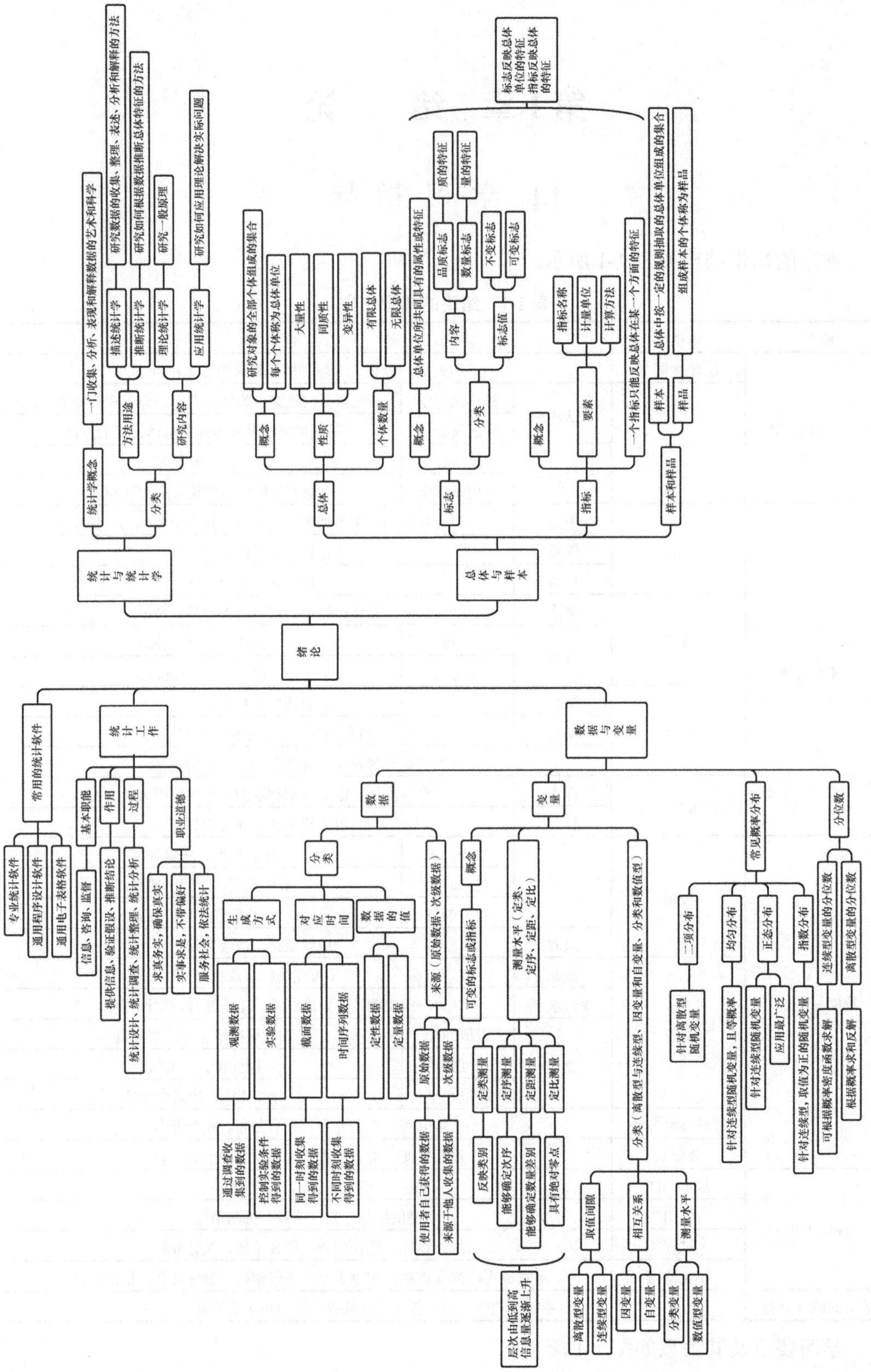
绪论
统计与统计学
统计学概念
一门收集、分析、表现和解释数据的艺术和科学
分类
方法用途
描述统计学
研究数据的收集、整理、表述、分析和解释的方法
推断统计学
研究如何根据样本数据推断总体特征的方法
研究内容
理论统计学
研究一般原理
应用统计学
研究如何应用理论解决实际问题
总体与样本
总体
概念
研究对象的全部个体组成的集合
每个个体称为总体单位
性质
大量性
同质性
变异性
个体数量
有限总体
无限总体
标志
概念
总体单位所共同具有的属性或特征
分类
内容
品质标志
质的特征
数量标志
量的特征
标志值
不变标志
可变标志
标志反映总体单位的特征
指标反映总体的特征
指标
概念
一个指标只能反映总体在某一个方面的特征
要素
指标名称
计量单位
计算方法
样本和样品
样本
总体中按一定的规则抽取的总体单位组成的集合
样品
组成样本的个体称为样品
统计工作
基本职能
信息、咨询、监督
作用
提供信息、验证假说、推断结论
过程
统计设计、统计调查、统计整理、统计分析
职业道德
求真务实，确保真实
实事求是，不带偏好
服务社会，依法统计
常用的统计软件
专业统计软件
通用程序设计软件
通用电子表格软件
数据与变量
数据
分类
生成方式
观测数据
通过调查收集到的数据
实验数据
控制实验条件得到的数据
对应时间
截面数据
同一时刻收集得到的数据
时间序列数据
不同时刻收集得到的数据
数据的值
定性数据
定量数据
来源（原始数据、次级数据）
原始数据
使用者自己获得的数据
次级数据
来源于他人收集的数据
变量
概念
可变的标志或指标
测量水平（定类、定序、定距、定比）
定类测量
反映类别
定序测量
能够确定次序
定距测量
能够确定数量差别
定比测量
具有绝对零点
层次由低到高
信息量逐渐上升
分类（离散型与连续型、因变量和自变量、分类和数值型）
取值间隙
离散型变量
连续型变量
相互关系
因变量
自变量
测量水平
分类变量
数值型变量
常见概率分布
二项分布
针对离散型随机变量
均匀分布
针对连续型随机变量，且等概率
正态分布
针对连续型随机变量
应用最广泛
指数分布
针对连续型，取值为正的随机变量
分位数
连续型变量的分位数
可根据概率密度函数求解
离散型变量的分位数
根据概率求和反解
图 1-1 绪论的学习要点

1.2 习 题

1.2.1 单项选择题

1. 现需了解某汽车动力电池生产厂家（简称 A 厂家）生产的 B 型动力电池的特性，则感兴趣的总体是____。

A. A 厂家　　B. A 厂家生产的 B 型动力电池

C. 所有厂家生产的汽车动力电池　　D. 全部汽车动力生产厂家

2. 对 100 名职工的工资收入情况进行调查，则总体单位是____。

A. 100 名职工　　B. 100 名职工的工资总额

C. 每一名职工　　D. 每一名职工的工资

3. 为了对某大学新生高考成绩进行统计分析，收集到其中 100 名新生的高考成绩，这些成绩属于____。

A. 有限总体　　B. 无限总体　　C. 样本　　D. 样品

4. 某工业企业的职工数、商品销售额是____。

A. 连续变量　　B. 离散变量

C. 前者是离散变量，后者是连续变量　　D. 前者是连续变量，后者是离散变量

5. 某班学生统计学考试成绩分别为 65 分、72 分、81 分和 87 分，这 4 个数字是____。

A. 指标　　B. 标志　　C. 变量　　D. 标志值

6. 下列不属于定距变量的是____。

A. 工人年龄　　B. 工人性别　　C. 工人体温　　D. 工人工资

7. 当一个变量的数据只包含了用来识别个体属性的标记或名称时，其测量水平为____。

A. 定类测量　　B. 定序测量　　C. 定距测量　　D. 定比测量

8. 温度不能用____来度量。

A. 定类测量　　B. 定序测量　　C. 定距测量　　D. 定比测量

9. 反映性别的个人特征数据属于____。

A. 定序数据　　B. 定类数据　　C. 定距数据　　D. 定比数据

10. 在以下各类测量中，有绝对零点的测量是____。

A. 定类测量　　B. 定序测量　　C. 定距测量　　D. 定比测量

11. 为了统计某大学新生的体能水平，从 2000 名新生中采用系统抽样方法，收集了 200 名新生的入学体能测试成绩，这些成绩属于____。

A. 样本　　B. 目标总体　　C. 标志　　D. 指标

12. 大学新生入学后，收集了关于新生的一些数据，下面哪组数据只能采用定类测量？____

A. 籍贯　　B. 身高　　C. 高考成绩　　D. 高考排名

1.2.2 判断题

若说法正确则答案为 T，反之为 F。

1. 统计总体中的个体称为总体单位。（　）
2. 截面数据是在相同或近似相同的同一时点上搜集的数据。（　）
3. 根据数据分类，在不同时刻收集到的数据称为时间序列数据。（　）
4. 时间序列数据是指在同一时刻收集得到的数据。（　）
5. 在某时刻测量得到的湖南省各个城市的温度属于时间序列数据。（　）
6. 一个变量的测量尺度反映了其数据蕴含的信息量大小。（　）
7. 人的性别属于分类变量。（　）
8. 在身份信息统计时，人员的籍贯数据属于定类测量。（　）
9. 人的身高属于数量型变量。（　）
10. 定距测量没有确定的零点，但可指出事物标志值之间的距离。（　）
11. 某大学全体学生年终体能测试成绩属于时间序列数据。（　）

1.2.3 简答题

1. 试简述“统计”的三种含义。
2. 试简述什么是统计学。
3. 试简述什么是统计推断。
4. 试简述变量有哪几种分类方式。
5. 数据的测量水平由低到高依次是什么测量方式？
6. 统计工作的一般过程是什么？
7. 一项调查表明，消费者每月在网上购物的平均花费是 200 元，他们选择在网上购物的主要原因是“价格便宜”。试问：①这一研究的总体是什么？②“消费者在网上购物的原因”是什么类型的变量？③研究者所使用的主要是描述统计方法还是推断统计方法？
8. 试举例说明三种随机现象并给出可能的分布类型。
9. 试列举三种常用的统计软件。
10. 2016 年，中央全面深化改革领导小组第二十八次会议审议通过了《关于深化统计管理体制改革提高统计数据真实性的意见》，会议指出要遵循统计工作规律，确保统计资料真实准确、完整及时。试说明统计工作者的职业道德。

1.3 习题参考答案

1.3.1 单项选择题

1. B；2. D；3. C；4. C；5. D；6. B；7. A；8. D；9. B；10. D；11. A；12. A

1.3.2　判断题

1. T；2. T；3. T；4. F；5. F；6. T；7. T；8. T；9. T；10. T；11. F

1.3.3　简答题

1. 答：统计的三种含义包括统计学、统计工作和统计资料。其中，统计学是指统计理论和方法，统计工作是对事物的数量特征进行收集和处理的社会活动，统计资料是统计工作的最终成果。

2. 答：统计学是收集、分析、表现和解释数据的科学与艺术。

3. 答：统计推断是指利用样本数据对总体的特征进行估计和假设检验。

4. 答：变量分类可从变量的取值间隙、变量的相互关系和变量的测量水平共三个方面进行分类。其中，根据变量的取值间隙可以将变量分为离散型变量和连续型变量，根据变量的相互关系可以将变量分为自变量和因变量，根据变量的测量水平可以将变量分为分类变量和数值型变量。

5. 答：数据的测量水平由低到高依次为定类测量、定序测量、定距测量、定比测量。其中，定类测量将调查对象的标志值加以区分，标以不同的名称或符号，以确定其类别；定序测量是指能根据标志值将调查对象进行顺序排列以确定其等级及次序；定距测量不但可以将调查对象的标志值区分为不同的类别、不同的等级，而且可以确定它们相互之间的间隔距离和数量差别；定比测量除了具有上述三种测量的全部性质，还具有一个绝对的零点（有实际意义的零）。

6. 答：统计工作的一般过程分为统计设计、统计调查、统计整理、统计分析。其中，统计设计的主要工作是根据统计研究的目的和研究对象的特点，对统计工作的各个方面进行整体规划；统计调查的主要工作是根据统计任务的需要，运用科学的调查方法，有计划、有组织地收集统计资料；统计整理是根据统计研究的目的，将统计调查所取得的原始资料进行科学的分类和汇总，完成统计数据的规范化描述与表示；统计分析是依据统计研究的目的，根据统计调查和整理后得到的统计数据与资料，综合运用各种统计分析方法进行定量和定性分析，提出分析观点，或给出解决问题的建议，撰写统计分析报告。

7. 答：①研究总体是“所有的网上购物者”。②“消费者在网上购物的原因”是定类变量。③研究者所使用的主要是推断统计方法。

8. 答：①投硬币猜正反面，投多次并猜正面出现某次数的概率服从二项分布；②某班的应用统计学课程的考试成绩服从正态分布；③应用统计学课堂点名，每位学生被点到的概率服从均匀分布。

9. 答：①SPSS；②Python；③Excel。

10. 答：统计工作者的职业道德包括：①统计工作者应具有求真务实的精神和工作作风，确保统计资料的真实性、准确性和一致性；②统计工作者应实事求是，不带偏好地使用统计方法和数据，应坦诚对待数据的局限、缺陷或者偏倚，确保统计结论的真实性、客观性、科学性、可解释性和可复现性；③统计工作者应具有强烈的服务社会的责任感，维护顾客利益，对在统计工作中知悉的国家秘密、商业秘密和个人信息，应当予以保密。统计工作者应依法统计，在工作中应遵守国家法律法规。

第 2 章　描述性统计

2.1　学 习 指 导

本章的知识结构如表 2-1 所示。

表 2-1　描述性统计的知识结构

<table>
<tr><th>章节</th><th>知识点</th><th colspan="3">内容</th></tr>
<tr><td rowspan="7">数据预处理</td><td rowspan="3">数据审核</td><td colspan="2" rowspan="2">对数据资料进行初步的审查与核对</td><td>对原始数据的审核：完整性、准确性</td></tr>
<tr><td>对次级数据的审核：完整性、准确性、适用性、时效性</td></tr>
<tr><td colspan="2">审核方法</td><td>逻辑审核、计算检查</td></tr>
<tr><td rowspan="2">数据筛选</td><td colspan="3">选择符合特定条件的数据</td></tr>
<tr><td colspan="3">删除或补全缺失数据</td></tr>
<tr><td rowspan="2">数据排序</td><td colspan="2">秩</td><td>包括升秩和降秩</td></tr>
<tr><td colspan="3">升秩和降秩的最小值为深度</td></tr>
<tr><td rowspan="7">数据的分组与展示</td><td rowspan="3">定类、定序数据</td><td rowspan="2">分组</td><td rowspan="2">直接按类别分组得频数分布表</td><td>定类数据可得频数、频率</td></tr>
<tr><td>定序数据可得频数、累积频数、频率和累积频率</td></tr>
<tr><td>展示</td><td colspan="2">条形图、饼图、帕累托图</td></tr>
<tr><td rowspan="4">数值型数据</td><td rowspan="3">分组</td><td rowspan="2">单项式分组</td><td>与定类定序数据相似</td></tr>
<tr><td>适用于离散型变量，且变量值取值较少</td></tr>
<tr><td>组距式分组</td><td>步骤是依次确定组数、组距和组限，再分组统计</td></tr>
<tr><td>展示</td><td colspan="2">直方图</td></tr>
<tr><td rowspan="5">数据的概括性度量</td><td>位置特征</td><td colspan="3">平均数、百分位数、中位数、众数</td></tr>
<tr><td rowspan="2">离散特征</td><td colspan="3">极差、四分位数间距、方差、标准差、平均绝对离差、变异系数</td></tr>
<tr><td colspan="3">箱线图展示</td></tr>
<tr><td rowspan="2">形态特征</td><td colspan="3">偏态、峰态</td></tr>
<tr><td colspan="3">与位置特征的关系，适用于单峰分布形态</td></tr>
<tr><td rowspan="5">数据的相关性描述</td><td rowspan="2">相关性的概念和类型</td><td colspan="2">概念</td><td>非确定性关系</td></tr>
<tr><td colspan="2">类型</td><td>线性相关、非线性相关</td></tr>
<tr><td>相关性描述</td><td colspan="3">散点图、矩阵散点图、三维散点图、气泡图</td></tr>
<tr><td rowspan="2">相关性度量</td><td colspan="3">皮尔逊相关系数及其计算公式</td></tr>
<tr><td colspan="3">相关系数取值与相关性强弱的关系</td></tr>
<tr><td rowspan="3">数据的可视化描述</td><td>具体方式</td><td colspan="3">雷达图、热力图、玫瑰图、词云图、数据驾驶舱</td></tr>
<tr><td rowspan="2">可视化描述的要求</td><td colspan="3">正确绘制图表</td></tr>
<tr><td colspan="3">正确使用图表</td></tr>
</table>

学习要点如图 2-1 所示。

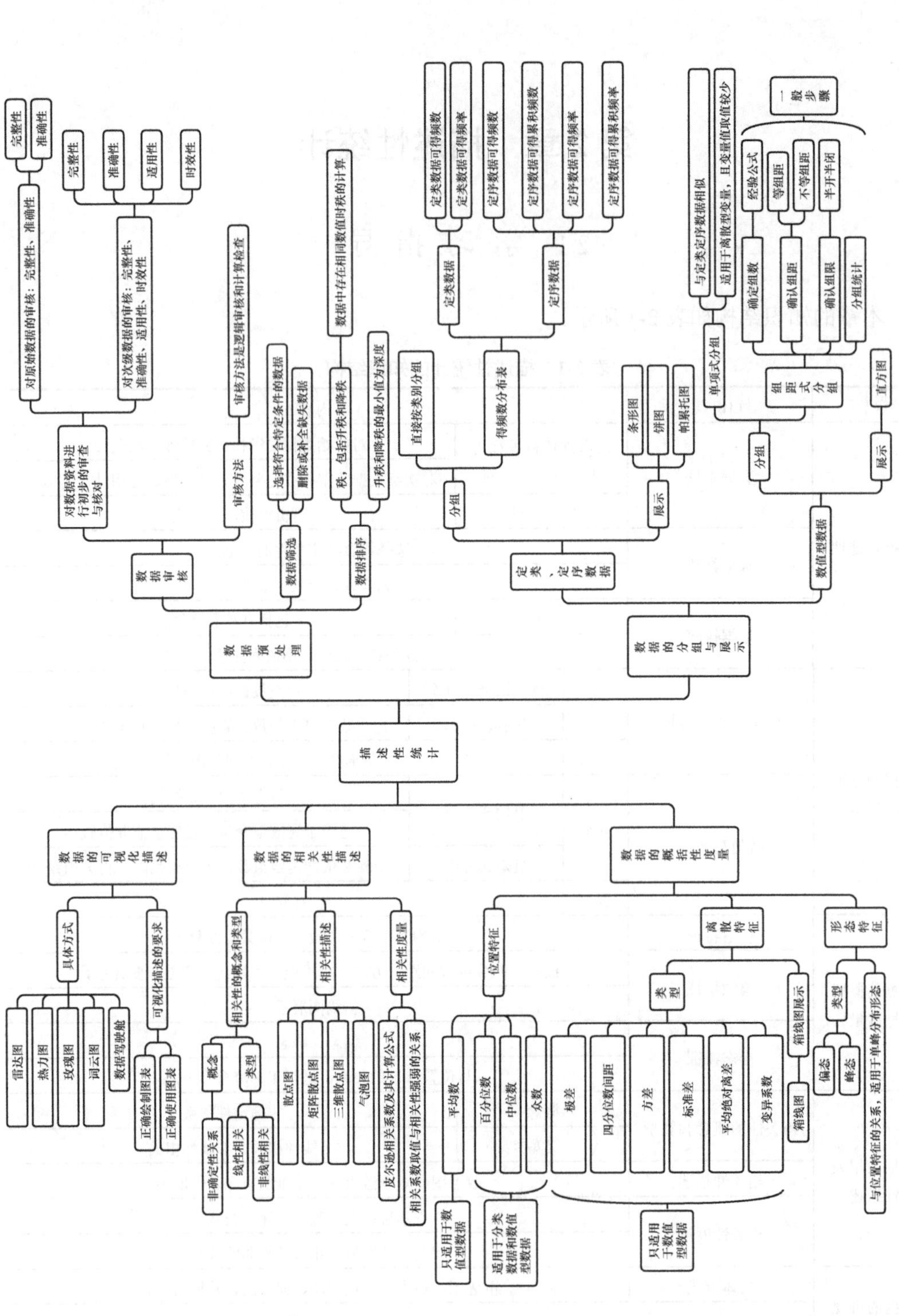

图 2-1 描述性统计的学习要点

2.2 软件操作

本节针对教材第 2 章中的各个图表以及例题，给出软件编程代码。由于本章的绘图较多，更适合用 Python 分析，因此本节只给出 Python 编程分析的代码。

2.2.1 定类、定序数据的分组与展示

1. 定类数据分组

教材中的“表 2-2　学生入学总成绩分布表”，反映了定类数据的分组问题。对于这一问题，首先将所需的数据集整理为 Excel 文件，命名为“第 2 章.xlsx”并将 sheet 表名改为“表 2-1”，数据格式如表 2-2 所示。

表 2-2　学生体能测试数据集

序号	年龄	入学单杠	入学仰卧起坐	入学3000 米	入学总成绩	10 月份单杠	10 月份仰卧起坐	10 月份3000 米	10 月份总成绩
1	18	0	27	17′05″	不合格	1	58	13′03″	不合格
2	19	2	46	17′31″	不合格	3	65	13′02″	不合格
3	18	0	53	15′27″	不合格	3	78	12′26″	不合格
4	18	0	63	20′11″	不合格	0	80	13′30″	不合格
5	19	7	65	12′02″	合格	12	71	11′00″	合格
6	18	0	65	15′23″	不合格	1	74	12′55″	不合格
7	19	7	51	12′10″	合格	13	69	12′08″	合格
8	18	1	33	13′00″	不合格	4	62	12′17″	不合格
9	18	7	68	12′02″	合格	10	82	10′59″	合格
10	19	9	60	12′54″	合格	17	67	12′17″	合格
11	19	0	41	17′23″	不合格	0	53	13′32″	不合格
12	18	1	53	14′13″	不合格	3	73	13′10″	不合格
13	19	1	46	14′11″	不合格	10	67	11′30″	合格
14	18	3	47	13′08″	不合格	9	65	12′52″	合格
15	17	4	65	12′17″	不合格	6	65	12′06″	合格
16	19	5	76	14′30″	合格	5	83	11′45″	合格
17	18	1	50	13′12″	不合格	5	66	11′20″	合格
18	18	0	60	14′11″	不合格	4	61	12′27″	不合格
19	17	6	54	16′00″	不合格	0	60	13′32″	不合格
20	18	8	41	13′01″	不合格	11	72	12′17″	合格
21	18	1	61	14′11″	不合格	3	68	14′24″	不合格
22	18	2	44	14′42″	不合格	0	53	12′55″	不合格
23	18	2	58	12′45″	不合格	5	74	12′00″	合格
24	18	3	60	12′17″	不合格	4	72	11′36″	不合格
25	18	0	64	14′20″	不合格	7	75	12′19″	合格
26	19	0	43	18′51″	不合格	0	50	12′13″	不合格

续表

序号	年龄	入学单杠	入学仰卧起坐	入学3000米	入学总成绩	10月份单杠	10月份仰卧起坐	10月份3000米	10月份总成绩
27	18	13	52	16′13″	不合格	8	66	12′37″	合格
28	20	5	90	12′15″	合格	11	92	12′12″	合格
29	22	11	64	12′50″	合格	15	71	11′48″	合格
30	21	11	70	11′50″	合格	11	70	11′27″	合格

注：表中年龄单位为岁，入学单杠、入学仰卧起坐、10月份单杠、10月份仰卧起坐单位为个

其次，读入Excel文件“第2章.xlsx”中的sheet表“表2-1”，相应的Python代码如下。

```
#读入pandas库并重命名为pd
import pandas as pd
#读入表2-1中的数据
data = pd.read_excel('第2章.xlsx', '表2-1')
#统计频数并升序排列
freq = data['入学总成绩'].value_counts().sort_values()
#转成DataFrame格式
freq = pd.DataFrame({'频数': freq})
#计算总数
whole_num = freq['频数'].sum()
#计算频率并作为DataFrame的新一列
freq['频率 (%) '] = freq['频数'] /whole_num *100
```

其中read_excel是Python中pandas库里的一个函数，用来从Excel文件中读取数据，相关参数说明如下。

（1）'第2章.xlsx'是数据集的文件名，此处需要提供文件的存储路径；

（2）'表2-1'表示读取命名为'表2-1'的sheet表中的数据。

在具体应用时，可根据实际的文件名和存储路径进行必要的修改。在下文的Python代码中，pd.read_excel函数与此处类似。

2. 定序数据分组

教材中的“表2-3　学生10月份单杠成绩分布表”，反映了定序数据的分组问题。对于这一问题，将表2-2中的数据集整理为Excel文件，命名为“第2章.xlsx”，并将sheet表名改为“表2-1”，读入这个Excel文件中的sheet表，相应的Python代码如下。

```
#读入pandas库并重命名为pd
import pandas as pd
#读入数据
data = pd.read_excel('第2章.xlsx', '表2-1')
#按给定的等级标准，确定分组间隔，统计频数并顺序排列
freq = pd.cut(x=data['10月份单杠'], bins=[-1,4,9,14,100]).value_counts().sort_index()
#转成DataFrame格式
freq = pd.DataFrame({'频数': freq})
#给各分组间隔重命名为成绩等级
freq.index =['不及格','及格','良好','优秀']
```

```
#总数
whole_num = freq['频数'].sum()
#计算频率并作为 DataFrame 的新一列
freq['频率 (%) '] = freq['频数'] /whole_num *100
#计算累积频数并作为 DataFrame 的新一列
freq['累积频数 (向上) '] = freq['频数'].cumsum()
#计算累积频率并作为 DataFrame 的新一列
freq['累积频率(向上)'] = freq['累积频数 (向上) '] /whole_num *100
```

其中cut是Python中pandas库里的一个函数，用来对数据进行分组，完整定义为cut(x, bins, right: 'bool'=True, labels=None, retbins: 'bool'=False, precision: 'int'=3, include_lowest: 'bool'=False, duplicates: 'str'='raise', ordered: 'bool'=True)，相关参数说明如下。

（1）x 是数据，必须是一维的；

（2）bins 有三种形式，如果是整数（integer）的形式，表示给定了分组的个数，将 x 等组距分组；如果是数值序列（sequence of scalars）的形式，表示给定了分组的上限和下限；如果是区间索引（interval index）的形式，表示直接给定了分组的各个区间，示例代码中给出的是数值序列的形式，相当于给定分组区间为(-1, 4]、(4, 9]、(9, 14]和(14, 100]；

（3）right 是布尔型，表示分组时是否统计区间的上限值，如果取值为 True（默认值），表示区间是左开右闭的形式“(　]”，反之表示区间是左闭右开的形式“[　)”，该参数只针对整数和数值向量形式的 bins 参数有效；

（4）labels 是分组后各区间的标签或名称，必须与参数 bins 中明确的区间个数一致，该参数针对区间形式的 bins 参数无效；

（5）retbins 是布尔型，表示是否输出分组区间，默认为 False，特别是参数 bins 是整数或数值向量时非常有必要；

（6）include_lowest 是布尔型，表示是否包含第一个分组区间的下限值，默认为 False。

3. 条形图绘图

教材中的“图 2-1　10 月份单杠成绩分布条形图和饼图（频数）”，其中的条形图反映了定序数据分组后频数的绘图展示问题。对于这一问题，将表 2-2 中的数据集整理为 Excel 文件，命名为“第 2 章.xlsx”，并将 sheet 表名改为“表 2-1”，读入这个 Excel 文件中的 sheet 表，相应的 Python 代码如下。

```
#读入 pandas 库并重命名为 pd
import pandas as pd
#读入 matplotlib 库并重命名为 plt
import matplotlib.pyplot as plt
#修正图形中的中文输出问题
plt.rcParams['font.sans-serif'] = ['SimHei']
plt.rcParams['axes.unicode_minus'] = False
#读入数据
data = pd.read_excel('第 2 章.xlsx', '表 2-1')
#按给定的等级标准，确定分组间隔，统计频数并顺序排列
freq=pd.cut(x=data['10 月份单杠'], bins=[-1,4,9,14,100]).value_counts().sort_index()
#转成 DataFrame 格式
```

```
freq = pd.DataFrame({'频数': freq})
#给各分组间隔重命名为成绩等级
freq.index =['不及格','及格','良好','优秀']
#绘制条形图，x是柱形坐标轴，height是柱形高度，width是柱形宽度默认0.8，
plt.bar(x=freq.index, height=freq['频数'])
#图形纵轴坐标轴命名
plt.ylabel('频数（个）')
```

其中bar是Python中matplotlib库里的一个函数，用来绘制条形图，完整定义为bar(x, height, width=0.8, bottom=None, *, align='center', data=None, **kwargs)，相关参数说明如下。

（1）x是条形图中各矩形在横轴上的标签；

（2）height是条形图中各矩形的高度；

（3）width是条形图中各矩形的宽度，默认为0.8；

（4）bottom是条形图中各矩形底部的纵轴坐标，默认为0或者None；

（5）align是条件图各矩形标签相比于矩形的对齐位置，默认是center表示居中，可选为edge表示对齐矩形左侧；

（6）其他可选参数包括矩形颜色color、矩形边的颜色edgecolor，矩形边的宽度linewidth等。

教材中的“图2-2　10月份单杠成绩分布条形图和饼图（频率）”，其中的条形图反映了定序数据分组后频率的绘图展示问题。对于这一问题，将表2-2中的数据集整理为Excel文件，命名为“第2章.xlsx”，并将sheet表名改为“表2-1”，读入这个Excel文件中的sheet表，相应的Python代码如下。

```
#读入pandas库并重命名为pd
import pandas as pd
#读入matplotlib库并重命名为plt
import matplotlib.pyplot as plt
#修正图形中的中文输出问题
plt.rcParams['font.sans-serif'] = ['SimHei']
plt.rcParams['axes.unicode_minus'] = False
#读入数据
data = pd.read_excel('第2章.xlsx', '表2-1')
#按给定的等级标准，确定分组间隔，统计频数并顺序排列
freq = pd.cut(x=data['10月份单杠'], bins=[-1,4,9,14,100]).value_counts().sort_index()
#转成DataFrame格式
freq = pd.DataFrame({'频数': freq})
#给各分组间隔重命名为成绩等级
freq.index =['不及格','及格','良好','优秀']
#总数
whole_num = freq['频数'].sum()
#计算频率并作为DataFrame的新一列
freq['频率'] = freq['频数'] /whole_num *100
#绘制条形图，纵轴为频率
plt.bar(freq.index, freq['频率'])
#给定纵轴坐标
plt.ylabel('频率')
```

4. 饼图绘图

教材中的“图 2-1　10 月份单杠成绩分布条形图和饼图（频数）”，其中的饼图反映了定序数据分组频数的绘图展示问题。对于这一问题，整理表 2-2 中的数据集为 Excel 文件，命名为“第 2 章.xlsx”，并将 sheet 表名改为“表 2-1”，读入这个 Excel 文件中的 sheet 表，相应的 Python 代码如下。

```
#读入 pandas 库并重命名为 pd
import pandas as pd
#读入 matplotlib 库并重命名为 plt
import matplotlib.pyplot as plt
#修正图形中的中文输出问题
plt.rcParams['font.sans-serif'] = ['SimHei']
plt.rcParams['axes.unicode_minus'] = False
#读入数据
data = pd.read_excel('第 2 章.xlsx', '表 2-1')
#按给定的等级标准，确定分组间隔，统计频数并顺序排列
freq=pd.cut(x=data['10 月份单杠'], bins=[-1,4,9,14,100]).value_counts().sort_index()
#转成 DataFrame 格式
freq = pd.DataFrame({'频数': freq})
#给各分组间隔重命名为成绩等级
interval_label =['不及格','及格','良好','优秀']
freq.index = interval_label
#定义饼图各扇形的标签为成绩等级和频数的组合
for i in range(len(interval_label)):
   interval_label[i] = interval_label[i]+','+str(freq['频数'][i])
#饼图绘图
plt.pie(x=freq['频数'], labels =interval_label)
```

其中 pie 是 Python 中 matplotlib 库里的一个函数，用来绘制饼图，完整定义为 pie(x, explode=None, labels=None, colors=None, autopct=None, pctdistance=0.6, shadow=False, labeldistance=1.1, startangle=0, radius=1, counterclock=True, wedgeprops=None, textprops=None, center=(0, 0), frame=False, rotatelabels=False, *, normalize=True, hatch=None, data=None)，相关参数说明如下。

（1）x 是饼图中各扇形的大小，用频数或相对频数来表示；

（2）explode 是饼图中各扇形半径的大小，默认为空；

（3）labels 是饼图中各扇形的标签，标记在扇形外侧，默认为空；

（4）colors 是各扇形的颜色，默认为空；

（5）autopct 是字符串或函数，用以在各扇形内侧显示相应的标签，其中若为字符串形式，可以按给定格式标记各扇形的频率，默认为空；

（6）pctdistance 是针对参数 autopct，给定标签相对于扇形半径的显示位置，默认为 0.6；

（7）labeldistance 是针对参数 labels，给定标签相对于扇形半径的显示位置，默认为 1.1；

（8）radius 是饼图中扇形的半径大小，默认为 1；

（9）wedgeprops 是字典 dict 格式，用以设置扇形中长度、宽度等属性，默认为空；

（10）其他可选参数包括是否添加阴影参数 shadow 等。

教材中的“图 2-2　10 月份单杠成绩分布条形图和饼图（频率）”，其中的饼图反映了定序数据分组后频率的绘图展示问题。对于这一问题，将表 2-2 中的数据集整理为 Excel 文件，命名为“第 2 章.xlsx”，并将 sheet 表名改为“表 2-1”，读入这个 Excel 文件中的 sheet 表，相应的 Python 代码如下。

```
#读入 pandas 库并重命名为 pd
import pandas as pd
#读入 matplotlib 库并重命名为 plt
import matplotlib.pyplot as plt
#修正图形中的中文输出问题
plt.rcParams['font.sans-serif'] = ['SimHei']
plt.rcParams['axes.unicode_minus'] = False
#读入数据
data = pd.read_excel('第 2 章.xlsx', '表 2-1')
#按给定的等级标准，确定分组间隔，统计频数并顺序排列
freq = pd.cut(x=data['10 月份单杠'], bins=[-1,4,9,14,100]).value_counts().sort_index()
#给各分组间隔重命名为成绩等级
interval_label =['不及格','及格','良好','优秀']
#绘制饼状图
plt.pie(x=freq, labels =interval_label, autopct='%3.2f%%')
```

5. 帕累托图绘图

教材中的“图 2-3　顾客投诉情况帕累托图”，反映了定序数据分组后频数和频率的绘图展示问题。对于这一问题，相应的 Python 代码如下。

```
#读入 pandas 库并重命名为 pd
import pandas as pd
#读入 matplotlib 库并重命名为 plt
import matplotlib.pyplot as plt
#修正图形中的中文输出问题
plt.rcParams['font.sans-serif'] = ['SimHei']
plt.rcParams['axes.unicode_minus'] = False
#定义 DataFrame 格式的数据
data =pd.DataFrame({'投诉类型': [231,893,31,92,15]})
#定义各数据的类型标签
data.index =['客服','物流','产品质量','使用说明','其他']
#将数据降序排列
data =data.sort_values(by='投诉类型', ascending=False)
#定义图形，先定义子图 1 用于绘制频数
fig, ax1 = plt.subplots()
#绘制左侧的条形图，纵轴为频数，color="C0"
ax1.bar(x=data.index, height=data['投诉类型'])
#命名条形图的横纵坐标轴
ax1.set_xlabel("问题类型");
ax1.set_ylabel("投诉次数")
#定义子图 2
ax2 = ax1.twinx()
#计算原数据的累积频数和累积频率，各自补充作为 data 的一列
```

```
data['累积频数'] = data['投诉类型'].cumsum()
data['累积频率 (%) '] = data['累积频数'] /data['投诉类型'].sum() *100
#绘制右侧的图形, 纵轴为累积频率, marker="D", color="C1", ms=7
ax2.plot(data.index, data['累积频率 (%) '])
#命名右侧图形的纵轴
ax2.set_ylabel("累积百分比")
```

其中 plot 是 Python 中里的一个函数，用来绘制趋势线。

6. 复合分组表结果

教材中的“表 2-4　学生入学 3000 米、10 月份总成绩复合分组表”，反映了多组定类数据的分组问题。对于这一问题，将表 2-2 中的数据集整理为 Excel 文件，命名为“第 2 章.xlsx”，并将 sheet 表名改为“表 2-1”，读入这个 Excel 文件中的 sheet 表，相应的 Python 代码如下。

```
#读入 pandas 库并重命名为 pd
import pandas as pd
#读入数据
data = pd.read_excel('第 2 章.xlsx','表 2-1')
#为不破坏原始数据, 提取入学 3000 米和 10 月份总成绩两列数据并命名为 data_cross
data_cross =data[['入学 3000 米', '10 月份总成绩']]
#由于原始的入学 3000 米成绩为字符串, 将其转化为分钟判断其是否合格.iloc
for i in range(0, len(data)):
#提取每个时间, 字符串格式
string_used =data['入学 3000 米'][i]
#取其中的分钟部分
num_min =int(string_used[0:2])
#取其中的秒部分
num_sec =int(string_used[3:5])
#求总时间, 单位为分钟
whole_min =num_min +num_sec/60
#判断 3000 米成绩是否合格, 并修改数据为合格或不合格
if whole_min <= 15:
data_cross['入学 3000 米'][i] ='合格'
else:
data_cross['入学 3000 米'][i] ='不合格'
#形成交叉表
table_obs = pd.crosstab(index=data_cross['入学 3000 米'], columns=data_cross['10 月份总
成绩'], margins=True, margins_name='总计')
```

其中 crosstab 是 Python 中 pandas 库里的一个函数，用来生成交叉表，完整定义为 crosstab(index, columns, values=None, rownames=None, colnames=None, aggfunc=None, margins: 'bool'=False, margins_name: 'Hashable'='All', dropna: 'bool'=True, normalize: 'bool'=False)，相关参数说明如下。

（1）index、columns 分别是用于交叉表中行、列的数据；

（2）rownames、colnames 分别表示交叉表中行、列的名称；

（3）margins 是布尔型，表示是否添加一行和一列计算总数，默认为 False；

（4）margins_name 是针对 margins 取值为 True 时，表示总数的行和列的名称，默认为 All;

（5）normalize 是布尔型，表示是否将数据标准化，默认为 False，其中取值为 all 或 True 将对所有数据进行标准化，若取值为 index 将对每行的数据标准化，若取值为 columns 将对每列的数据标准化；若参数 margins 取值为 True，也会将总数进行标准化。

7. 复合分组环形图绘图

教材中的“图 2-4　入学 3000 米、10 月份总成绩复合分组环形图”，反映了多组定类数据分组后的展示问题。对于这一问题，将表 2-2 中的数据集整理为 Excel 文件，命名为“第 2 章.xlsx”，并将 sheet 表名改为“表 2-1”，读入这个 Excel 文件中的 sheet 表，相应的 Python 代码如下。

```
#读入 pandas 库并重命名为 pd
import pandas as pd
#读入 matplotlib 库并重命名为 plt
import matplotlib.pyplot as plt
#修正图形中的中文输出问题
plt.rcParams['font.sans-serif'] = ['SimHei']
plt.rcParams['axes.unicode_minus'] = False
#读入数据
data = pd.read_excel('第 2 章.xlsx', '表 2-1')
#提取其中的入学 3000 米成绩
data1 = data['入学 3000 米']
#由于原始的入学 3000 米成绩为字符串，将其转化为分钟判断其是否合格
for i in range(0, len(data)):
  #提取每个时间，字符串格式
  string_used =data1[i]
  #取其中的分钟部分
  num_min =int(string_used[0:2])
  #取其中的秒部分
  num_sec =int(string_used[3:5])
  #求总时间，单位为分钟
  whole_min =num_min +num_sec/60
  #判断 3000 米成绩是否合格，并修改数据为合格或不合格
  if whole_min <= 15:
    data1[i] ='合格'
  else:
    data1[i] ='不合格'
#统计形成交叉表，行为入学 3000 米，列为 10 月份总成绩
table_cross = pd.crosstab(index=data1, columns=data['10 月份总成绩'])
#给定饼图中 2 个类别的扇形颜色
colors =['orange','green']
#绘制外侧的饼图，表示入学 3000 米合格时总成绩的分组，其中设扇形面积为 2 和宽度为 0.6
plt.pie(x=table_cross.iloc[0,:], labels ='入学 3000 米合格时，'+table_cross.columns, labeldistance=0.7, autopct='%3.2f%%', radius=2, pctdistance=0.9, colors=colors, wedgeprops = dict(linewidth=1.2, width=0.6))
#绘制内侧的饼图，表示入学 3000 米不合格时总成绩的分组，其中设扇形面积为 1.4 和宽度为 0.8
plt.pie(x=table_cross.iloc[1,:], labels ='入学 3000 米不合格时，'+table_cross.columns, labeldistance=0.5, autopct='%3.2f%%', radius=1.4, pctdistance=0.7, colors=colors, wedgeprops = dict(linewidth=1, width=0.8))
```

2.2.2　数值型数据的分组与展示

1. 数值型数据分组

教材中的“表 2-5　学生 10 月份 3000 米成绩分布表”，反映了数值型数据的分组问题。对于这一问题，将表 2-2 中的数据集整理为 Excel 文件，命名为“第 2 章.xlsx”，并将 sheet 表名改为“表 2-1”，读入这个 Excel 文件中的 sheet 表，相应的 Python 代码如下。

```
#读入 pandas 库并重命名为 pd
import pandas as pd
#读入 numpy 库并重命名为 np
import numpy as np
#读入数据
data = pd.read_excel('第 2 章.xlsx', '表 2-1')
#为不破坏原数据，读入 10 月份 3000 米的成绩.astype(str)
temp =data['10 月份 3000 米']
#原数据为字符串型，将其转化为分钟并定义为数组格式的新变量 whole_min
whole_min =np.zeros(30)
for i in range(0,30):
  #导入每个成绩数据
  string_used =temp.iloc[i]
  #导入分钟部分数据
  num_min =int(string_used[0:2])
  #导入秒部分数据
  num_sec =int(string_used[3:5])
  #转化为分钟格式
  whole_min[i] =num_min + num_sec/60
#按表 2-5 中区间分组并统计频数
bins=[0,11,11.5,12,12.5,13,13.5,14,100]
freq = pd.cut(whole_min, bins, right=False).value_counts().sort_index()
#转成 DataFrame 格式
freq = pd.DataFrame({'频数': freq})
#将 index 定义为各组区间
freq.index = ['<11'00"', '[11'00",11'30")', '[11'30",12'00")', '[12'00",12'30")', '[12'30",
13'00")', '[13'00",13'30")', '[13'30",14'00")', '>=14'00"']
#计算频率
freq['频率 (%) '] = freq['频数'] /freq['频数'].sum() *100
#计算累积频数和累积频率
freq['累积频数 (向上) '] = freq['频数'].cumsum()
freq['累积频率(向上)'] = freq['累积频数 (向上) '] /freq['频数'].sum() *100
```

教材中的“表 2-6　灯泡使用寿命频数分布表”，反映了数值型数据的分组问题。对于这一问题，首先将所需的数据集整理为 Excel 文件，命名为“第 2 章.xlsx”，并将 sheet 表名改为“例 2-4”，数据格式如表 2-3 所示。需要强调说明的是，在实际的 Excel 文件中，所有数据是 1 列的格式，此处为了节省空间，采用 10 列展示数据。

表 2-3　灯泡使用寿命数据集（单位：小时）

寿命									
700	715	695	674	700	688	701	681	726	683
716	712	685	658	710	689	671	721	704	692

续表

寿命									
728	722	706	698	722	683	718	720	729	717
719	691	661	706	694	685	707	677	703	688
685	708	735	692	690	702	683	679	707	692
709	690	665	691	736	741	717	695	701	666
691	708	668	747	689	698	733	691	696	749
684	729	710	699	696	713	693	713	698	712
706	681	697	698	673	702	664	725	727	

其次，读入 Excel 文件“第 2 章.xlsx”中的 sheet 表“例 2-4”，相应的 Python 代码如下。

```
#读入 pandas 库并重命名为 pd
import pandas as pd
#读入数据
data = pd.read_excel('第 2 章.xlsx', '例 2-4')
#将数据按表 2-6 中区间分组并统计频数
bins=[0,665,680,695,710,725,740,1000]
freq = pd.cut(data['寿命\小时'], bins, right=False).value_counts().sort_index()
#将频数组织为 DataFrame 格式
freq_pd = pd.DataFrame({'频数': freq})
#计算频率
freq_pd['频率 (%) '] = freq_pd['频数'] /freq.sum() *100
#计算累积频数和累积频率
freq_pd['累积频数'] = freq_pd['频数'].cumsum()
freq_pd['累积频率 (%) '] = freq_pd['累积频数'] /freq.sum() *100
```

2. 直方图绘图

教材中的“图 2-5　灯泡使用寿命直方图”，反映了数值型数据分组后的绘图展示问题。对于这一问题，将表 2-3 中的数据集整理为 Excel 文件，命名为“第 2 章.xlsx”，并将 sheet 表名改为“例 2-4”，读入这个 Excel 文件中的 sheet 表，相应的 Python 代码如下。

```
#读入 pandas 库并重命名为 pd
import pandas as pd
#读入 matplotlib 库并重命名为 plt
import matplotlib.pyplot as plt
#修正图形中的中文输出问题
plt.rcParams['font.sans-serif'] = ['SimHei']
plt.rcParams['axes.unicode_minus'] = False
#读入数据
data = pd.read_excel('第 2 章.xlsx', '例 2-4')
#绘制直方图
plt.hist(x=data, bins=[650,665,680,695,710,725,740,755])
#命名图形的横纵坐标轴
plt.xlabel('寿命')
plt.ylabel('频数')
```

其中 hist 是 Python 中 matplotlib 库里的一个函数，用来绘制直方图，hist(x, bins=None, range=None, density=False, weights=None, cumulative=False, bottom=None, histtype='bar', align='mid', orientation='vertical', rwidth=None, log=False, color=None, label=None, stacked=False, *, data=None, **kwargs)，相关参数说明如下。

（1）x 是数据；

（2）bins 有三种形式，如果是整数的形式，表示给定了分组的个数，将 x 等组距分组，如果是数值向量的形式，表示给定了分组的上限和下限，且区间是左闭右开的形式“[　)”，但最后一个区间是全闭合的形式“[　]”，如果是字符串（str）的形式，表示从给定的 auto、fd、doane、scott、stone、rice、sturges、sqrt 分组策略中选择 1 个，示例代码中给出的是数值序列的形式，相当于给定分组区间为[650, 665)、[665, 680)、[680, 695)、[695, 710)、[710, 725)、[725, 740)、[740, 755)；

（3）range 是分组的下限和上限，默认为数据 x 中的最小值和 x 的最大值，如果参数 bins 是数值向量，此时该参数无效，因为默认按照 bins 分组；

（4）density 为布尔型，默认为 False，如果为 True，则会绘制一条概率密度曲线；

（5）weights 表示统计数据 x 中每个数时的权重，要求维度与数据 x 一致，默认为空；

（6）bottom 是直方图中每个矩形底部的位置，默认为空；

（7）align 是图中每个矩形与横轴的对齐方式，取值为 left 表示矩形的中心是区间的下限，取值为 mid 表示矩形的边与区间的上限和下限对齐，取值为 right 表示矩形的中心是区间的上限，默认为 mid；

（8）orientation 是矩形的方向，默认是 vertical，表示垂直放置，反之是 horizontal 表示水平放置；

（9）label 是直方图中不同数据的标签。

2.2.3　数据的位置特征

教材中的“表 2-7　学生体能测试数据位置特征计算结果”，反映了数据的位置特征计算问题。对于这一问题，将表 2-2 中的数据集整理为 Excel 文件，命名为“第 2 章.xlsx”，并将 sheet 表名改为“表 2-1”，读入这个 Excel 文件中的 sheet 表，相应的 Python 代码如下。

```
#读入 pandas 库并重命名为 pd
import pandas as pd
#读入 numpy 库并重命名为 np
import numpy as np
#读入数据
data = pd.read_excel('第 2 章.xlsx', '表 2-1')
#为不破坏原数据，读入所需变量数据
temp =data[['年龄','入学单杠','入学仰卧起坐','入学 3000 米','10 月份单杠','10 月份仰卧起坐','10 月份 3000 米']]
#自编函数，将原数据中成绩数据为字符串型，将其转化为分钟
def run_data_tran( data):
    whole_min =np.zeros( len(data))
    for i in range(0,len(data)):
        #导入每个成绩数据
```

```
        string_used =data.iloc[i]
        #导入分钟部分数据
        num_min =int(string_used[0:2])
        #导入秒部分数据
        num_sec =int(string_used[3:5])
        #转化为分钟格式
        whole_min[i] =num_min + num_sec/60
    return whole_min
temp['入学 3000 米'] = run_data_tran( data['入学 3000 米'])
temp['10 月份 3000 米'] = run_data_tran( data['10 月份 3000 米'])
均值 = temp.mean()
中位数 = temp.median()
众数 = temp.mode()
```

2.2.4 数据的离散特征

1. 离散特征计算

教材中的“表 2-9　学生体能测试数据离散特征计算结果”，反映了数据的离散特征计算问题。对于这一问题，将表 2-2 中的数据集整理为 Excel 文件，命名为“第 2 章.xlsx”，并将 sheet 表名改为“表 2-1”，读入这个 Excel 文件中的 sheet 表，相应的 Python 代码如下。

```
#读入 pandas 库并重命名为 pd
import pandas as pd
#读入 numpy 库并重命名为 np
import numpy as np
#读入数据
data = pd.read_excel('第 2 章.xlsx', '表 2-1')
#为不破坏原数据，读入所需变量数据
temp =data[['年龄','入学单杠','入学仰卧起坐','入学 3000 米','10 月份单杠','10 月份仰卧起坐','10
月份 3000 米']]
#自编函数，将原数据中成绩数据为字符串型，将其转化为分钟
def run_data_tran( data):
    whole_min =np.zeros( len(data))
    for i in range(0,len(data)):
        #导入每个成绩数据
        string_used =data.iloc[i]
        #导入分钟部分数据
        num_min =int(string_used[0:2])
        #导入秒部分数据
        num_sec =int(string_used[3:5])
        #转化为分钟格式
        whole_min[i] =num_min + num_sec/60
    return whole_min
temp['入学 3000 米'] = run_data_tran(data['入学 3000 米'])
temp['10 月份 3000 米'] = run_data_tran(data['10 月份 3000 米'])
#求极差
极差 = temp.max() - temp.min()
#求百分位数间距，自编函数，其中 p 是 0 到 100 的数
def my_quantile(p,x):
    x =x.sort_values()
    n = len(x)
```

```
    pos_emp = (n+1)*p/100
    pos_emp_int =int(pos_emp)
    pos_emp_remain =pos_emp -pos_emp_int
    if pos_emp_int == 0:
        quantile = x.iloc[0]
    elif pos_emp_int >= n:
        quantile = x.iloc[n]
    else:
        quantile = x.iloc[pos_emp_int-1] +pos_emp_remain *\
            (x.iloc[pos_emp_int] -x.iloc[pos_emp_int-1])
    return quantile
#以年龄为例，其他变量只需修改列编号
四分位数间距 = my_quantile(75, temp.iloc[:,1]) - my_quantile(25, temp.iloc[:,1])
#方差
方差 = temp.var()
#标准差
标准差 = temp.std()
#平均绝对离差
平均绝对离差 = abs(temp -temp.mean()).sum()/len(temp)
#变异系数
变异系数 = 标准差/temp.mean()
```

其中对于四分位数间距，按照教材中的求解方法，通过自编函数计算下四分位数和上四分位数。代码中只给出了年龄的四分位数间距，如果需要求解其他变量的四分位数间距，只需相应修改列的编号即可。

2. 箱线图绘图

教材中的“图 2-8　学生成绩箱线图”，反映了数据的离散特征绘图问题。对于这一问题，将表 2-2 中的数据集整理为 Excel 文件，命名为“第 2 章.xlsx”并将 sheet 表名改为“表 2-1”，读入这个 Excel 文件中的 sheet 表，相应的 Python 代码如下。

```
#读入 pandas 库并重命名为 pd
import pandas as pd
#读入 matplotlib 库并重命名为 plt
import matplotlib.pyplot as plt
#修正图形中的中文输出问题
plt.rcParams['font.sans-serif'] = ['SimHei']
plt.rcParams['axes.unicode_minus'] = False
#读入数据
data = pd.read_excel('第 2 章.xlsx', '表 2-1')
#以单杠为例，汇总数据
data_multi_box = pd.concat([data['入学单杠'], data['10 月份单杠']], axis =1)
#绘制单杠的箱线图
plt.boxplot(x=data_multi_box.values, labels=data_multi_box.columns)
data_multi_box = pd.concat([data_tineng['入学单杠'], data_tineng['10 月份单杠']],axis =1)
plt.boxplot(x=data_multi_box.values,labels=data_multi_box.columns)
```

上述代码给出了入学单杠和 10 月份单杠成绩的箱线图，如果需要给出仰卧起坐和 3000 米成绩的箱线图，只需修改 data_multi_box 变量即可。其中，concat 是 Python 中 pandas 库里的一个函数，用来合并数据框格式的不同数据，其中参数 axis 表示合并的维度，取值为 0 表示按行合并，取值为 1 表示按列合并。另外，boxplot 是 Python 中 matplotlib 库里的一个函数，用来绘制箱线图，完整定义为 boxplot(x, vert=None, whis=None, widths=None, labels=None)，相关参数说明如下。

（1）x 是数据，如果 x 是 2 个变量的数据，则会为各个数据依次绘制箱线图；

（2）vert 表示箱线图中箱体的方向，默认箱体是垂直放置；

（3）whis 是箱线图中须线的位置；

（4）widths 是箱线图中箱体的宽度；

（5）labels 是箱线图中每个图所对应数据的标签。

2.2.5 数据的形态特征

教材中图 2-10 下侧的灯泡寿命数据偏度和峰度结果，反映了数据的形态特征计算问题。对于这一问题，将表 2-3 中的数据集整理为 Excel 文件，命名为“第 2 章.xlsx”，并将 sheet 表名改为“例 2-4”，读入这个 Excel 文件中的 sheet 表，相应的 Python 代码如下。

```
#读入pandas库并重命名为pd
import pandas as pd
#读入数据
data = pd.read_excel('第2章.xlsx', '例2-4')
#偏度
偏度 = data['寿命\小时'].skew()
#峰度
峰度 = data['寿命\小时'].kurt()
```

2.2.6 相关性的描述与度量

1. 散点图绘图

教材中的“图 2-12 学生单杠、3000 米成绩散点图”，反映了两组数据的相关性展示问题。对于这一问题，将表 2-2 中的数据集整理为 Excel 文件，命名为“第 2 章.xlsx”，并将 sheet 表名改为“表 2-1”，读入这个 Excel 文件中的 sheet 表，以单杠为例，相应的 Python 代码如下。

```
#读入pandas库并重命名为pd
import pandas as pd
#读入matplotlib库并重命名为plt
import matplotlib.pyplot as plt
#修正图形中的中文输出问题
plt.rcParams['font.sans-serif'] = ['SimHei']
plt.rcParams['axes.unicode_minus'] = False
#读入数据
data = pd.read_excel('第2章.xlsx', '表2-1')
#绘制散点图
plt.scatter(x=data['入学单杠'], y=data['10月份单杠'])
#命名图的横纵坐标轴
```

```
plt.xlabel('入学单杠成绩/个');
plt.ylabel('10 月份单杠成绩/个')
```

其中 scatter 是 Python 中 matplotlib 库里的一个函数，用来绘制散点图，完整定义为 scatter(x, y, s=None, c=None, marker=None, cmap=None, norm=None, vmin=None, vmax=None, alpha=None, linewidths=None, *, edgecolors=None, plotnonfinite=False, data=None, **kwargs)，相关参数说明如下。

（1）x 和 y 是数据；

（2）s 是图中点的形状大小；

（3）c 是图中的颜色；

（4）marker 是图中点的形状；

（5）alpha 是图中点的透明度；

（6）linewidths 是图中点的线长。

2. 矩阵散点图绘图

教材中的"图 2-13　矩阵散点图"，反映了多组数据的相关性展示问题。对于这一问题，将表 2-2 中的数据集整理为 Excel 文件，命名为"第 2 章.xlsx"，并将 sheet 表名改为"表 2-1"，读入这个 Excel 文件中的 sheet 表，相应的 Python 代码如下。

```
#读入 pandas 库并重命名为 pd
import pandas as pd
#读入 numpy 库并重命名为 np
import numpy as np
#读入 matplotlib 库并重命名为 plt
import matplotlib.pyplot as plt
#修正图形中的中文输出问题
plt.rcParams['font.sans-serif'] = ['SimHei']
plt.rcParams['axes.unicode_minus'] = False
#读入数据
data = pd.read_excel('第 2 章.xlsx', '表 2-1')
#为不破坏原数据，读入所需变量数据
temp =data[['10 月份单杠', '10 月份仰卧起坐', '10 月份 3000 米']]
#自编函数，原数据中成绩数据为字符串型，将其转化为分钟
def run_data_tran( data):
    whole_min =np.zeros( len(data))
    for i in range(0,len(data)):
        #导入每个成绩数据
        string_used =data.iloc[i]
        #导入分钟部分数据
        num_min =int(string_used[0:2])
        #导入秒部分数据
        num_sec =int(string_used[3:5])
        #转化为分钟格式
        whole_min[i] =num_min + num_sec/60
    return whole_min
temp['10 月份 3000 米'] = run_data_tran( data['10 月份 3000 米'])
#绘制矩阵散点图
pd.plotting.scatter_matrix( frame=temp)
```

其中 scatter_matrix 是 Python 中的一个函数，用来绘制矩阵散点图，完整定义为 scatter_matrix(frame: 'DataFrame', alpha: 'float'=0.5, figsize: 'tuple[float, float] | None'=None, ax: 'Axes | None'=None, grid: 'bool'=False, diagonal: 'str'='hist', marker: 'str'='.', density_kwds =None, hist_kwds=None, range_padding: 'float'=0.05, **kwargs)，相关参数说明如下。

（1）frame 是数据；

（2）figsize 是图的宽度和高度大小；

（3）diagonal 是图中对角线上显示结果的标识符，取值为 kde 表示显示概率密度曲线，取值为 hist 表示显示直方图；

（4）marker 是图中点的形状。

3. 三维散点图绘图

教材中的“图 2-14　三维散点图与气泡图”，反映了多组数据的相关性展示问题。对于其中的三维散点图，将表 2-2 中的数据集整理为 Excel 文件，命名为“第 2 章.xlsx”，并将 sheet 表名改为“表 2-1”，读入这个 Excel 文件中的 sheet 表，相应的 Python 代码如下。

```
#读入 pandas 库并重命名为 pd
import pandas as pd
#读入 numpy 库并重命名为 np
import numpy as np
#读入 matplotlib 库并重命名为 plt
import matplotlib.pyplot as plt
#修正图形中的中文输出问题
plt.rcParams['font.sans-serif'] = ['SimHei']
plt.rcParams['axes.unicode_minus'] = False
#读入数据
data = pd.read_excel('第 2 章.xlsx', '表 2-1')
#自编函数，原数据中成绩数据为字符串型，将其转化为分钟
def run_data_tran( data):
    whole_min =np.zeros( len(data))
    for i in range(0,len(data)):
        #导入每个成绩数据
        string_used =data.iloc[i]
        #导入分钟部分数据
        num_min =int(string_used[0:2])
        #导入秒部分数据
        num_sec =int(string_used[3:5])
        #转化为分钟格式
        whole_min[i] =num_min + num_sec/60
    return whole_min
temp = run_data_tran( data['入学 3000 米'])
#定义图形，选择三维格式
ax =plt.subplot(111, projection ='3d')
#绘制三维散点图
ax.scatter( data['入学仰卧起坐'], data['入学单杠'], temp)
#命名图形的各维度坐标轴
ax.set_xlabel('入学仰卧起坐')
ax.set_ylabel('入学单杠')
ax.set_zlabel('入学 3000 米')
```

其中 subplot 是 Python 中的一个函数，用来创建子图实例，完整定义为 subplot(Three

integers (nrows, ncols, index), projection{None, 'aitoff', 'hammer', 'lambert', 'mollweide', 'polar', 'rectilinear', str})，相关参数说明如下。

（1）nrows、ncols、index 表示在图的位置 index 处建立 nrows 行和 ncols 列的图，示例代码中的 111 等同于 nrows=1、ncols=1、index=1；

（2）projection 是图的类型，默认为 None 表示 rectilinear，其他可选类型包括 aitoff、hammer、lambert、mollweide、polar 等。

4. 气泡图绘图

教材中的“图 2-14　三维散点图与气泡图”，反映了多组数据的相关性展示问题。对于其中的气泡图，将表 2-2 中的数据集整理为 Excel 文件，命名为“第 2 章.xlsx”，并将 sheet 表名改为“表 2-1”，读入这个 Excel 文件中的 sheet 表，相应的 Python 代码如下。

```
#读入 pandas 库并重命名为 pd
import pandas as pd
#读入 matplotlib 库并重命名为 plt
import matplotlib.pyplot as plt
#修正图形中的中文输出问题
plt.rcParams['font.sans-serif'] = ['SimHei']
plt.rcParams['axes.unicode_minus'] = False
#读入数据
data = pd.read_excel('第 2 章.xlsx', '表 2-1')
#绘制气泡图，其中气泡大小代表 10 月份仰卧起坐
plt.scatter(x=data['入学单杠'], y=data['10 月份单杠'], s=data['10 月份仰卧起坐'])
#命名图的横纵坐标轴
plt.xlabel('入学单杠/个');
plt.ylabel('10 月份单杠/个')
```

5. 相关系数计算

教材中第 43 页的 10 月份数据相关系数结果，反映了相关系数的计算问题。对于这一问题，将表 2-2 中的数据集整理为 Excel 文件，命名为“第 2 章.xlsx”，并将 sheet 表名改为“表 2-1”，读入这个 Excel 文件中的 sheet 表，以 10 月份单杠和仰卧起坐为例，相应的 Python 代码如下。

```
#读入 pandas 库并重命名为 pd
import pandas as pd
#读入数据
data = pd.read_excel('第 2 章.xlsx','表 2-1')
#以 10 月份单杠和仰卧起坐的相关系数为例，提取这 2 个变量的数据
data_cor = data[['10 月份单杠', '10 月份仰卧起坐']]
#计算这 2 个变量的相关系数，得到相关矩阵的形式
corr_value =data_cor.corr('pearson')
#输出 2 个变量的相关系数，保留小数点后 2 位
print(round(corr_value.iloc[0,1],2))
```

2.2.7　可视化描述图形

1. 雷达图绘图

教材中的“图 2-15　五个地区居民主要食品消费量雷达图”，反映了多组数据的可

视化描述问题。对于这一问题，相应的 Python 代码如下。

```
#读入pandas 库并重命名为pd
import pandas as pd
#读入numpy 库并重命名为np
import numpy as np
#读入matplotlib 库并重命名为plt
import matplotlib.pyplot as plt
#修正图形中的中文输出问题
plt.rcParams['font.sans-serif'] = ['SimHei']
plt.rcParams['axes.unicode_minus'] = False
#定义数据为DataFrame 格式，并将index 命名为地区
data =pd.DataFrame({'食用油': [7.5,9.2,8.6,15.3,9.9],
  '肉类': [27.3,29.1,14.7,30.4,33.6], '蛋类':[16.9,13.9, 16.3,2.4,9.9], '奶类':[30.1,
23.1,17.9,8.5,9.6]})
data.index =['北京','上海','山西','西藏','广东']
#将原数据标准化到[0.2,1]区间上
data_radar = 0.2 + 0.8*( data -data.min())/( data.max() -data.min())
#根据数据中的变量个数，将圆等分，便于绘制雷达图中各扇形
angles = np.linspace(start=0, stop=2*np.pi, num=len(data_radar.columns), endpoint
=False)
#定义图，用极坐标
plt.subplot(111, polar=True)
#定义雷达图中各个对象的线条节点的颜色
clist =['blue','red','green','black','purple']
#绘制雷达图
for i in range(1, len(data_radar.index)):
    #确定各对象的线条在图中的位置
    value =np.concatenate((data_radar.iloc[i-1,:], pd.Series(data_radar.iloc[i- 1,0])))
    #绘制各对象的线条
    plt.plot(np.concatenate((angles,[angles[0]])), value,'o', linewidth=2)
    #将各对象线条的连接处节点标记不同的颜色
    plt.fill(np.concatenate((angles,[angles[0]])), value, color=clist[i-1], alpha=
0.25)
#在雷达图中各扇形处标记相关变量的名称
plt.thetagrids(angles=angles*180/np.pi, labels=data_radar.columns)
#在雷达图中给出各对象所标记颜色的说明
plt.legend(data_radar.index, loc=(0.94,0.8))
```

其中 linspace 是 Python 中 numpy 库里的一个函数，用来将数据在一个区间上等间隔采样，完整定义为 linspace(start, stop, num=50, endpoint=True, retstep=False, dtype=None, axis=0)，相关参数说明如下。

（1）start 和 stop 是区间的起点和终点；

（2）num 是样本数，默认为 50；

（3）endpoint 是布尔型，默认为 True，表示终点就是最后一个样本，反之取值为 False；

（4）其他参数包括输出矩阵格式 dtype 等。

2. 热力图绘图

教材中的“图 2-16 学生成绩相关系数热力图”，反映了多组数据的相关系数展示问题。对于这一问题，将表 2-2 中的数据集整理为 Excel 文件，命名为“第 2 章.xlsx”，并将

sheet 表名改为“表 2-1”，读入这个 Excel 文件中的 sheet 表，相应的 Python 代码如下。

```
#读入 pandas 库并重命名为 pd
import pandas as pd
#读入 numpy 库并重命名为 np
import numpy as np
#读入 seaborn 库并重命名为 sns
import seaborn as sns
#读入数据
data = pd.read_excel('第 2 章.xlsx','表 2-1')
#为不破坏原数据，读入所需变量数据
data_cor =data[['入学单杠', '入学仰卧起坐', '入学 3000 米', '10 月份单杠', '10 月份仰卧起坐',
'10 月份 3000 米']]
#自编函数，原数据中成绩数据为字符串型，将其转化为分钟
def run_data_tran(data):
    whole_min =np.zeros(len(data))
    for i in range(0,len(data)):
        #导入每个成绩数据
        string_used =data.iloc[i]
        #导入分钟部分数据
        num_min =int(string_used[0:2])
        #导入秒部分数据
        num_sec =int(string_used[3:5])
        #转化为分钟格式
        whole_min[i] =num_min + num_sec/60
    return whole_min
data_cor['入学 3000 米'] = run_data_tran(data_cor['入学 3000 米'])
data_cor['10 月份 3000 米'] = run_data_tran(data_cor['10 月份 3000 米'])
#求各变量的相关系数
corr_value =data_cor.corr('pearson')
#绘制热力图
sns.heatmap(data=corr_value, annot=True, vmax=1, square=True, cmap="Blues")
```

其中 heatmap 是 Python 中 seaborn 库里的一个函数，用来将二维表格形式的数据绘制成不同颜色的图形，热力图就是其中一种，完整定义为 heatmap(data, *, vmin=None, vmax=None, cmap=None, center=None, robust=False, annot=bool or rectangular dataset, fmt=".2g", annot_kws= None, linewidths=0, linecolor="white", cbar=True, cbar_kws=None, cbar_ax=None, square= True, xticklabels="auto", yticklabels="auto", mask=None, ax=None, **kwargs)，相关参数说明如下。

（1）data 是二维表格形式的数据集；

（2）vmin、vmax 用来确定 colormap 的数值；

（3）cmap 用于设定数据和颜色空间的映射；

（4）annot 如果 bool（布尔型）取值为 True 时，则 data 中的每个数据会显示在图形的每个矩阵中；如果取值为 rectangular dataset，则将 dataset 中的数据显示在图形中；

（5）square 是布尔型，取值为 True 则图中的每个矩阵大小相等。

3. 玫瑰图绘图

教材中的“图 2-17　2021 年末 12 个地区的常住人口数”，反映了多组数据的可视化

描述问题。对于这一问题，相应的 Python 代码如下。

```
#读入 pandas 库并重命名为 pd
import pandas as pd
#读入 numpy 库并重命名为 np
import numpy as np
#读入 math 库
import math
#读入 matplotlib 库并重命名为 plt
import matplotlib.pyplot as plt
#修正图形中的中文输出问题
plt.rcParams['font.sans-serif'] = ['SimHei']
plt.rcParams['axes.unicode_minus'] = False
#定义数据，采用数据框格式
data =pd.DataFrame({'人口数':[12684, 10170, 9883, 8505, 8372, 7448, 6622, 6540, 6113,
5830, 5037, 4690]})
data.index =['广东', '山东', '河南', '江苏', '四川', '河北', '湖南', '浙江', '安徽', '湖
北', '广西', '云南']
#将数据按人口升序排列
data =data.sort_values('人口数')
#计算变量个数
n =len(data)
#将原数据标准化到区间[0,1]上
data_maxmin =( data -data.min())/(data.max() -data.min())
#将圆按变量个数等分，确定各变量的扇形角度
theta =np.arange(0, 2*np.pi, 2*np.pi/n) + 2*np.pi/(2*n)
#定义图实例，设置图的大小 figsize 和分辨率 dpi
fig =plt.figure(figsize=(20,5), dpi=400)
#将图实例设为极坐标
ax =fig.add_subplot(projection='polar')
#绘制条形图，设标签为各扇形，高度为人口数，宽度为扇形大小
bar =ax.bar(x=theta, height=data['人口数'], width=2*np.pi/n)
#去掉图中相关线
ax.set_theta_zero_location('N')
ax.set_rgrids([])
ax.set_thetagrids([])
# ax.set_title('人口数', fontdict={'fontsize':10})
#为图中各扇形设置不同的颜色
for i,bar in zip(data_maxmin['人口数'], bar):
    bar.set_facecolor(plt.cm.spring_r(i))
    bar.set_alpha(0.8)
#标记图中各扇形的数据
for i,j,k in zip(theta, data['人口数'], data.index):
    if 90<math.degrees(i) < 270:
        ax.text(i, j+500, str(k), rotation=math.degrees(i)-180)
    else:
        ax.text(i, j+500, str(k), rotation=math.degrees(i))
    ax.text(i,j-1000,str(j))
#去掉图中坐标系
plt.axis("off")
```

4. 词云图绘图

教材中的“图 2-18　《应用统计学》第 1 章正文词云图”，反映了文本数据的可视化描述问题。对于这一问题，将相应的文本存储在 data.txt 记事本中，相应的 Python 代

码如下。

```
import jieba
import collections
import re
from wordcloud import WordCloud
#读入数据
with open('C:\\data.txt', encoding='utf-8') as f:
    data = f.read()
# 文本预处理  去除一些无用的字符   只提取出中文出来
new_data = re.findall('[\u4e00-\u9fa5]+', data, re.S)
new_data = " ".join(new_data)
# 文本分词
seg_list_exact = jieba.cut(new_data, cut_all=True)
result_list = []
with open('C:\\Users\\wuxinyang302\\stop_words.txt', encoding='utf-8') as f:
    con = f.readlines()
    stop_words = set()
    for i in con:
        i = i.replace("\n", "")   # 去掉读取每一行数据的\n
        stop_words.add(i)
for word in seg_list_exact:
    # 设置停用词并去除单个词
    if word not in stop_words and len(word) > 1:
        result_list.append(word)
print(result_list)
# 筛选后统计
word_counts = collections.Counter(result_list)
# 获取前 100 最高频的词
word_counts_top100 = word_counts.most_common(100)
print(word_counts_top100)
# 绘制词云
my_cloud = WordCloud(
    background_color='white',  # 设置背景颜色  默认是 black
    width=900, height=600,
    max_words=100,            # 词云显示的最大词语数量
    font_path='simhei.ttf',   # 设置字体  显示中文
    max_font_size=99,         # 设置字体最大值
    min_font_size=16,         # 设置子图最小值
    random_state=50           # 设置随机生成状态，即多少种配色方案
).generate_from_frequencies(word_counts)
#显示生成的词云图片
plt.imshow(my_cloud, interpolation='bilinear')
#显示设置词云图中无坐标轴
plt.axis('off')
plt.show()
```

2.3　习　　题

2.3.1　单项选择题

1. ____不属于描述性统计。

A. 频数分析　　　　　　　　　　B. 位置特征分析

C. 离散程度分析　　　　　　　　D. 总体均值的检验

2. 某篇文章讨论了男性和女性毕业生起薪的差别。文章称，前 20 名女性毕业生的平均起薪是 54 749 元，中位数是 47 543 元，标准差是 10 250 元。对样本均值如下解释正确的是____。

A. 大多数女性毕业生的起薪是 54 749 元

B. 最常见到的起薪是 54 749 元

C. 样本起薪的平均值为 54 749 元

D. 有一半的起薪低于 54 749 元

3. 除了____之外，下列都是中位数的特征。

A. 中位数是一组数据中的大小数值的平均

B. 中位数是数据集中趋势的一种度量

C. 中位数的位置由公式$(n+1)/2$确定，其中 n 是数据的个数

D. 中位数等于第二个四分位数

4. 下列关于集中趋势的测度中，易受极端值影响的是____。

A. 平均数　　B. 众数　　C. 中位数　　D. 众数和中位数

5. 各样本数据的值与其____的差值之和等于零。

A. 中位数　　B. 众数　　C. 均值　　D. 标准差

6. 下列叙述正确的是____。

A. 众数可以用于数值型数据　　B. 中位数可以用于分类型数据

C. 平均数可以用于定序型数据　　D. 均值可以用于分类型数据

7. 用极差度量离散程度的缺陷是____。

A. 基于均值计算离散程度　　B. 基于绝对值计算，不易使用

C. 易于计算　　D. 没有使用所有数据的信息

8. 计算方差所依据的中心数据是____。

A. 众数　　B. 中位数　　C. 均值　　D. 几何平均数

9. 对数据对称性的测度是____。

A. 偏度　　B. 峰度　　C. 变异系数　　D. 标准差

10. 当偏态系数大于零时，分布是____。

A. 左偏的　　B. 右偏的　　C. 对称的　　D. 无法确定的

11. 描述定性数据的两种最常用的图形描述法是____。

A. 条形图和饼图　　B. 散点图和饼图

C. 散点图和条形图　　D. 条形图和散点图

12. 关于箱线图，下列哪个说法是错误的？____

A. 箱线图可用于判断异常值

B. 箱线图反映了数据的中位数

C. 箱线图能反映数据的偏态特征

D. 若已知一个数据集的五数概括，就可以绘制出箱形图

13. 已知一组数据的偏态系数为 1，且该组数据是单峰分布，下面关于这组数据的中

位数、众数与均值说法正确的是____。

A. 中位数=众数=均值　　B. 众数＜中位数＜均值

C. 中位数＜众数＜均值　　D. 中位数＜均值＜众数

14. 下面哪一组数据最没有可能使用直方图来表示其分布特征____。

A. 某班级学生的高等数学成绩　　B. 某班级学生的身高

C. 某班级学生的户籍　　D. 某班级学生的体重

15. 已知一组数据的偏态系数为−1.23，且该组数据是单峰分布，下面关于这组数据的中位数、众数与均值说法正确的是____。

A. 中位数=众数=均值　　B. 众数＜中位数＜均值

C. 中位数＜众数＜均值　　D. 均值＜中位数＜众数

16. 想要描述两组数据的相关关系，可以使用下述哪种图形？____

A. 饼图　　B. 直方图　　C. 帕累托图　　D. 散点图

2.3.2 判断题

若说法正确则答案为 T，反之为 F。

1. 描述性统计是研究如何根据样本数据推断总体的未知数量特征的方法。（　）
2. 对于分类数据，处于某一给定类别中的数据个数，称为该类的频率。（　）
3. 对于通过定类测量得到的数据，能够用直方图描述数据的频数。（　）
4. 平均数容易受到数据中的极端值的影响。（　）
5. 一组数据的众数一定是唯一的。（　）
6. 只要变量分布具有相同的标准差，就会有相同的分布形状。（　）
7. 已知一组数据的偏度为−0.1，则该组数据的直方图是右偏的。（　）
8. 在某公司进行的计算机水平测试中，新员工的平均得分是 80 分，中位数是 86 分，则新员工得分的分布形状是对称的。（　）
9. 单峰的右偏分布均值、中位数和众数之间的大小关系为均值＞中位数＞众数。（　）
10. 箱线图是基于五数概括法绘制的，这五数是最小数、下四分位数（$Q1$）、平均数、上四分位数（$Q3$）和最大数。（　）
11. 对于衡量数据离散特征的如下四个统计量：极差、四分位数间距、标准差和变异系数，在稳定性方面最好的是极差。（　）
12. 当获取到一组数据的四分位数以及最大值、最小值就可以绘制该组数据的箱线图。（　）
13. 偏态系数是对一组数据的频数分布曲线的陡峭程度进行描述的数据特征。（　）

2.3.3 简答题

1. 试问数据预处理有哪些工作？
2. 试简述什么是数据的秩，并说出数据 14、9、10、16、10 中 9 和 10 的秩（按升秩）分别是多少。

3. 请简述什么是描述性统计方法。

4. 试列举数据的位置特征有哪些。

5. 试列举数据的离散特征有哪些。

6. 试列举数据的形态特征有哪些。

7. 某班学生的统计学平均成绩是 70 分，最高分是 96 分，最低分是 62 分，根据这些信息，可以计算反映该班成绩离散程度的指标是什么？

8. 收集了某地 10 家公司在电视广告上的花费数据，单位是万元。试列举三种图形描述法能用于描述这组数据。

9. 请说明箱线图中与统计量相关的线段位置的确定方法。

10. 请说明两个变量之间的相关关系有哪些。

2.3.4　计算题

1. 某城市 25 位被调查老人的年龄（单位：岁）为：68、73、66、76、86、74、61、89、65、90、69、92、76、62、81、63、68、81、70、73、60、87、75、64、82。试问上述调查数据的中位数是多少？

2. 5 名新生的教科书费用（单位：元）为 200、250、375、125、280，试问教科书费用的方差和标准差分别是多少？

3. 某班的应用统计学考试成绩如表 2-4 所示，试分析该组数据的位置特征。

表 2-4　某班的应用统计学考考试成绩

成绩/分	60 分以下	[60,70)	[70,80)	[80,90)	90 分及以上
学生人数/人	2	8	22	10	4

4. 试分析表 2-4 中数据的离散特征。

5. 试分析表 2-4 中数据的偏度系数，并说明分布偏态情况。

6. 试分析表 2-4 中数据的峰度系数，并说明分布的尖陡情况。

7. 大学生每学期花在教科书上的费用平均为 280 元，标准差为 40 元。如果已知学生在教科书上的花费是尖峰对称分布，则在教科书上的花费在 160 元和 320 元之间的学生大约占多少比例？

8. 收集了某地 10 家公司在电视广告上的花费（单位：万元）如下：72、63.1、54.7、54.3、29、26.9、25、23.9、23、20。试用直方图描述这组数据。

9. 对第 8 题中的数据，试用箱线图描述这组数据。

10. 对第 8 题中的数据，试用散点图描述这组数据。

2.4　习题参考答案

2.4.1　单项选择题

1. D；2. C；3. A；4. A；5. C；6. A；7. D；8. C；9. A；10. B；11. A；12. D；

13. B；14. C；15. D；16. D

2.4.2　判断题

1. F；2. F；3. F；4. T；5. F；6. F；7. F；8. F；9. T；10. F；11. F；12. F；13. F

2.4.3　简答题

1. 答：数据预处理包括：①数据审核，指对数据资料进行初步审查和核对，其主要工作包括校正填错、误填的数据，剔除乱填、空白和严重短缺的统计表和调查问卷；②数据筛选，指选择符合特定条件的数据，删除有缺失信息的记录，人工补全有缺失信息的记录，利用数学公式或仿真分析等方法计算补全有缺失信息的记录；③数据排序，指按照一定顺序对数据进行排列，以便研究者通过浏览数据发现一些明显的特征或趋势，找到解决问题的线索，排序还有助于对数据检查纠错，为重新归类或分组等提供依据。

2. 答：将一组数据按大小顺序排列后，每个数据所处的位置称为该数据的秩。9 和 10 的秩分别是 1 和 2.5。

3. 答：将数据以表格、图形或数值形式汇总的统计方法称为描述性统计方法。

4. 答：①平均数也称为均值、算术平均数，是所有数据求和后除以样本容量得到的数值；②中位数是指一组数据排序后处于中间位置上的数值；③百分位数是处于各百分点位置上的数值；④众数是在一组数据中出现次数最多的那个数值。

5. 答：①极差也称为全距，是一组数据中的最大值与最小值之差；②四分位数间距也称四分位差，是指数据的上下四分位数之差；③方差是所有数据偏离其均值的程度；④标准差是方差的算术平方根；⑤平均绝对离差是数据相对于其平均值的绝对距离；⑥变异系数是一组数据的标准差与其平均数之比。

6. 答：①偏度是一组数据的频数分布的对称程度或偏斜程度；②峰度是指相比标准正态分布，数据的频数分布曲线的陡峭程度。

7. 答：极差。

8. 答：直方图、箱线图、散点图。

9. 答：基于给定的数据集 $x_1,\cdots,x_n$，将数据集升序排列为 $x_1\leqslant\cdots\leqslant x_n$，确定中位数 Q_2、下四分位数 Q_1、上四分位数 Q_3；基于 Q_1 和 Q_3 确定四分位间距 $\mathrm{IQR}=Q_3-Q_1$，从而确定数据集的范围 $[Q_1-1.5\times\mathrm{IQR},Q_3+1.5\times\mathrm{IQR}]$。处于范围 $[Q_1-1.5\times\mathrm{IQR},Q_3+1.5\times\mathrm{IQR}]$ 内，该数据集 $x_1,\cdots,x_n$ 的最大值为最大截断点、最小值为最小截断点。超出该范围的值为异常值。

10. 答：线性相关、非线性相关、不相关。

2.4.4　计算题

1. 解：排序后可得中位数为 73 岁。

2. 解：求得均值 $\bar{x}=246$（元），方差为 $s^2=\dfrac{1}{4}\sum_{i=1}^{5}\left(x_i-\bar{x}\right)^2=8642.5$（元），标准差为 $s=\sqrt{s^2}=92.97$（元）。

3. 解：各组的组代值依次为 55 分、65 分、75 分、85 分和 95 分，数据容量为 46。

平均值为 $\bar{x}=\dfrac{55\times2+65\times8+75\times22+85\times10+95\times4}{2+8+22+10+4}=76.3$（分）。

中位数的经验位置是 $\dfrac{46+1}{2}=23.5$，故 $M_e=70+\dfrac{23.5-10}{22}\times10=76.1$（分）。

下四分位数的经验位置是 $L_1=\dfrac{25\times(46+1)}{100}=11.75$，故 $Q_1=70+\dfrac{1.75}{22}\times10=70.8$（分）。

上四分位数的经验位置是 $L_3=\dfrac{75\times(46+1)}{100}=35.25$，故 $Q_3=80+\dfrac{35.25-32}{10}\times10=83.3$（分）。

众数是 $70+\dfrac{22-8}{(22-8)+(22-10)}\times10=75.4$（分）。

4. 解：极差为 $R=95-55=40$（分）。

四分位数间距为 $\text{IQR}=83.3-70.8=12.5$（分）。

方差为

$$s^2=\frac{2\times(55-76.3)^2+8\times(65-76.3)^2+22\times(75-76.3)^2+10\times(85-76.3)^2+4\times(95-76.3)^2}{45}=91.6\text{（分）。}$$

标准差为 $s=\sqrt{s^2}=9.6$（分）。

变异系数为 $c_v=s/\bar{x}=0.13$。

平均绝对离差为

$$\text{MAD}=\frac{2\times|55-76.3|+8\times|65-76.3|+22\times|75-76.3|+10\times|85-76.3|+4\times|95-76.3|}{46}=7.0\text{（分）。}$$

5. 解：偏度系数为

$$a=\frac{2\times(55-76.3)^3+8\times(65-76.3)^3+22\times(75-76.3)^3+10\times(85-76.3)^3+4\times(95-76.3)^3}{46\times s^3}=0.04$$

，因偏度系数为正，故分布右偏。

6. 解：峰度系数为

$$b=\frac{2\times(55-76.3)^4+8\times(65-76.3)^4+22\times(75-76.3)^4+10\times(85-76.3)^4+4\times(95-76.3)^4}{46\times s^4}-3=-0.21$$

，因峰度系数为

负，故分布平顶低峰。

7. 解：可认为费用服从正态分布，则 $p=\Phi\left(\dfrac{320-280}{40}\right)-\Phi\left(\dfrac{160-280}{40}\right)=0.84$ 。

8. 解：10 家公司在电视广告上的花费直方图如图 2-2 所示。

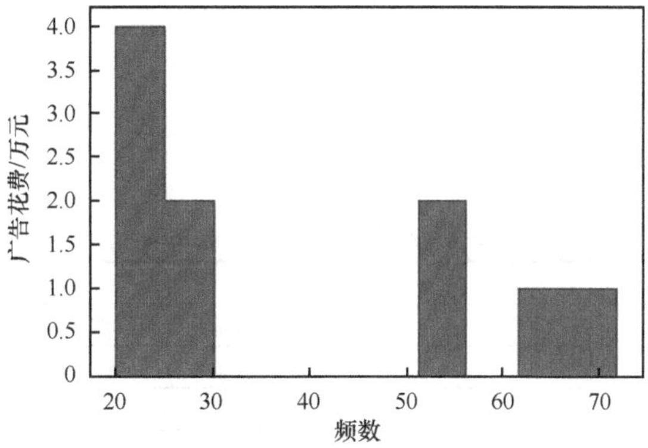

图 2-2　广告花费的直方图

9. 解：10 家公司在电视广告上的花费箱线图如图 2-3 所示。

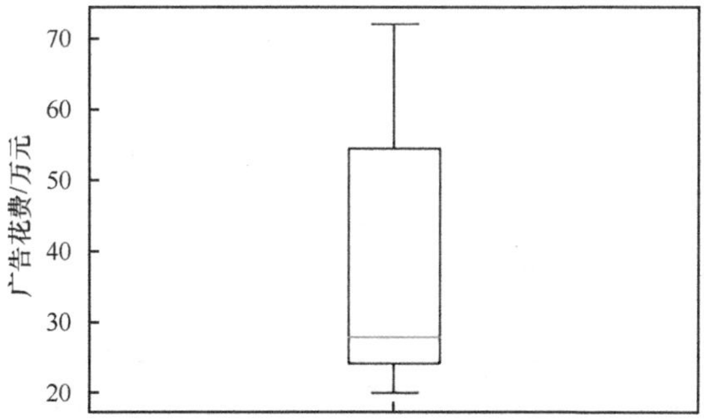

图 2-3　广告花费的箱线图

10. 解：10 家公司在电视广告上的花费散点图如图 2-4 所示。

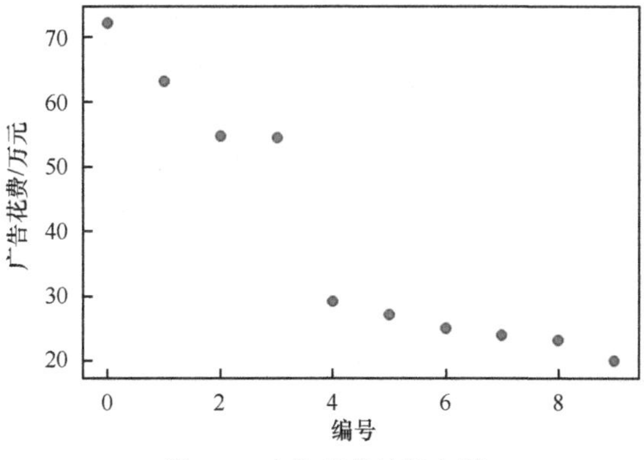

图 2-4　广告花费的散点图

第3章 抽样与估计

3.1 学 习 指 导

本章的知识结构如表 3-1 所示。

表 3-1 抽样与估计的知识结构

<table>
<tr><th>章节</th><th>知识点</th><th colspan="2">内容</th></tr>
<tr><td rowspan="7">抽样与估计的相关概念</td><td>总体类型</td><td colspan="2">目标总体、抽样总体</td></tr>
<tr><td rowspan="2">总体单位</td><td colspan="2">调查单位、抽样单位</td></tr>
<tr><td colspan="2">抽样框</td></tr>
<tr><td rowspan="2">抽样方法</td><td>概率抽样</td><td>简单随机抽样、分层抽样、整群抽样、系统抽样</td></tr>
<tr><td>非概率抽样</td><td>方便抽样、判断抽样、配额抽样、滚雪球抽样、自我选择</td></tr>
<tr><td>参数</td><td>总体参数和样本参数</td><td>均值、方差、总和、比例</td></tr>
<tr><td>抽样误差</td><td colspan="2">抽样实际误差、抽样标准误差、抽样极限误差、最大相对误差</td></tr>
<tr><td rowspan="3">统计量与抽样分布</td><td>统计量</td><td colspan="2">概念、估计量（估计值）</td></tr>
<tr><td rowspan="2">抽样分布</td><td colspan="2">统计量的分布</td></tr>
<tr><td>常见分布</td><td>χ^2 分布、t 分布、F 分布</td></tr>
<tr><td rowspan="2">点估计</td><td>常用方法</td><td colspan="2">矩估计法、极大似然估计法</td></tr>
<tr><td>评价</td><td colspan="2">无偏性、有效性、相合性</td></tr>
<tr><td rowspan="4">区间估计</td><td>基本概念</td><td colspan="2"></td></tr>
<tr><td>常用方法</td><td colspan="2">枢轴量法</td></tr>
<tr><td>评价</td><td colspan="2">置信水平、精确度</td></tr>
<tr><td>常见参数的区间估计</td><td colspan="2">单总体参数的区间估计、两总体均值之差的区间估计、两总体方差之比的区间估计</td></tr>
<tr><td rowspan="4">简单随机抽样</td><td>分类</td><td colspan="2">无放回简单随机抽样、有放回简单随机抽样</td></tr>
<tr><td>实施方法</td><td colspan="2">抽签法、随机数法</td></tr>
<tr><td>总体参数估计</td><td colspan="2">均值、比例</td></tr>
<tr><td colspan="3">样本容量的确定</td></tr>
<tr><td rowspan="9">其他随机抽样方法</td><td rowspan="4">分层随机抽样</td><td colspan="2">思想与实施</td></tr>
<tr><td colspan="2">总体参数估计</td></tr>
<tr><td>样本量分配</td><td>比例分配、最优分配、奈曼（Neyman）分配、总样本容量计算</td></tr>
<tr><td colspan="2">分层随机抽样的特点</td></tr>
<tr><td rowspan="2">整群随机抽样</td><td colspan="2">思想与实施</td></tr>
<tr><td colspan="2">总体参数估计</td></tr>
<tr><td rowspan="2">系统抽样</td><td colspan="2">思想与实施</td></tr>
<tr><td>实施方法</td><td>直线等距抽样、循环等距抽样</td></tr>
<tr><td colspan="3">各种抽样方法的特点和对比</td></tr>
</table>

学习要点如图 3-1 所示。

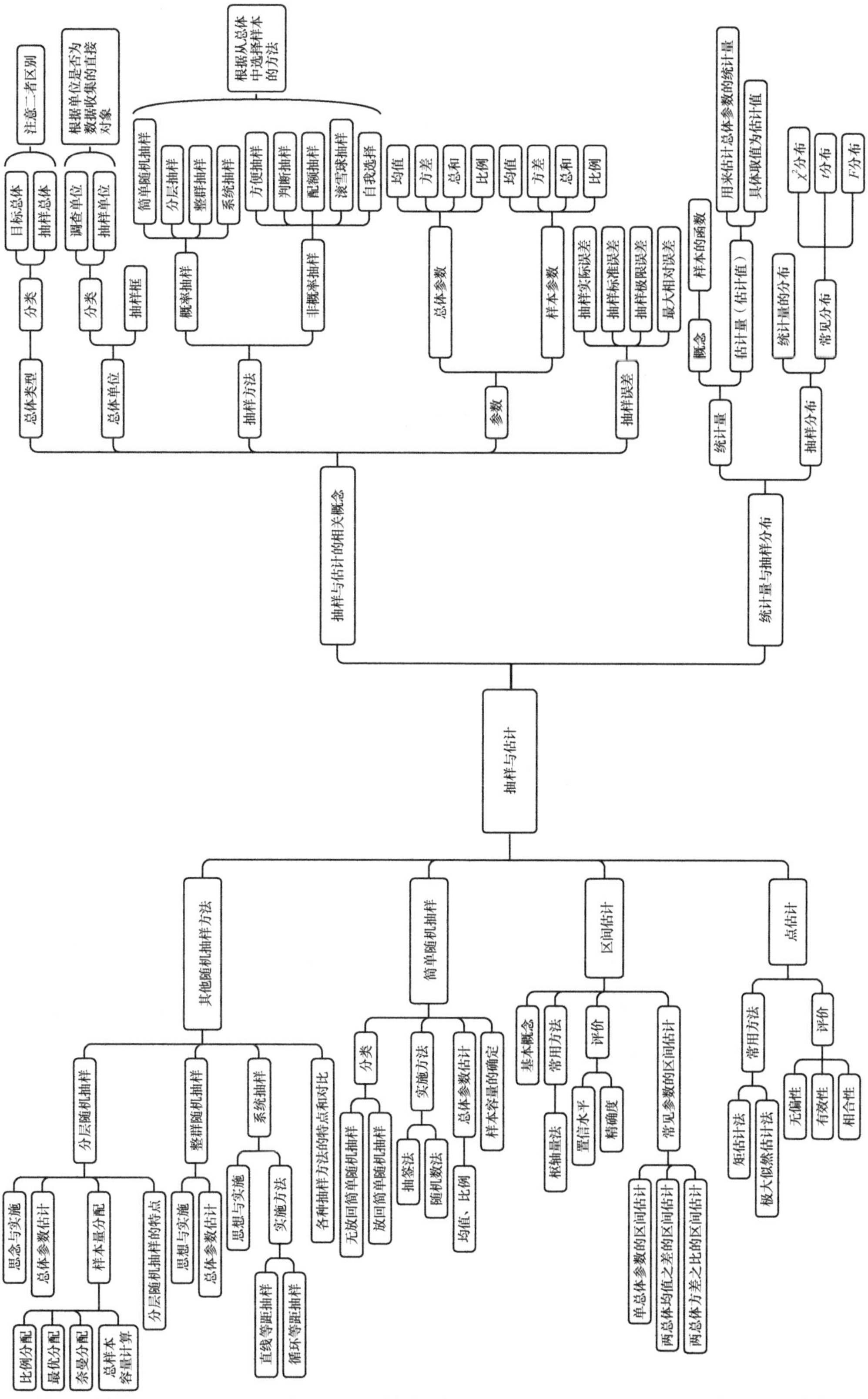

图 3-1　抽样与估计的学习要点

3.2 软件操作

本节针对教材第 3 章中的各个例题，给出软件编程代码。由于本章以数值计算为主，更适合用 MATLAB 分析，因此本节只给出 MATLAB 编程分析的代码。

3.2.1 正态分布参数的参数估计

教材中的“例 3-9”，反映了正态分布均值参数和方差参数的点估计和区间估计的计算问题。对于这一问题，首先将所需的数据集整理为 Excel 文件，命名为“第 3 章.xlsx”，并将 sheet 表名改为“表 3-3”，数据格式如表 3-2 所示。

表 3-2　两个品牌汽车百公里油耗（单位：升）

品牌 A	品牌 B
8.3	7.9
13.6	7.8
10.8	8.6
9.9	9.1
10.8	9.1
9.7	7.1
9.8	8.0
11.7	6.7
11.6	6.8
11.7	7.9
	9.5
	7.2
	8.3
	7.7
	9.1

读入 Excel 文件“第 3 章.xlsx”中的 sheet 表“表 3-3”，相应的 MATLAB 代码如下。

```
%%%%%%%%%% 自编函数，用于正态分布的参数估计
function [u_point, sigma2_point, u_low, u_upper, sigma2_low, sigma2_upper] = par_est_norm(x, alpfa)
    %样本量
    n =length(x);
    %%% 点估计
    u_point = mean(x);
    sigma2_point = var(x);
    %%%%\ 区间估计
    % 均值
    temp =tinv(1-alpfa/2, n-1)*sqrt(sigma2_point)/sqrt(n-1)
    u_low = u_point -temp;
    u_upper = u_point +temp;
    % 方差
```

```
        sigma2_low =(n-1)*sigma2_point/chi2inv(1-alpfa/2, n-1);
        sigma2_upper =(n-1)*sigma2_point/chi2inv(alpfa/2, n-1);
    end

    %读入数据
    data_LI3_9 = xlsread('第 3 章.xlsx', '表 3-3');
    %调用品牌 A 的样本数据
    x =data_LI3_9(:,1);
    x =x( ~isnan(x));
    %估计品牌 A 的参数
    [u_point, sigma2_point, u_low, u_upper, sigma2_low, sigma2_upper] = par_est_norm(x,
0.05)
    %调用品牌 B 的样本数据
    x =data_LI3_9(:,2);
    %估计品牌 B 的参数
    [u_point,  sigma2_point,  u_low,  u_upper,  sigma2_low,  sigma2_upper]  =
par_est_norm(x,0.05)
```

3.2.2　总体比例参数的参数估计

教材中的“例 3-10”，反映了总体比例参数的点估计和区间估计的计算问题。对于这一问题，相应的 MATLAB 代码如下。

```
    %%%%%%% 自编函数，二项分布参数估计
    function [p_point, p_low, p_upper, p_low_single, p_upper_single] = par_est_binomial(s,
n, alpfa)
        %点估计
        p_point =s/n;
        %区间估计
        temp =p_point *(1-p_point)/n
        p_low =p_point -norminv(1-alpfa/2) *sqrt(temp);
        p_upper =p_point +norminv(1-alpfa/2) *sqrt(temp);
        %置信下限
        p_low_single =p_point -norminv(1-alpfa) *sqrt(temp);
        %置信上限
        p_upper_single =p_point +norminv(1-alpfa) *sqrt(temp);
    end

    %给定样本数据
    s =109;
    n =120;
    %调用函数计算
    [p_point, p_low, p_upper, p_low_single, p_upper_single] = par_est_binomial(s, n, 0.2)
```

3.2.3　总体比例参数之差的区间估计

教材中的“例 3-11”，反映了总体比例参数之差的区间估计的计算问题。对于这一问题，相应的 MATLAB 代码如下。

```
    %%%%%%% 自编函数，用于两个二项分布参数之差的估计
    function [p_point1, p_point2, dif_low, dif_upper] = par_est_binomial_two(s1, n1, s2,
n2, alpfa)
        %两个二项分布参数的点估计
```

```
    p_point1 =s1/n1;
    p_point2 =s2/n2;
    %参数之差所服从正态分布的方差
    sigma2 =p_point1 *(1-p_point1)/n1+p_point2*(1-p_point2)/n2;
    %区间估计
    dif_low =(p_point1-p_point2)-norminv(1-alpfa/2)*sqrt(sigma2);
    dif_upper =(p_point1-p_point2)+norminv(1-alpfa/2)*sqrt(sigma2);
end

%给定样本数据
s1 =132;
n1 =200;
s2 =90;
n2 =150;
%调用函数计算
[p_point1, p_point2, dif_low, dif_upper] = par_est_binomial_two(s1, n1, s2, n2, 0.01)
```

3.2.4 正态分布方差参数之比的区间估计

教材中的“例 3-12”，反映了正态分布方差参数之比的区间估计的计算问题。对于这一问题，相应的 MATLAB 代码如下。

```
%给定样本数据
s1_2 =1200;
n1 =16;
s2_2 =800;
n2 =21;
%置信区间
ratio_low =s1_2 /s2_2 /finv(1-0.05/2,n1-1,n2-1)
ratio_upper =s1_2 /s2_2 /finv(0.05/2,n1-1,n2-1)
```

3.2.5 简单随机抽样下总体均值的估计

教材中的“例 3-13”，反映了简单随机抽样下总体均值的估计问题。对于这一问题，首先将所需的数据集整理为 Excel 文件，命名为“第 3 章.xlsx”，并将 sheet 表名改为“表 3-4”，数据格式如表 3-3 所示。

表 3-3 某校 30 名学生身高表（单位：厘米）

编号	身高	编号	身高	编号	身高
1	173	11	180	21	171
2	164	12	172	22	175
3	171	13	181	23	176
4	168	14	168	24	181
5	175	15	174	25	172
6	166	16	164	26	174
7	172	17	175	27	183
8	160	18	173	28	172
9	167	19	171	29	169
10	174	20	176	30	171

读入 Excel 文件“第 3 章.xlsx”中的 sheet 表“表 3-4”，相应的 MATLAB 代码如下。

```
%%%%%%%%%%%% 自编函数，简单随机抽样参数估计
function [mean_est, var_est, f, var_mean_est, mean_L, mean_U, mean_L_t, mean_U_t] =
par_simple_sampling(x, n, N, s2_population, alpfa)
    %点估计
    mean_est = mean(x);
    %计算总体方差
    if s2_population >0 %利用给定值
        var_est = s2_population;
    else %用样本方差
        var_est = var(x);
    end
    %抽样比
    f = n /N;
    %样本均值的方差
    var_mean_est = (1-f)/n *var_est;
    %根据正态分布的置信区间估计
    mean_L = mean_est + norminv(alpfa/2)*sqrt(var_mean_est);
    mean_U = mean_est - norminv(alpfa/2)*sqrt(var_mean_est);
    %根据 t 分布的置信区间估计
    mean_L_t = mean_est + tinv(alpfa/2,n-1) *sqrt(var_mean_est);
    mean_U_t = mean_est - tinv(alpfa/2,n-1) *sqrt(var_mean_est);
end

%给定样本数据
data_LI3_13 = xlsread('第 3 章.xlsx','表 3-4');
x =data_LI3_13(:,2);
n=30;
N =600;
s2_population =0;
%调用函数计算
[mean_est, var_est, f, var_mean_est, mean_L, mean_U, mean_L_t, mean_U_t] =
par_simple_sampling(x, n, N, s2_population, 0.05)
```

3.2.6　简单随机抽样下总体比例的估计

教材中的“例 3-14”，反映了简单随机抽样下总体比例的估计问题。对于这一问题，将表 3-3 中的数据整理为 Excel 文件，命名为“第 3 章.xlsx”，并将 sheet 表名改为“表 3-4”，读入这个 Excel 文件中的 sheet 表，相应的 MATLAB 代码如下。

```
%%%%%%%%%%%% 自编函数，简单随机抽样参数估计
function [mean_est, var_est, f, var_mean_est, mean_L, mean_U, mean_L_t, mean_U_t] =
par_simple_sampling
    (x, n, N, s2_population, alpfa)
    %点估计
    mean_est = mean(x);
    %计算总体方差
    if s2_population >0 %利用给定值
        var_est = s2_population;
    else %用样本方差
        var_est = var(x);
    end
    %抽样比
```

```
    f = n/N;
    %样本均值的方差
    var_mean_est = (1-f)/n *var_est;
    %根据正态分布的置信区间估计
    mean_L = mean_est + norminv(alpfa/2) *sqrt(var_mean_est);
    mean_U = mean_est - norminv(alpfa/2) *sqrt(var_mean_est);
    %根据 t 分布的置信区间估计
    mean_L_t = mean_est + tinv(alpfa/2,n-1) *sqrt(var_mean_est);
    mean_U_t = mean_est - tinv(alpfa/2,n-1) *sqrt(var_mean_est);
end

%给定样本数据
data_LI3_13 = xlsread('第 3 章.xlsx','表 3-4');
x =data_LI3_13(:,2);
n=30;
N =600;
s2_population =0;
%将原始身高转为类别值
x =( x >175);
%调用函数计算
[mean_est, var_est, f, var_mean_est, mean_L, mean_U, ~ , ~ ] = par_simple_sampling(x, n,
N, s2_population, 0.05)
```

3.2.7 简单随机抽样下的样本量确定

教材中的“例 3-15”，反映了简单随机抽样下的样本量确定问题。对于这一问题，相应的 MATLAB 代码如下。

```
%%%%%%%%%%%%%% 自编函数，以抽样极限误差，确定简单随机抽样的样本量
function n = determine_n_simple(N,derta,sigma_population,alpfa)
    temp = (norminv(1-alpfa/2)*sigma_population/derta)^2
    temp =1/N +1/temp;
    n = 1/temp;
end

%给定样本数据
N =6000;
derta =100;
sigma_population =500;
%调用函数计算
n = determine_n_simple(N, derta, sigma_population, 0.05)
```

3.3 习　　题

3.3.1 单项选择题

1. ____是指被研究对象的全体。

A. 目标总体　　B. 抽样总体

C. 抽样框　　D. 抽样框和抽样总体

2. 概率抽样与非概率抽样的根本区别是____。

A. 是否能保证总体中每个单位都有完全相同的概率被抽中

B. 是否能保证总体中每个单位都有事先已知或可以计算的非零概率被抽中

C. 是否能减少调查误差

D. 是否能计算和控制抽样误差

3. 在抽样中，____是一类非概率抽样方法。

A. 简单随机抽样　B. 分层抽样　C. 判断抽样　D. 整群抽样

4. 以下哪种误差属于抽样误差？_____

A. 覆盖误差　B. 系统误差

C. 过失误差　D. 样本量小导致的参数估计误差

5. 对于简单随机抽样，每次抽到的概率____。

A. 相等　B. 不相等

C. 可相等可不相等　D. 无法确定

6. 无放回简单随机抽样和放回简单随机抽样的相同点是____。

A. 都是等概率抽样

B. 各次抽样得到的样本单位之间相互独立

C. 各次抽样的抽样总体都不同

D. 各次抽样得到的样本单位完全不同

7. 对于无放回简单随机抽样，设抽样比为f，总体均值为$\bar{X}$，总体方差为S^2，样本均值为$\bar{x}$，则以下说法中不正确的是____。

A. $\bar{x}$是$\bar{X}$的无偏估计　B. f越大，$\bar{x}$的方差越小

C. S^2越大，$\bar{x}$的方差越大　D. S^2越小，f越大

8. 下列关于分层抽样的描述，错误的是____。

A. 比例分配可用于把总的样本容量分配到各层

B. 不但可以估计总体的均值，也可以估计每层的均值

C. 分层时应尽量使层内差异大，层间差异小

D. 考核某校全体学生的 3000 米成绩时，可以按照年级进行分层抽样

9. 某高校大三年级有男生 500 人，女生 400 人，为了解该年级学生的健康情况，从男生中任意抽取 25 人，从女生中任意抽取 20 人进行调查。这种抽样方法是____。

A. 简单随机抽样　B. 系统抽样　C. 自我选择　D. 分层抽样

10. 整群抽样中群的划分标准为____。

A. 群的划分尽可能使群间差异小，群内的差异大

B. 群的划分尽可能使群间差异大，群内的差异小

C. 群的划分尽可能使群间差异大，群内的差异大

D. 群的划分尽可能使群间差异小，群内的差异小

11. 某学院共有 500 名学生，依次编号为 1～500，要从中抽取 50 名学生调查学生的到课率，首先从 1～10 号中随机抽取一个数，作为抽样的起始单元号，然后每隔 10 个单元抽取一个，直到抽足 50 个单元。这种抽样方法是____。

A. 简单随机抽样　B. 分层抽样　C. 系统抽样　D. 整群抽样

12. 为了调查某校学生的购书费用支出，将全校学生的姓名按拼音顺序排列后，随

机选择第一名学生后再每隔 50 名学生抽取一名学生进行调查，这种调查方法属于____。

A. 简单随机抽样　　B. 系统抽样　　C. 分层抽样　　D. 整群抽样

13. 一个总体共有 286 个单元，当采用系统抽样中的直线等距抽样法从中抽取 40 个单元时，抽样间距可取为_____。

A. 7　　B. 8　　C. 9　　D. 10

14. 某一课外实践活动调查，规定在学校俱乐部门口随机抽一个人进行询问调查，直到调查到事先规定的调查人数为止，这种抽样方式是____。

A. 系统抽样　　B. 分层抽样

C. 简单随机抽样　　D. 非以上三种抽样方法

15. 某年级有学生 270 人，其中一班 108 人，二、三班各 81 人，现要利用抽样方法抽取 10 人参加某项测试，考虑选用分层抽样和系统抽样两种方案。使用分层抽样时，将学员按一、二、三班依次统一编号为 1，2，…，270；使用系统抽样时，将学员统一随机编号为 1，2，…，270，并将整个编号依次分为 10 段，如果抽得的号码有下列四种情况：

①7，34，61，88，115，142，169，196，223，250；

②5，9，100，107，111，121，180，195，200，265；

③11，38，65，92，119，146，173，200，227，254；

④30，57，84，111，138，165，192，219，246，270。

关于上述样本的下列结论中，正确的是____。

A. ②③都不能为系统抽样　　B. ②④都不能为分层抽样

C. ①④都可能为分层抽样　　D. ①③都可能为系统抽样

16. 为了调查某学院大一新生高等数学考试成绩，从全院大一班级中随机抽取 3 个班级后进行全面调查，这种调查方法是_____。

A. 简单随机抽样　　B. 整群抽样　　C. 系统抽样　　D. 分层抽样

3.3.2　判断题

若说法正确则答案为 T，反之为 F。

1. 抽样是为了推断总体数量特征。　　（　　）

2. 抽样总体是实践中可以构造并据以从中抽取样本的总体。　　（　　）

3. 抽样总体和目标总体总是一致的。　　（　　）

4. 抽样框是一份包含目标总体所有调查单位的名单。　　（　　）

5. 概率抽样使抽样总体中的每一个单位都有已知的或可计算的、非零的且相等的概率被抽中。　　（　　）

6. 抽样误差是由于抽样的随机性，采用实测值估计总体参数时，估计值与真实值之间的差异。　　（　　）

7. 抽样分布就是统计量的概率分布。　　（　　）

8. 如果随着样本容量的增大，点估计的值与总体参数值越来越接近，则称该点估计

是有效的。　(　　)

9. 概率抽样要求每个个体被抽中的概率是事先确定的。　(　　)

10. 方便抽样是非概率抽样方法。　(　　)

11. 实施简单随机抽样不需要有抽样框。　(　　)

12. 利用无放回简单随机抽样开展抽样时，样本均值是总体均值的无偏估计。　(　　)

13. 在抽样中将总体分为若干子总体，若各个子总体内部差异小，且子总体之间差异大，比较适用分层抽样方法进行抽样调查。　(　　)

14. 在分层抽样中，在总样本量容量一定时，比例分配是一种确定各层应分配多少样本量的方法。　(　　)

15. 在分层抽样中，奈曼分配是一种特殊的比例分配。　(　　)

16. 整群抽样不是一种概率抽样方法。　(　　)

17. 进行整群抽样时，为减少抽样误差，应尽可能使同一群内的各个单元具有较小的差异性，并使处于各个不同的群之间的单元具有较大的差异性。　(　　)

18. 系统抽样方法实施时，通常是将抽样单元按某种次序排列，在规定范围随机抽取一个初始单元，然后按固定的间距抽取其他单元。　(　　)

19. 系统抽样不是概率抽样。　(　　)

20. 直线等距抽样是系统抽样的一种具体实施方法。　(　　)

21. 为分析某大学学生的心理情况，暑假期间，在未离校的大学生中随机抽取了一些学生进行问卷调查，其中该大学的所有学生属于抽样总体。　(　　)

22. 在一次抽样调查中，研究人员根据对研究对象的了解有目的地选择一些单位作为样本，这种抽样方法是方便抽样。　(　　)

3.3.3　简答题

1. 试说明抽样标准误差的大小与哪些因素有关。

2. 简述构建区间估计的一般步骤。

3. 试简要解释区间估计评价准则中精确度的含义。

4. 简述有放回抽样和无放回抽样的异同点。

5. 某校共有 N 名考生参加了应用统计学课程考试，利用无放回简单随机抽样方法从中随机抽取 n 份试卷，相应的考试分数分别为 $x_1,\cdots,x_n$。现要求估计该校应用统计学课程考试的平均分及其在置信水平 90%下的置信区间，请给出计算式。

6. 某总体单元个数为 N。现需要利用无放回简单随机抽样方法，从中随机抽取 n 个单元，对总体进行统计推断，要求抽样的最大误差不超过 V。根据历史资料统计可得总体方差为 S^2，请给出确定样本量 n 的计算式。

7. 请说明利用分层抽样方法进行统计调查的过程。

8. 请写出整群抽样的过程，并说明为什么整群抽样是一种概率抽样。

9. 试简述直线等距抽样方法的实施过程，并指出其缺点。

10. 请说明分层随机抽样与整群随机抽样的异同。

11. 某学院共有学员 300 名，采用系统抽样中的直线等距抽样方法抽取 8 名学员作为样本进行统计分析，试简述其实施步骤。

12. 某学院共有学员 300 名，采用系统抽样中的循环等距抽样方法抽取 8 名学员作为样本进行统计分析，试简述其实施步骤。

3.3.4　计算题

1. 某大学的一家快餐店记录了过去 5 年每天的营业额，算得每天营业额的均值是 2500 元，标准差为 400 元。由于在某些节日的营业额偏高，所以每日营业额的分布是右偏的。假设从这 5 年中随机抽取 100 天，并计算这 100 天的平均营业额，试分析样本均值抽样分布的均值、标准差和偏态情况。

2. 从均值分别为 μ_1 和 μ_2 的总体中抽出两个独立随机样本，当 $\overline{x}_1 = 150$，$s_1^2 = 36$；$\overline{x}_2 = 140$，$s_2^2 = 24$；$n_1 = n_2 = 35$ 时，请计算两个样本均值之差的抽样标准差。

3. 某城市为估计 A 和 B 两个区的家庭年平均收入之差，在两个区抽取两个独立的随机样本，其中 $n_1 = 8$，$\overline{x}_1 = 15\,700$ 元，$s_1 = 700$ 元；$n_2 = 12$，$\overline{x}_2 = 14\,500$ 元，$s_2 = 850$ 元，请计算两个区家庭年平均收入之差的 95%置信区间。

4. 某校共有 1000 名学生，采用无放回简单随机抽样方法从中抽取 100 名学生并测量他们的身高，经计算这 100 名学生的平均身高为 170 厘米，方差为 10 厘米，请在置信水平 90%下估算全校学生平均身高的置信区间。

5. 某公司生产了 2000 枚芯片，采用无放回简单随机抽样方法从中抽取 50 枚芯片并测量它们的寿命。经计算这 50 枚芯片的平均寿命是 4000 小时，方差为 10 小时，请估计该公司生产的 2000 枚芯片的寿命总和是多少？

6. 从 2000 个电子元器件的一批产品中无放回地随机抽取 100 个并进行了检验，其中合格品为 90 个。如果在 95%的置信水平下，要求估计的产品合格率最大相对误差不超过 5%，需要多少样本量？

7. 某学院在对应用统计学课程学习情况的调查中，对 4 个上课班级采用分层随机抽样方式进行抽样，结果如表 3-4 所示。请给出学员成绩均值的点估计和 95%置信水平下的置信区间估计。

表 3-4　课程分层抽样所得成绩

班级	班级人数/人	成绩/分
1	40	85，80，67，75，70，80，70
2	50	71，73，68，76，75，70，72，73
3	50	77，73，70，72，75，74，80，76
4	60	78，70，75，72，79，78，75，73，76

8. 某单位有职工 750 人，其中青年职工 350 人，中年职工 250 人，老年职工 150 人，为了了解该单位职工的健康情况，用分层抽样的方法从中抽取容量为 15 的样本。若采用

比例分配法，请估算应分别抽取青年、中年和老年职工多少人？

9. 对新兵个人训练时间（单位：小时）开展调查，以班为群进行了整群抽样。每个班有 6 名新训人员，用简单随机抽样法从全部 315 个班中抽取了 8 个班。各位新兵每月的平均训练时间及相关数据如表 3-5 所示，试估计每名新兵每月的平均训练时间，并给出置信水平为 95%的置信区间。

表 3-5　班级整群抽样后所得训练时间数据（单位：小时）

人员	1 班	2 班	3 班	4 班	5 班	6 班	7 班	8 班
人员 1	58	91	123	99	110	111	120	96
人员 2	83	83	89	105	99	100	115	80
人员 3	74	79	94	98	132	116	117	63
人员 4	82	111	109	107	87	99	99	130
人员 5	66	101	79	129	99	107	106	105
人员 6	87	69	80	90	124	105	120	86

10. 现从 162 名学生中采用循环等距抽样法抽取 10 名学生进行调查，请给出样本单位的编号。

3.4　习题参考答案

3.4.1　单项选择题

1. A；2. B；3. C；4. D；5. A；6. A；7. D；8. C；9. D；10. A；11. C；12. B；13. A；14. D；15. D；16. B

3.4.2　判断题

1. T；2. T；3. F；4. F；5. F；6. T；7. T；8. F；9. T；10. T；11. F；12. T；13. T；14. T；15. F；16. F；17. F；18. T；19. F；20. T；21. F；22. F

3.4.3　简答题

1. 答：抽样标准误差的大小与抽样方式、总体参数的估计量、样本容量等有关。

2. 答：对待估参数的区间估计，首先明确一个估计量，其次根据这个估计量构建枢轴量，并明确枢轴量所服从的分布，最后结合置信水平利用等尾区间构建参数的置信区间估计。

3. 答：由于区间估计是由待估参数的统计量构成的，因而区间是随机的，精确度就是区间的平均宽度，平均宽度越小，说明区间越窄，因而越精确。

4. 答：有放回抽样和无放回抽样的相同点都是等概率抽样。有放回抽样和无放回抽样的不同点如下。①在抽样总体上，有放回不同，无放回抽样相同；②在样本是否独立上，有放回不独立，无放回独立。

5. 答：将样本均值视为全校课程考试的平均分。记抽样比 $f=\dfrac{n}{N}$，样本方差 $s^2=\dfrac{1}{n-1}\sum_{i=1}^{n}\left(x_i-\overline{x}\right)^2$，则样本均值的方差为 $\operatorname{var}\left(\overline{x}\right)=\dfrac{1-f}{n}s^2$，可得平均值在置信水平 90%下的置信区间为 $\left[\overline{x}+U_{0.05}\sqrt{\operatorname{var}\left(\overline{x}\right)},\overline{x}-U_{0.05}\sqrt{\operatorname{var}\left(\overline{x}\right)}\right]$，其中 $U_{0.05}$ 为标准正态分布的 5%分位数。

6. 答：记样本均值 $\overline{x}=\dfrac{1}{n}\sum_{i=1}^{n}x_i$，抽样比 $f=\dfrac{n}{N}$，则样本均值的方差为 $\operatorname{var}\left(\overline{x}\right)=\dfrac{1-f}{n}S^2$。要求 $\operatorname{var}\left(\overline{x}\right)=\dfrac{1-f}{n}s^2\leqslant V$，则有 $n\geqslant\dfrac{1}{\dfrac{V}{S^2}+\dfrac{1}{N}}$，则 n 应为大于 $\dfrac{1}{\dfrac{V}{S^2}+\dfrac{1}{N}}$ 的最小整数。

7. 答：利用分层抽样方法进行统计调查的过程如下。①将总体分为若干个层，尽可能使层内差异小，层间差异大；②对每个层内采用简单随机抽样方法进行抽样；③将各层内抽得的样本汇总后进行统计分析。

8. 答：整群抽样的过程如下。①将总体分为若干群，尽可能使得群内差异大，群间差异小；②采用简单随机抽样方法对群进行抽样；③对抽中的群，对所有的单位进行调查。整群抽样是一种概率抽样，因为总体中每个单元被抽中的概率是确定并且已知的（即所在群被抽中的概率）。

9. 答：直线等距抽样方法的实施过程是运用直线等距抽样方法进行系统抽样时，设 N 是总体单位数，n 是样本容量，令 $k=\lfloor N/n\rfloor$ 为抽样距离，其中 $\lfloor x\rfloor$ 表示不大于 x 的最大正整数。将所有单位依次编号为 1 到 N，分为 k 组，随机从第 1 组内抽取一个单位记为编号 a，然后依次取 a，$a+k$，$a+2k$ 一直到 $a+(n-1)k$ 作为抽样结果。

缺点：如果 N/k 不是整数，则可能会有总体单位永远不会被抽中。

10. 答：分层随机抽样与整群随机抽样的相同点是都属于概率抽样方法，并且都需要对总体进行划分。分层随机抽样与整群随机抽样的不同点主要为分层是在层内进行简单随机抽样，整群是对群进行简单随机抽样。

11. 答：直线等距抽样方法的实施步骤主要包括以下几步。

第 1 步，将 300 名学员编号为 1～300；

第 2 步，计算抽样间隔，可得 300/8=37.5，取 37 作为抽样间隔；

第 3 步，在 1～37 中随机选择一个数作为起始单位编号，不妨设为 k；

第 4 步，选择编号为 k，$37+k$，$37\times2+k$，…，$37\times7+k$ 的单位构成样本。

12. 答：循环等距抽样方法的实施步骤主要包括以下几步。

第 1 步，将 300 名学员编号为 1～300；

第 2 步，将 1～300 排列成一个首尾相接的圆；

第 3 步，计算抽样间隔，可得 300/8=37.5，取 k 为 37 作为抽样间隔；

第 4 步，在 1～300 中随机选择一个数作为起始样本单位编号，不妨设为 r；
第 5 步，选择编号为 r，$r+37$，$r+7\times37$ 的单位构成样本。

3.4.4　计算题

1. 解：样本均值抽样分布的均值是 2500 元，样本均值抽样分布的标准差为 40 元，样本均值的抽样分布是无偏的。

2. 解：两个样本均值之差的抽样标准差是 $s_{\bar{x}_1-\bar{x}_2}=\sqrt{s_1^2/n_1+s_2^2/n_2}=1.31$。

3. 解：两个区家庭年平均收入之差的 95%置信区间为

$$\left[(\bar{x}_1-\bar{x}_2)-U_{0.975}\sqrt{s_1^2/n_1+s_2^2/n_2},(\bar{x}_1-\bar{x}_2)+U_{0.975}\sqrt{s_1^2/n_1+s_2^2/n_2}\right]$$

算得 1200±683 元。

4. 答：由题可知 $N=1000$，$n=100$，样本均值 $\bar{x}=170$，样本方差 $s^2=10$，记总体均值为 $\bar{X}$，可得 $\hat{\bar{X}}=170$（厘米），抽样比 $f=0.1$，$\operatorname{var}(\bar{x})=\dfrac{1-f}{n}s^2=0.09$，根据置信区间 $\left[\bar{x}+U_{0.05}\sqrt{\operatorname{var}(\bar{x})},\bar{x}-U_{0.05}\sqrt{\operatorname{var}(\bar{x})}\right]$，代入 $U_{0.05}=-1.64$，可算得在置信水平 90%下全校学生平均身高的置信区间为 $[169.51,170.49]$ 厘米。

5. 解：2000 枚芯片的寿命总和是 $4000\times2000=800$（万小时）。

6. 解：这批产品的合格率的无偏估计为 $p=90/100=0.9$，估计的方差为 $\operatorname{var}(p)=\dfrac{(N-n)p(1-p)}{n(N-1)}=0.000\,86$，标准差为 $\sqrt{\operatorname{var}(p)}=0.029$。记 $r=0.05$，由 $P\{|\hat{p}-p|/p\leqslant r\}=0.95$，可得 $pr/\sqrt{\operatorname{var}(p)}\leqslant U_{0.975}$，推得 $n\geqslant N/\left[pr^2(N-1)/U_{0.975}^2(1-p)+1\right]$，算得 $n\geqslant157.38$，因而需要 158 个。

7. 解：根据表 3-4 中的数据计算，可得如表 3-6 所示的结果。

表 3-6　课程分层抽样计算结果

班级	n_h	W_h	$\bar{x}_h$	S_h^2	f_h
1	7	0.2	75.2857	43.905	0.175
2	8	0.25	72.2500	6.786	0.16
3	8	0.25	74.6250	9.696	0.16
4	9	0.3	75.1111	9.111	0.15

成绩点估计为 $\bar{x}$=0.2×75.2857+0.25×72.2500+0.25×74.6250+0.3×75.111=74.3（分）。
学员成绩点估计的方差为

$$\begin{aligned}\operatorname{var}(\bar{x})&=0.2^2\times(1-0.175)\times43.905/7+0.25^2\times(1-0.16)\times6.786/8+0.25^2\\&\times(1-0.16)\times9.696/8+0.3^2\times(1-0.15)\times9.111/9=0.39\end{aligned}$$

平均成绩的置信区间估计为 $\left[\bar{x}-U_{0.975}\sqrt{\operatorname{var}(\bar{x})},\bar{x}+U_{0.975}\sqrt{\operatorname{var}(\bar{x})}\right]=[73.08,75.54]$（分）。

8. 解：抽取青年职工 7 人、中年职工 5 人、老年职工 3 人。

9. 解：由题中的数据可得各班新兵个人训练时间的均值，如表 3-7 所示。

表 3-7　整群抽样计算结果（单位：小时）

班级	1 班	2 班	3 班	4 班	5 班	6 班	7 班	8 班
均值 $\bar{x}_i$	75	89	95.67	104.67	108.5	106.33	112.8	93.33

已知 $L=315$ 个，$M=6$ 人，$N=315\times6=1890$ 人，$l=8$ 个，$f=l/L=0.0254$，可得 $\bar{\bar{x}}=\frac{1}{l}\sum_{i=1}^{l}\bar{x}_i=98.17$（小时），$s_b^2=\frac{1}{l-1}\sum_{i=1}^{l}M\left(\bar{x}_i-\bar{\bar{x}}\right)^2=926.71$，$\operatorname{var}\left(\bar{\bar{x}}\right)=\frac{1-f}{lM}s_b^2=18.82$

置信区间为 $\left[\bar{\bar{x}}-U_{0.975}\sqrt{\operatorname{var}\left(\bar{\bar{x}}\right)},\bar{\bar{x}}+U_{0.975}\sqrt{\operatorname{var}\left(\bar{\bar{x}}\right)}\right]=[89.66,106.67]$（小时）。

10. 解：记间隔为 16，第一个样本单位编号为 k，其中 k 为 1 到 162 中任一数，则样本单位编号为 k，$16+k$，$32+k$ 一直到 $144+k$。

第4章 统计调查

4.1 学习指导

本章的知识结构如表4-1所示。

表4-1 统计调查的知识结构

<table>
<tr><th>章节</th><th>知识点</th><th colspan="2">内容</th></tr>
<tr><td rowspan="10">统计调查概述</td><td>概念</td><td colspan="2"></td></tr>
<tr><td>基本要求</td><td colspan="2">六性：真实性、目的性、完整性、追溯性、及时性、准确性</td></tr>
<tr><td>统计调查的组织方式</td><td colspan="2">普查、全面调查、重点调查、典型调查</td></tr>
<tr><td rowspan="2">数据收集方法</td><td>直接（原始）数据</td><td>统计报表、直接观察、访问、实验、报告、登记、核算、遥测</td></tr>
<tr><td>间接（次级）数据</td><td>直接引用、参考文献查找、检索工具查找、其他</td></tr>
<tr><td rowspan="4">统计调查数据的质量</td><td colspan="2">适用性</td></tr>
<tr><td colspan="2">及时性</td></tr>
<tr><td rowspan="2">准确性</td><td>抽样误差</td></tr>
<tr><td>非抽样误差：覆盖误差、无回馈误差、回答误差、道德误差、系统误差、过失误差、测量误差</td></tr>
<tr><td>统计调查的流程</td><td colspan="2">9个步骤</td></tr>
<tr><td rowspan="4">统计表</td><td>结构</td><td colspan="2"></td></tr>
<tr><td>作用</td><td colspan="2"></td></tr>
<tr><td>设计原则</td><td colspan="2"></td></tr>
<tr><td>分类</td><td colspan="2"></td></tr>
<tr><td rowspan="14">调查问卷设计</td><td rowspan="3">分类</td><td>问卷问题</td><td>封闭性问题、开放性问题</td></tr>
<tr><td rowspan="2">问卷类型</td><td>自填式问卷、访问式问卷</td></tr>
<tr><td>预调查问卷、调查问卷、回访问卷</td></tr>
<tr><td>问卷的结构</td><td colspan="2">开头、甄别、主体、背景</td></tr>
<tr><td rowspan="3">问卷的设计原则</td><td colspan="2">问卷题目</td></tr>
<tr><td colspan="2">封闭性问题答案</td></tr>
<tr><td colspan="2">问题顺序</td></tr>
<tr><td>问卷设计流程</td><td colspan="2"></td></tr>
<tr><td rowspan="2">量表设计</td><td colspan="2">量表的必要性</td></tr>
<tr><td colspan="2">李克特量表</td></tr>
<tr><td rowspan="3">问卷的信度和效度</td><td colspan="2">信度的概念、计算方法</td></tr>
<tr><td colspan="2">效度的概念、计算方法</td></tr>
<tr><td colspan="2">信度和效度的关系</td></tr>
<tr><td>工具</td><td colspan="2"></td></tr>
<tr><td>统计整理</td><td>内容</td><td colspan="2">统计资料的复查和审核、统计资料的转换与录入、统计数据的管理</td></tr>
</table>

学习要点如图4-1所示。

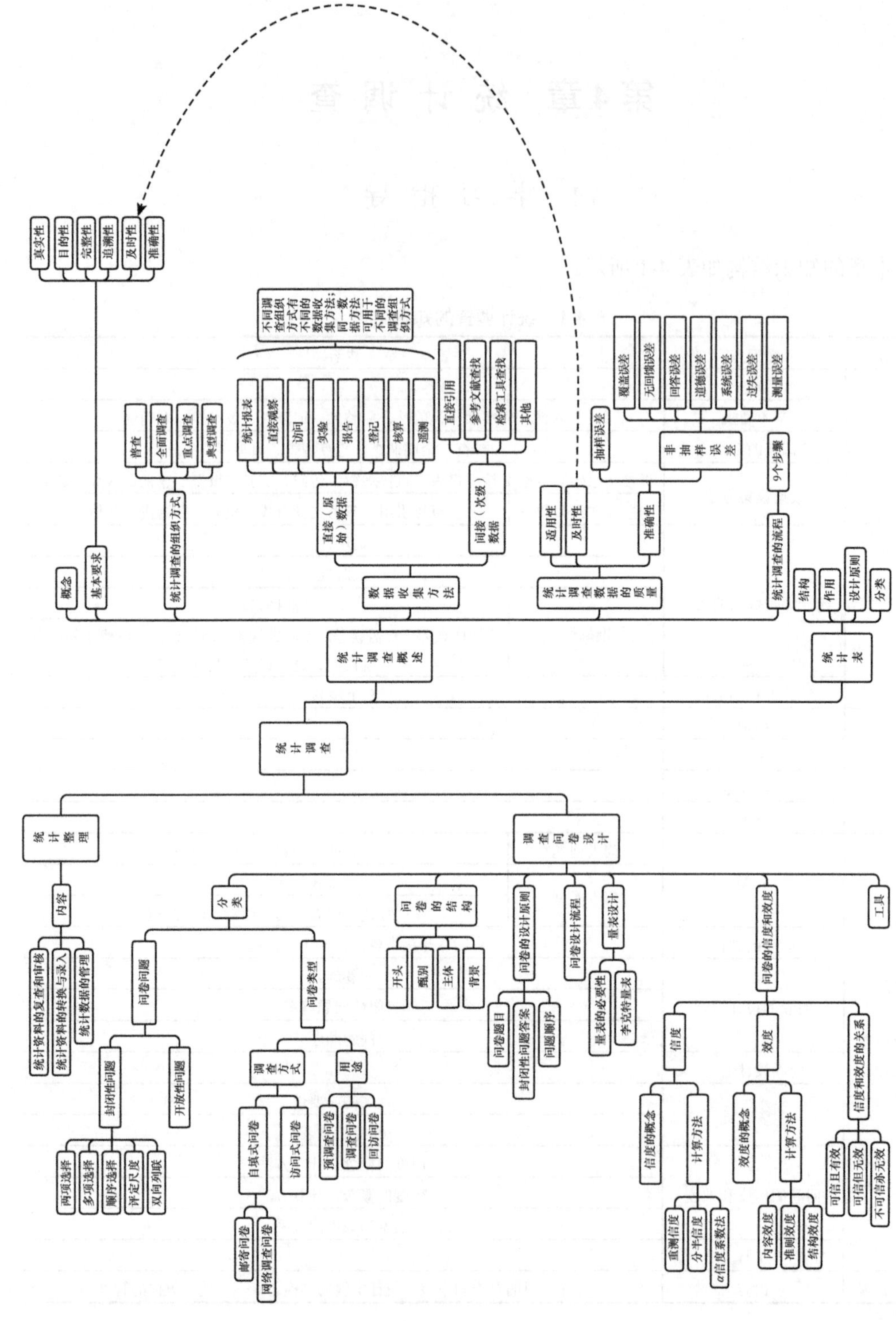

图 4-1　统计调查的学习要点

4.2　习　　题

4.2.1　单项选择题

1. 针对每个总体单位都进行数据收集的调查是____。

A. 抽样调查　　B. 典型调查　　C. 重点调查　　D. 全面调查

2. ____不是直接数据来源的数据收集方法。

A. 统计报表　　B. 直接观察　　C. 访问法　　D. 直接引用

3. ____不是间接数据来源的数据收集方法。

A. 直接引用　　B. 参考文献查找　　C. 直接观察　　D. 检索工具查找

4. 数据的误差来自数据的观测值与真实值之间的偏差，一般可分为抽样误差和非抽样误差，下列哪项不属于非抽样误差？____

A. 覆盖误差　　B. 回答误差　　C. 抽样极限误差　D. 测量误差

5. 某居民小区为了解住户对物业服务的看法，准备利用居民户登记名单采取抽样调查的方式收集数据。但现在的小区中，原有的一些居民户已经搬走而没有回答问题。这种调查产生的误差属于____。

A. 覆盖误差　　B. 回答误差　　C. 测量误差　　D. 无回馈误差

6. 下列说法错误的是____。

A. 抽样误差只存在于概率抽样中

B. 非抽样误差只存在于非概率抽样中

C. 无论是概率抽样还是非概率抽样都存在非抽样误差

D. 在全面调查中也存在非抽样误差

7. 下面关于统计调查说法错误的是____。

A. 问卷的效度是指问卷能够准确测量出所要测量的变量的程度

B. 统计数据的质量包括数据的适用性、及时性和准确性

C. 覆盖误差属于抽样误差

D. 典型调查属于非全面调查

8. 一家公司的人力资源部主管需要研究公司雇员的饮食习惯，改善公司餐厅的现状。他将问卷发给就餐者，让其填写后再收上来。这种收集数据的方法属于____。

A. 自填式问卷调查　　B. 实验调查

C. 访问式问卷调查　　D. 观察式调查

9. 关于调查问卷，下面说法错误的是____。

A. 问卷的效度是指问卷能够准确测量出所要测量的变量的程度，即测量的准确度

B. 问卷的信度指采取同样的方法对同一对象重复进行测量时，其所得结果相一致的程度，即测量数据的可靠程度

C. 设计调查问卷时通常应先安排封闭性问题，再安排开放性问题

D. 调查问卷的信度和效度主要在正式调查中进行分析

10. 符合调查问卷设计原则的问题是____。

A. 您喜欢阅读武侠小说和奇幻小说吗？

B. 大部分人对三号院图书馆环境满意，请问您对三号院图书馆环境满意吗？

C. 您对三号院图书馆环境满意吗？

D. 您是否对三号院图书馆环境不满意？

11. 为调查三号院本科学员对三号院图书馆服务的满意度，现已随机抽取 200 名本科学员发放并成功回收调查问卷。下列说法错误的是____。

A. 目标总体为三号院所有本科学员

B. 总体容量为 200

C. 总体单位为三号院每位本科学员

D. 假设通过统计调查计算得到了三号院图书馆服务的满意度，该满意度服从的分布属于抽样分布

12. ____是调查问卷的核心内容，包括封闭性问题和开放性问题。

A. 开头部分　　B. 甄别部分　　C. 主体部分　　D. 背景部分

4.2.2　判断题

若说法正确则答案为 T，反之为 F。

1. 重点调查是根据调查的目的和要求，在所研究的对象中选择重点单位进行的调查研究。（　）

2. 在统计调查中，非抽样误差是由抽样的随机性造成的。（　）

3. 在统计调查数据的误差中，过失误差是指由调查人员的过失而造成的误差，属于非抽样误差。（　）

4. 在统计调查数据的误差中，覆盖误差是一种抽样误差类型。（　）

5. 在统计调查数据的误差中，测量误差是一种非抽样误差类型。（　）

6. 设计调查问卷时通常应先安排封闭性问题，再安排开放性问题。（　）

7. 在进行统计调查时，设计的调查问卷中应尽可能地避免出现诱导性问题。（　）

8. 信度指采取同样的方法对同一对象重复进行测量时，其所得结果相一致的程度，即测量数据的可靠程度。（　）

9. 效度指测量手段能够准确测量出所要测量的变量的程度，即测量的准确度。（　）

10. 问卷调查有时可能会出现效度高，但信度不高的情况。（　）

11. 效度反映了采取同样的方法对同一对象重复进行测量时，其所得结果相一致的程度。（　）

4.2.3　简答题

1. 习近平总书记指出“正确的决策离不开调查研究，正确的贯彻落实同样也离不开

调查研究”[①]。请简述统计调查的基本要求有哪些。

2. 请举例说明三种非全面调查的组织方式。

3. 请列举直接来源数据的收集方法。

4. 请列举间接来源数据的收集方法。

5. 请列举非抽样误差的具体类型。

6. 请简述统计调查的一般流程。

7. 请简述调查问卷中开放性问题和封闭性问题的优缺点。

8. 请说明调查问卷的基本结构有哪些组成部分。

9. 请说明问卷设计的一般流程是什么。

10. 请列举两种常用的调查问卷设计工具。

4.2.4　计算题

1. 在某地开展的国内旅游者花费抽样调查中，针对来该地旅游的国内游客，收集了 8 名旅游者对景点的评价结果，该结果以 1 分、2 分、3 分、4 分和 5 分作为评分，分别代表非常不满意、不满意、适中、满意、非常满意，具体数据如表 4-2 所示。试按题目编号将问卷分为奇数和偶数两半，并计算分半信度。

表 4-2　景点评价调查数据（单位：分）

问题	对象 1	对象 2	对象 3	对象 4	对象 5	对象 6	对象 7	对象 8
1. 到景点的交通	5	4	3	5	4	4	5	3
2. 景点门票价格	5	5	3	4	5	3	3	4
3. 景点接待设施	4	5	3	5	4	3	5	5
4. 导游讲解服务	5	4	3	4	5	4	3	4
5. 景点卫生情况	4	5	3	5	4	4	5	4
6. 景点通信	5	5	3	4	5	4	3	5

2. 对表 4-2 中的数据，计算 α 信度系数。

4.3　习题参考答案

4.3.1　单项选择题

1. D；2. D；3. C；4. C；5. D；6. B；7. C；8. A；9. D；10. C；11. B；12. C

4.3.2　判断题

1. T；2. F；3. T；4. F；5. T；6. T；7. T；8. T；9. T；10. F；11. F

① 《关于调查研究，习近平总书记这样说》，https://www.gov.cn/yaowen/2023-03/20/content_5750230.htm, 2024 年 7 月 21 日。

4.3.3　简答题

1. 答：统计调查的基本要求包括以下几点。

（1）真实性，统计数据必须是观察、调查、实验（试验）或登记得到的具体存在的事实数据，而不是凭空捏造的数据；

（2）目的性，统计调查是根据调查的目的和要求而进行的统计工作；

（3）完整性，收集的统计数据应能满足统计分析工作的需要，并具有一定的预见性，防止重要数据被遗漏，尽可能避免进行二次调查；

（4）追溯性，统计数据从其来源上可分为原始数据和次级数据两类。对于收集到的统计数据，尤其是次级数据应标明数据的来源、出处。对于原始数据，必要时也应指出数据的来源、时间、统计人员，以便于数据的追溯和验证；

（5）及时性，又称为时效性，是要求保证统计调查所得到的统计数据的时效性，资料提供得越及时，其时效性就越强，使用价值就越高；

（6）准确性，统计的数据的误差应控制在允许的范围内。

2. 答：非全面调查的组织方式包括以下几种。①抽样调查，如对某校部分学员的身高进行调查进而分析全校学员的身高；②重点调查，如对山西省的煤炭开发进行调查，从而调查全国的煤炭开发；③典型调查，如有针对性地选择部分代表人员召开座谈会。

3. 答：直接来源数据的收集方法包括以下几种。

（1）统计报表，是按统一规定的表格形式，统一的报送程序和报表时间，自下而上提供基础统计资料的一种数据收集方式；

（2）直接观察法，是指调查者深入调查现场进行直接观察、计数、测量、测试和记录，以取得统计资料的方法；

（3）访问法，又称询问法，是指调查者以个别采访、集体座谈、电话询问、留置问卷访问、邮寄问卷访问、网络问卷访问等形式向被调查者收集统计资料的方法；

（4）实验（试验）法，是指为了特定的研究目的，通过实验（试验）方案设计和具体实验（试验）而获取数据资料的方法；

（5）报告法，是指统计调查机构将设计好的调查表分发给被调查者，要求其根据原始记录和有关核算资料自行填报，向统计调查机构提供统计资料的方法；

（6）登记法，有两种形式，一是统计机构规定当事人于某种事件发生后到该机构进行有关事项的申报和登记，二是由调查者深入调查单位后，将调查表分发给被调查者，并向他们讲明填表的要求，被调查者按表中项目自行登记填写后，再由调查者收回以取得统计资料的方法；

（7）核算法，是指企事业单位直接利用业务活动的原始记录，根据统计报表的填报要求，通过审核、分类、汇总、计算以取得统计数据的方法；

（8）遥测法，是指利用遥感技术、航测技术等现代科学技术收集统计数据的方法。

4. 答：间接来源数据的收集方法包括以下几种。

（1）直接引用法，是直接从统计年鉴、经济年鉴、公开刊物和电子出版物等资料中抄录有关统计数据，以满足统计研究的需要；

（2）参考文献查找法，是利用有关论文、著作、研究报告等文献资料及其末尾开列的参考文献资料，或文中涉及的文献资料，追踪查找有关数据的方法；

（3）检索工具查找法，是人们积累和查找次级数据线索的重要方法，检索查找主要有手工检索和计算机检索两种，手工检索主要是利用目录、索引、文摘等检索工具查找所需的数据，计算机检索主要是利用计算机从有关数据库和网络检索次级数据；

（4）其他方法，调查者可以通过购买、交换等途径获取间接数据。

5. 答：非抽样误差的具体类型包括以下几种。

（1）覆盖误差，是所选择的样本不能代表总体而造成的误差；

（2）无回馈误差，是调查问卷回收率太低造成的误差；

（3）回答误差，是被调查者在接受调查时给出的回答与真实情况不符而造成的误差，包括理解误差、记忆误差和有意识误差；

（4）道德误差，是调查人员缺乏职业道德所引起的数据误差；

（5）系统误差，是一些确定原因所引起的并且可以设法消除或足够精确估计的误差，如测量设备的系统性偏差、记录人员的习惯性偏差等引起的误差；

（6）过失误差，是调查人员的过失而造成的误差；

（7）测量误差，是测量环境、试验环境等不确定因素的影响而造成的数据误差。

6. 答：统计调查的一般流程包括以下几个环节。①明确统计调查的目的；②确定调查对象的范围和调查单位；③确定调查项目；④确定统计调查的组织方式和数据收集方法；⑤确定调查时间和调查期限；⑥确定调查的组织计划；⑦选用数据收集工具；⑧制订统计调查方案；⑨数据收集与整理。

7. 答：开放性问题的优点是问题答案较为灵活，能够收集更深层次的信息，缺点是不利于调查后的资料整理；封闭性问题的优点是便于资料整理，缺点是被调查者只能按规定的范围回答问题，不能自由发挥。

8. 答：调查问卷的基本结构包括以下几个部分。

（1）开头部分，用于说明调查研究的目的，指导被调查者如何回答，并作必要的说明，以解除其思想顾虑，一般包括问候语、指导语和识别信息等内容；

（2）甄别部分，目的是确保被调查者符合调查研究的需要；

（3）主体部分，是调查问卷的核心内容，包括所有封闭性问题和开放性问题；

（4）背景部分，主要是有关被调查者的一些背景资料，以便按照研究目的进行分类比较分析。

9. 答：问卷设计的一般流程包括以下几个环节。①明确所需获取的信息；②确定问卷调查的组织方式；③设计预调查问卷；④预调查；⑤预调查结果分析；⑥正式问卷设计。

10. 答：常用的调查问卷设计工具有问卷星和腾讯问卷。

4.3.4　计算题

1. 解：分别统计奇数题目和偶数题目的评分之和，如表 4-3 所示。

表 4-3　景点评分奇数和偶数的评分和（单位：分）

问题	对象 1	对象 2	对象 3	对象 4	对象 5	对象 6	对象 7	对象 8
奇数题评分和	10	8	6	9	9	8	8	7
偶数题评分和	10	10	6	8	10	7	6	9

可得奇数题评分和与偶数题评分和的相关系数为 0.5722，进一步算得分半信度为 0.8961。

2. 解：依次计算各个题目的评分方差以及题目评分之和的方差，如表 4-4 所示。

表 4-4　景点评分的方差

问题	对象 1	对象 2	对象 3	对象 4	对象 5	对象 6	对象 7	对象 8	评分方差
1. 到景点的交通	5	4	3	5	4	4	5	3	0.70
2. 景点门票价格	5	5	3	4	5	3	3	4	0.86
3. 景点接待设施	4	5	3	5	4	3	5	5	0.79
4. 导游讲解服务	5	4	3	4	5	4	3	4	0.57
5. 景点卫生情况	4	5	3	5	4	4	5	4	0.50
6. 景点通信	5	5	3	4	5	4	3	5	0.79
评分和	28	28	18	27	27	22	24	25	12.13

根据 α 信度系数的计算公式，可得结果为 0.7847。

第5章 假设检验

5.1 学习指导

本章的知识结构如表 5-1 所示。

表 5-1 假设检验的知识结构

<table>
<tr><th>章节</th><th>知识点</th><th colspan="5">内容</th></tr>
<tr><td rowspan="23">假设检验概述</td><td rowspan="8">假设检验的基本概念</td><td rowspan="3">假设</td><td colspan="4">概念</td></tr>
<tr><td colspan="2" rowspan="2">原假设和备择假设</td><td colspan="2">概念</td></tr>
<tr><td colspan="2">关系</td></tr>
<tr><td colspan="2">检验统计量</td><td colspan="3"></td></tr>
<tr><td colspan="2">拒绝域</td><td colspan="3">临界值</td></tr>
<tr><td colspan="2" rowspan="3">两类错误</td><td colspan="2">第一类错误</td><td rowspan="2">二者关系</td></tr>
<tr><td colspan="2">第二类错误</td></tr>
<tr><td colspan="2">势函数</td><td>功效</td></tr>
<tr><td rowspan="8">假设检验的分类</td><td colspan="2" rowspan="2">总体分布类型</td><td colspan="3">参数检验</td></tr>
<tr><td colspan="3">非参数检验</td></tr>
<tr><td colspan="2" rowspan="2">参数的位置</td><td colspan="3">单边检验</td></tr>
<tr><td colspan="3">双边检验</td></tr>
<tr><td colspan="2" rowspan="2">总体个数</td><td colspan="3">单总体特征检验</td></tr>
<tr><td colspan="3">多总体特征检验</td></tr>
<tr><td colspan="2" rowspan="2">检验对象</td><td colspan="3">总体分布的检验</td></tr>
<tr><td colspan="3">总体参数的检验</td></tr>
<tr><td rowspan="4">显著性检验</td><td colspan="2" rowspan="2">基本原理</td><td colspan="3">N-P 原则</td></tr>
<tr><td colspan="3">小概率事件原理</td></tr>
<tr><td colspan="2">相关概念</td><td colspan="3">显著性水平</td></tr>
<tr><td colspan="2">检验法则</td><td colspan="3">检验统计量观测值与拒绝域对比</td></tr>
<tr><td rowspan="2">p 值</td><td colspan="5">内涵</td></tr>
<tr><td colspan="2">检验法则</td><td colspan="3">将 p 值与显著性水平对比</td></tr>
<tr><td>显著性检验的过程</td><td colspan="5">确定原假设与备择假设、构造检验统计量、确定拒绝域或者计算 p 值、根据规则做出决策</td></tr>
</table>

续表

<table>
<tr><th>章节</th><th>知识点</th><th colspan="4">内容</th></tr>
<tr><td rowspan="6">分布的拟合优度检验</td><td colspan="4">内涵</td><td rowspan="19">各个方法的检验过程</td></tr>
<tr><td rowspan="2">χ^2 检验</td><td>适用性</td><td colspan="2">样本量较大</td></tr>
<tr><td>应用要求</td><td colspan="2">期望频数和实际频数都不少于 5</td></tr>
<tr><td rowspan="2">K-S 检验</td><td>K 检验</td><td colspan="2">单总体</td></tr>
<tr><td>S 检验</td><td colspan="2">双总体</td></tr>
<tr><td colspan="4">P-P 图和 Q-Q 图</td></tr>
<tr><td rowspan="6">单总体特征的检验</td><td rowspan="5">参数检验</td><td rowspan="4">正态分布总体</td><td rowspan="2">均值的检验</td><td>方差已知</td></tr>
<tr><td>方差未知</td></tr>
<tr><td rowspan="2">方差的检验</td><td>均值已知</td></tr>
<tr><td>均值未知</td></tr>
<tr><td>二项分布总体</td><td colspan="2">比例参数的检验</td></tr>
<tr><td>非参数检验</td><td>总体中位数</td><td colspan="2">符号检验</td></tr>
<tr><td rowspan="5">两总体特征比较的检验</td><td rowspan="4">参数检验</td><td rowspan="4">正态分布总体</td><td rowspan="2">均值的比较检验</td><td>2 个方差都已知</td></tr>
<tr><td>2 个方差未知但相等</td></tr>
<tr><td rowspan="2">方差的比较检验</td><td>2 个均值都已知</td></tr>
<tr><td>2 个均值都未知</td></tr>
<tr><td>非参数检验</td><td>中位数的比较</td><td colspan="2">秩和检验</td></tr>
<tr><td rowspan="2">变量的相关性检验</td><td colspan="4">相关系数的检验</td></tr>
<tr><td>列联表独立性检验</td><td>适用性</td><td colspan="2">2 个分类变量</td></tr>
</table>

注：N-P（Neyman-Pearson，奈曼-皮尔逊）原则；K-S 检验（Kolmogorov-Smirnov test，科尔莫戈罗夫-斯米尔诺夫检验）；P-P 图（probability-probability plots，概率-概率图）；Q-Q 图（quantile-quantile plots，分位数-分位数图）

学习要点如图 5-1 所示。

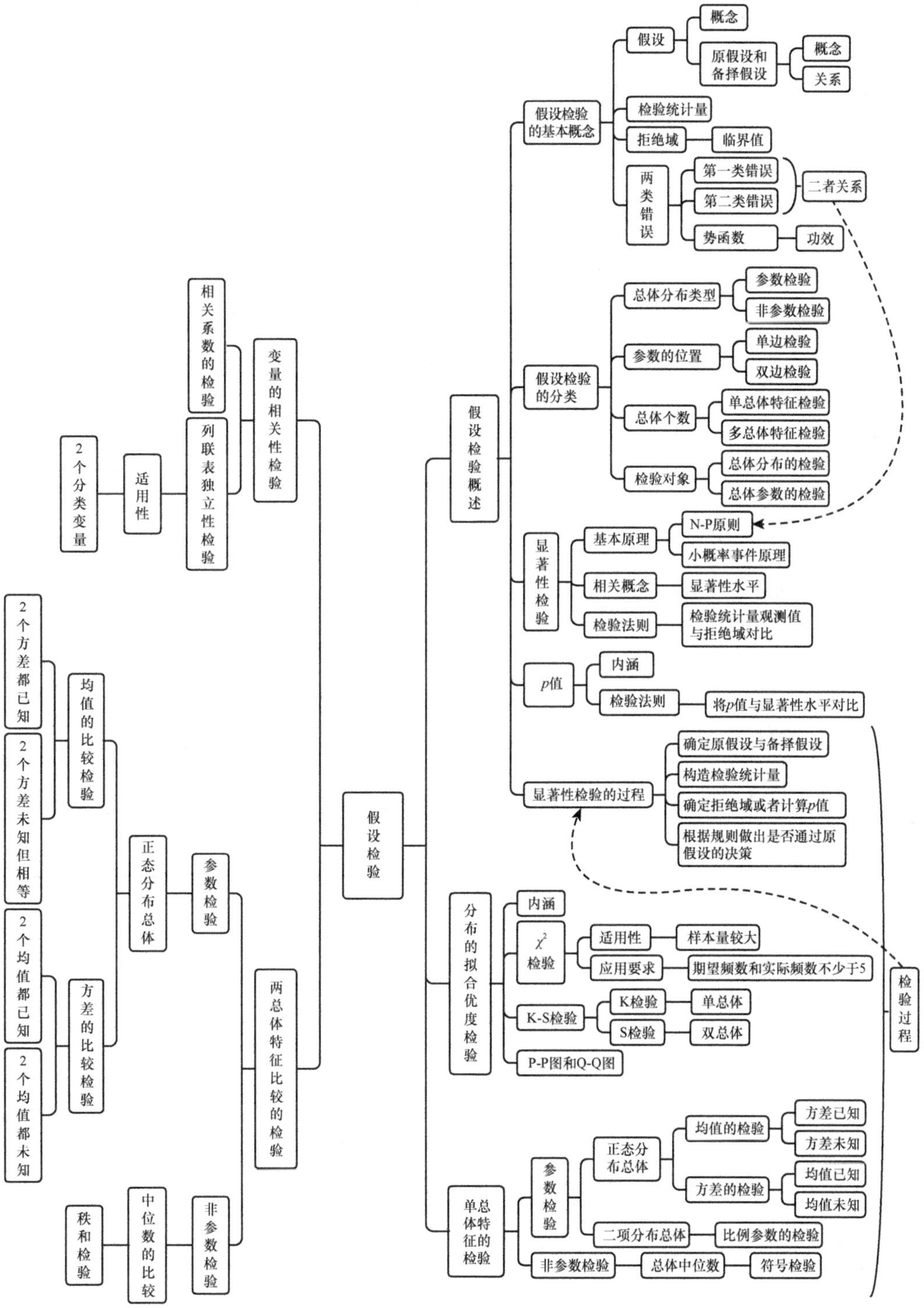

图 5-1　假设检验的学习要点

5.2 软件操作

本节针对教材第 5 章中的各个例题，给出软件编程代码。由于假设检验非常重要，本节同时给出 Python 和 MATLAB 编程分析的代码。

5.2.1 χ^2 检验

教材中的“例 5-1”，反映了 χ^2 检验的计算问题。对于这一问题，首先将所需的数据集整理为 Excel 文件，命名为“第 5 章.xlsx”，并将 sheet 表名改为“表 5-2”，数据格式如表 5-2 所示。需要强调说明的是，在实际的 Excel 文件中，所有数据是 1 列的格式，此处为了节省空间，采用 10 列展示数据。

表 5-2　在 20 毫米标距下的碳纤维强度测量数据（单位：吉帕）

强度									
1.312	1.865	2.027	2.24	2.359	2.49	2.586	2.726	2.848	3.096
1.314	1.944	2.055	2.253	2.382	2.511	2.629	2.77	2.88	3.128
1.479	1.958	2.063	2.27	2.382	2.514	2.633	2.773	2.954	3.233
1.552	1.966	2.098	2.272	2.426	2.535	2.642	2.8	3.012	3.433
1.7	1.997	2.14	2.274	2.434	2.554	2.648	2.809	3.067	3.585
1.803	2.006	2.179	2.301	2.435	2.566	2.684	2.818	3.084	3.585
1.861	2.021	2.224	2.301	2.478	2.57	2.697	2.821	3.09	

其次，读入 Excel 文件“第 5 章.xlsx”中的 sheet 表“表 5-2”，相应的 Python 代码如下。

```
#读入 pandas 库并重命名为 pd
import pandas as pd
#读入 scipy 库中的 stats 库
from scipy import stats
#读入 numpy 库并重命名为 np
import numpy as np
#读入 math 库
import math
#读入数据
data =pd.read_excel('第 5 章.xlsx','表 5-2')
#求实际频数
interval=[-math.inf, 1.997, 2.27, 2.478, 2.648, 2.88, math.inf]
fre_obs = pd.cut(x=data['强度'], bins=interval, right=False).value_counts().
sort_index()
#给定理论分布的分布参数
mu =2.4513; sig =np.sqrt(0.2452);
#求理论概率
p_exp =stats.norm.cdf(x=interval[1:7], loc=mu, scale=sig) - stats.norm.cdf(interval
[0:6], mu, sig)
#修正最后一个理论概率使概率之后为 1
```

```
p_exp[5] =1-p_exp[0:5].sum()
#求理论频数
fre_exp =len(data) *p_exp
#调用卡方检验函数进行假设检验
stats.chisquare(f_obs=fre_obs, f_exp=fre_exp, ddof=2)
```

其中 norm.cdf 是 Python 中 stats 库里的一个函数，用来计算正态分布的累积概率，相关参数说明如下。

（1）x 是数据；

（2）loc 和 scale 为正态分布的均值和标准差参数。

chisquare 是 stats 库中的函数，用于 χ^2 检验，相关参数说明如下。

（1）f_obs 和 f_exp 分别是实际频数和理论频数；

（2）ddof 是 χ^2 检验统计量所服从分布的自由度。

利用 Excel 文件“第 5 章.xlsx”中的 sheet 表“表 5-2”，相应的 MATLAB 代码如下。

```
%%%%%%%% 基于卡方检验的正态分布拟合优度检验
function [limit_team, expect_value_team, obs_value_team, test_sta, p_value] = chi2_test_norm(data, team_num, low, upper, whether_log, whether_norm, whether_sub_interval, limit_desire, whether_equal_obs, whether_sub_par)
    %原数据转对数
    if whether_log == 1
        data =log(data);
    end
    % 估计参数
    if whether_sub_par ==0 %样本估算
        u = mean(data);
        sigma_2 = var(data);
        sigma = sqrt(sigma_2);
    else %指定
        u = whether_sub_par(1);
        sigma = whether_sub_par(2);
    end
    % 原假设是否为截断分布
    if whether_norm == 1 %转截断分布
        norm_const = normcdf(upper,u,sigma)-normcdf(low,u,sigma);
    else
        norm_const = 1;
    end
    % 样本排序
    data = sort(data);
    n = length(data);
    %确定分组区间
    if whether_sub_interval ==1
        %人为设定分组区间
        limit_team =limit_desire;
    elseif whether_equal_obs ==1 %按样本容量平均分组
        equal_obs_inteam = n/team_num;
        limit_team = data(floor(equal_obs_inteam*[1:team_num-1])+1 ) ;
    else %等组距分组
        length_in_team =(max(data)-min(data))/team_num;
        limit_team =min(data) +length_in_team*[1: team_num-1];
    end
```

```
        % 统一转成列向量
        if size(limit_team,1) == 1
           limit_team = limit_team';
        end
        % 求期望频数
        expect_value_team = normcdf(cat(1, limit_team, upper), u, sigma) - ...
            normcdf(cat(1, low, limit_team), u, sigma);
        expect_value_team = n *expect_value_team /norm_const;
        % 求观测频数
        obs_value_team = zeros(team_num, 1);
        left = cat(1, low, limit_team);
        right = cat(1, limit_team, upper);
        for i = 1 : team_num
           obs_value_team(i) = sum((left(i)<= data) & (data < right(i)));
        end
        % 检验两种频数是否大于5
        [expect_value_team,    obs_value_team,    limit_team,    team_num]    =    ...
adjust_fre_larger_5(expect_value_team, obs_value_team, limit_team,team_num);
        % 计算检验统计量
        test_sta = sum((expect_value_team -obs_value_team) .^2./ expect_value_team );
        % 计算p值
        p_value = chi2cdf(test_sta,team_num-3,'upper');
    end

    %%%在chi2检验中检验两种频数是否大于5
    function  [expect,  obs,  limit_team,  team_num]  =  adjust_fre_larger_5(expect,  obs,
limit_team, team_num)
        break_index =0;
        while break_index == 0
            index_less_5 =or((expect<5),( obs <5));
            if sum(index_less_5) ==0
               break_index =1;
            else
               pos =min(find(index_less_5));
               if pos<team_num
                  expect(pos+1)=sum(expect(pos:pos+1));
                  obs(pos+1)=sum(obs(pos:pos+1));
                  limit_team(pos) =[];
               else
                  expect(pos-1)=sum(expect(pos-1:pos));
                  obs(pos-1)=sum(obs(pos-1:pos));
                  limit_team(pos-1) =[];
               end
            expect(pos)=[];
            obs(pos)=[];
            team_num=team_num-1;
            end
        end
    end

    %读入数据
    data_LI5_1 = xlsread('第5章.xlsx','表5-2');
    %给定样本
    x =data_LI5_1;
    %给定其他参数
    low =-inf;
    upper =inf;
    limit_desire =[1.997,2.27,2.478,2.648,2.88];
```

```
    [  limit_team,  expect_value_team,  obs_value_team,  test_sta,  p_value]  =
chi2_test_norm...
        ( x, 6, low, upper, 0, 0, 1, limit_desire, 0, 0)
```

5.2.2 Kolmogorov 检验

教材中的“例 5-2”，反映了 Kolmogorov（科尔莫戈罗夫）检验的计算问题。对于这一问题，首先将所需的数据集整理为 Excel 文件，命名为“第 5 章.xlsx”，并将 sheet 表名改为“例 5-2”，数据格式如表 5-3 所示。需要强调说明的是，在实际的 Excel 文件中，所有数据是 1 列的格式，此处为了节省空间，采用 1 行展示数据。

表 5-3 在 10 毫米标距下的碳纤维强度测量数据（单位：吉帕）

强度									
1.901	2.203	2.257	2.361	2.397	2.454	2.518	2.525	2.575	2.616

读入 Excel 文件“第 5 章.xlsx”中的 sheet 表“例 5-2”，相应的 Python 代码如下。

```
#读入 pandas 库并重命名为 pd
import pandas as pd
#读入 scipy 库中的 stats 库
from scipy import stats
#读入 numpy 库并重命名为 np
import numpy as np
#读入数据
data =pd.read_excel('第 5 章.xlsx','例 5-2')
#调用 K 检验函数
stats.ks_1samp(x=data['强度'], cdf=stats.norm.cdf, args=[2.3807,np.sqrt(0.0462)])
```

其中 ks_1samp 是 Python 中 stats 库里的一个函数，用来实施 Kolmogorov 检验，完整定义为 ks_1samp(x, cdf, args=(), alternative='two-sided', method='auto')，相关参数说明如下。

（1）x 是样本数据；

（2）cdf 为原假设中的分布类型；

（3）args 是原假设中分布的分布参数；

（4）alternative 表示检验的类型是双边检验（two-sided，默认值）、左边检验（less）和右边检验（greater）；

（5）method 是计算 p 值的方法，取值包括 auto（从其他 3 个选项里选 1 个）、exact（利用检验统计量的分布）、approx（将双边检验的 p 值近似为单边检验所得 p 值的 2 倍）、asymp（利用检验统计量的近似分布）等。

读入 Excel 文件“第 5 章.xlsx”中的 sheet 表“例 5-2”，相应的 MATLAB 代码如下。

```
%%%%%%%%% 自编函数，基于正态分布的 K 检验
function K_test_sta = K_test_norm(x,whether_sub_par)
    %将列向量转为行向量
    if size(x,1) >1
        x =x';
    end
```

```
    x =sort( x);
    % 估计参数
    if whether_sub_par ==0
       u_K =mean( x); var_K =var( x);
    else
       u_K = whether_sub_par(1);
       var_K = whether_sub_par(2);
    end
    %计算 F0 和其他 2 个经验分布
    F0 =normcdf(x,u_K,sqrt(var_K));
    F_n_less =(0: 1: length(x)-1)/length(x);
    dif_less = abs(F0 -F_n_less)
    F_n_no_large =F_n_less +1/length(x);
    dif_no_large = abs(F0 -F_n_no_large)
    %计算检验统计量
    max_dif =max(dif_less,dif_no_large)
    K_test_sta =max(max_dif);
end

%读入数据
x = xlsread('第 5 章.xlsx', '例 5-2');
%调用函数计算
K_test_sta = K_test_norm(x,0)
```

5.2.3 Smirnov 检验

教材中的“例 5-3”，反映了 Smirnov（斯米尔诺夫）检验的计算问题。对于这一问题，首先将所需的数据集整理为 Excel 文件，其中一个总体的数据集见表 5-3，命名为“第 5 章.xlsx”，并将 sheet 表名改为“例 5-2”，另一个总体的数据集见表 5-4，命名为“第 5 章.xlsx”，并将 sheet 表名改为“例 5-3”。需要强调说明的是，在实际的 Excel 文件中，所有数据是 1 列的格式，此处为了节省空间，采用 1 行展示数据。

表 5-4 在 10 毫米标距下的另一种碳纤维强度测量数据（单位：吉帕）

强度	2.132	2.228	2.35	2.396	2.445	2.474	2.522	2.532	2.614

其次，读入 Excel 文件“第 5 章.xlsx”中的 2 个 sheet 表“例 5-2”和“例 5-3”，相应的 Python 代码如下。

```
#读入 pandas 库并重命名为 pd
import pandas as pd
#读入 scipy 库中的 stats 库
from scipy import stats
#读入 2 个总体的数据
data1 =pd.read_excel('第 5 章.xlsx','例 5-2')
data2 =pd.read_excel('第 5 章.xlsx','例 5-3')
#调用 S 检验函数
stats.ks_2samp(data1=data1['强度'], data2=data2['强度'])
```

其中 ks_2samp 是 Python 中 stats 库里的一个函数，用来实施 Smirnov 检验，完整定义为 ks_2samp(data1, data2, alternative='two-sided', method='auto')，相关参数说明如下。

（1）data1 和 data2 是两个总体的样本数据；

（2）alternative 表示检验的类型是双边检验（two-sided，默认值）、左边检验（less）和右边检验（greater）；

（3）method 是计算 p 值的方法，取值包括 auto（当样本量小时取 exact 而当样本量大时取 asymp）、exact（利用检验统计量的分布）、asymp（利用检验统计量的近似分布）等。

利用 Excel 文件“第 5 章.xlsx”中的 2 个 sheet 表“例 5-2”和“例 5-3”，相应的 MATLAB 代码如下。

```
%%%%%%%%%% 自编函数，S 检验
function S_test_sta = S_test(x,y)
    %将样本 x 和 y 统一转为行向量格式
    if size(x,1) >1 %列向量形式
        x =x';
    end
    if size(y,1) >1 %列向量形式
        y =y';
    end
    %混合样本并排序
    data_KS = sort(cat(2,x,y));
    %计算 x 和 y 的经验分布
    temp =repmat(x',1,length(data_KS));
    less_x =sum((temp <data_KS))/length(x)
    temp =repmat(y',1,length(data_KS));
    less_y =sum((temp <data_KS))/length(y)
    %计算检验统计量
    dif_less =abs(less_x -less_y)
    S_test_sta =max(dif_less);
end

%读入数据
x = xlsread('第 5 章.xlsx','例 5-2');
y = xlsread('第 5 章.xlsx','例 5-3');
%调用函数计算
S_test_sta = S_test(x, y)
```

5.2.4 正态总体均值的检验

1. 方差已知时均值的检验

教材中的“例 5-4”，反映了在正态总体方差已知时对均值的检验问题。对于这一问题，相应的 Python 代码如下。

```
#读入 scipy 库中的 stats 库
from scipy import stats
#读入 numpy 库并重命名为 np
import numpy as np
#给定相关参数值
mu0 =15.01;
var_known =0.1;
mean_est =14.99;
```

```
n =9;
#计算检验统计量观测值
test =(mean_est -mu0)/np.sqrt(var_known /n)
#计算p值
pvalue = 2*stats.norm.cdf(x=test, loc=0, scale=1)
```

相应的 MATLAB 代码如下。

```
#读入 scipy 库中的 stats 库
from scipy import stats
#读入 numpy 库并重命名为 np
import numpy as np
#给定相关参数值
mu0 =15.01;
var_known =0.1;
mean_est =14.99;
n =9;
#计算检验统计量观测值
test =(mean_est -mu0)/np.sqrt(var_known /n)
#计算p值
pvalue = 2*stats.norm.cdf(x=test, loc=0, scale=1)
```

2. 方差未知时均值的检验

教材中的"例 5-5"，反映了在正态总体方差未知时对均值的检验问题。对于这一问题，将表 5-2 中的数据集整理为 Excel 文件，命名为"第 5 章.xlsx"，并将 sheet 表名改为"表 5-2"，读入这个 Excel 文件中的 sheet 表，相应的 Python 代码如下。

```
#读入 pandas 库并重命名为 pd
import pandas as pd
#读入 scipy 库中的 stats 库
from scipy import stats
#读入数据
data =pd.read_excel('第5章.xlsx','表5-2')
#调用 t 检验函数计算
stats.ttest_1samp(a=data, popmean=2.5, alternative='less')
```

其中 ttest_1samp 是 Python 中 stats 库里的一个函数，用来实施 t 检验，完整定义为 ttest_1samp(a, popmean, axis=0, nan_policy='propagate', alternative='two-sided', *, keepdims=False)，相关参数说明如下。

（1）a 是样本数据；

（2）popmean 是原假设中的正态分布均值参数；

（3）alternative 赋值为 less 表示左边检验，赋值为 two-sided 表示双边检验，赋值为 greater 表示右边检验；

（4）其他参数包括 axis（按哪个维度计算检验统计量）、nan_policy（如何处理出现错误的数值 NaN）等。

读入 Excel 文件"第 5 章.xlsx"中的 sheet 表"表 5-2"，相应的 MATLAB 代码如下。

```
%读入数据
x = xlsread('第5章.xlsx','表5-2');
```

```
%计算样本均值和方差
x_mean =mean(x)
x_sigma2 =var(x);
%给定参数
u0 =2.5;
n =length(x);
%计算检验统计量
t_sta =(x_mean -u0)/sqrt(x_sigma2/n)
%计算临界值
t_crit =tinv(0.05, n-1)
%计算 p 值
p_value =tcdf(t_sta, n-1)
```

5.2.5　正态总体方差的检验

1. 均值已知时方差的检验

教材中的“例 5-6”，反映了正态总体均值已知时对方差的检验问题。对于这一问题，首先将所需的数据集整理为 Excel 文件，命名为“第 5 章.xlsx”，并将 sheet 表名改为“例 5-6”，数据格式如表 5-5 所示。需要强调说明的是，在实际的 Excel 文件中，所有数据是 1 列的格式，此处为了节省空间，采用 1 行展示数据。

表 5-5　灌装原材料的重量数据（单位：千克）

质量	50.08	50.11	50.35	49.98	49.82	50.17	49.82	49.88	49.64	50.12

其次，读入 Excel 文件“第 5 章.xlsx”中的 sheet 表“例 5-6”，相应的 Python 代码如下。

```
#读入 pandas 库并重命名为 pd
import pandas as pd
#读入 scipy 库中的 stats 库
from scipy import stats
#读入数据
data =pd.read_excel(' 第 5 章.xlsx','例 5-6')
#给定参数值
mu =50;
sig =0.25;
#计算检验统计量
chi2_stat =((data['质量'] -mu)**2/sig**2).sum()
#计算临界值
chi2_crit =stats.chi2.ppf(q=0.95, df=len(data))
#计算 p 值
pvalue =1-stats.chi2.cdf(x=chi2_stat, df=len(data))
```

其中 chi2.ppf 是 Python 中 stats 库里的一个函数，用来计算 χ^2 分布的分位点，相关参数说明如下。

（1）q 是分位点对应的概率值；

（2）df 为 χ^2 分布的自由度。

chi2.cdf 是 Python 中 stats 库里的一个函数，用来计算 χ^2 分布的累积概率，相关参数说明如下。

（1）x 是数据；

（2）df 为 χ^2 分布的自由度。

读入 Excel 文件“第 5 章.xlsx”中的 sheet 表“例 5-6”，相应的 MATLAB 代码如下。

```
%读入数据
x = xlsread('第5章.xlsx', '例5-6');
%给定参数
u0 =50;
sigma_0 =0.25;
n =length(x);
%计算检验统计量
chi2_sta =sum((x-u0).^2)/sigma_0^2
%计算临界值
chi2_crit =chi2inv(0.95, n)
%计算p值
p_value =1-chi2cdf(chi2_sta, n)
```

2. 均值未知时方差的检验

教材中的“例 5-7”，反映了在正态总体均值未知时对方差的检验问题。对于这一问题，将表 5-2 中的数据集整理为 Excel 文件，命名为“第 5 章.xlsx”，并将 sheet 表名改为“表 5-2”，读入这个 Excel 文件中的 sheet 表，相应的 Python 代码如下。

```
#读入pandas库并重命名为pd
import pandas as pd
#读入scipy库中的stats库
from scipy import stats
#读入numpy库并重命名为np
import numpy as np
#读入数据
data =pd.read_excel('第5章.xlsx','表5-2')
#给定参数值
sig_2 =0.25;
#计算检验统计量
chi2_stat =(len(data)-1) *np.var(a=data['强度'], ddof=1)/sig_2
#计算p值
pvalue =2*min(stats.chi2.cdf(chi2_stat, len(data)-1), 1-stats.chi2.cdf(chi2_stat,
len(data)-1))
```

其中 var 是 Python 中 numpy 库里的一个函数，用来计算方差，完整定义为 var(a, axis=None, dtype=None, out=None, ddof=0, keepdims=<no value>, *, where=<no value>)，相关参数说明如下。

（1）a 是数据；

（2）ddof 用来明确计算方差时的分母为 N-ddof，其中 N 是数据的样本量，默认为 0；

（3）其他参数包括 axis（根据哪个维度计算方差）、dtype（浮点数类型）、out（替换输出结果的类型）等。

也可以用 data['强度'].var()替换 np.var(a=data['强度'], ddof=1)。

读入 Excel 文件“第 5 章.xlsx”中的 sheet 表“表 5-2”，相应的 MATLAB 代码如下。

```
%读入数据
x = xlsread('第 5 章.xlsx','表 5-2');
%给定参数
sigma2_0 =0.25;
n =length(x);
%计算检验统计量
chi2_sta =(n-1)*var(x)/sigma2_0
%计算临界值
chi2_crit =chi2inv(1-0.05/2, n-1)
%计算 p 值
p_value =2*min(chi2cdf(chi2_sta,n-1),1-chi2cdf(chi2_sta, n-1))
```

5.2.6　二项总体比例参数的检验

教材中的“例 5-8”，反映了二项总体比例参数的检验问题。对于这一问题，相应的 Python 代码如下。

```
#读入 scipy 库中的 stats 库
from scipy import stats
#计算 p 值
pvalue =stats.binom.cdf(k=32, n=33, p=0.98)
```

其中 binom.cdf 是 Python 中 stats 库里的一个函数，用来计算二项分布的累积概率，相关参数说明如下。

（1）k 是数据；

（2）n 是二项分布中除概率参数中的参数；

（3）p 是二项分布中的概率参数。

相应的 MATLAB 代码如下。

```
%给定参数
p0 =0.98;
n =33;
s=32;
%计算 p 值
p_value =1-0.98^33
```

5.2.7　符号检验

教材中的“例 5-9”，反映了总体分布未知时运用符号检验法对总体中位数的检验问题。对于这一问题，首先将所需的数据集整理为 Excel 文件，命名为“第 5 章.xlsx”，并将 sheet 表名改为“例 5-9”，数据格式如表 5-6 所示。需要强调说明的是，在实际的 Excel 文件中，所有数据是 1 列的格式，此处为了节省空间，采用 1 行展示数据。

表 5-6　某单位人员的身高数据（单位：厘米）

身高	175	178	165	169	170	179	186	166	168	177

其次，读入 Excel 文件“第 5 章.xlsx”中的 sheet 表“例 5-9”，相应的 Python 代码如下。

```
#读入 pandas 库并重命名为 pd
import pandas as pd
#读入 scipy 库中的 stats 库
from scipy import stats
#读入 numpy 库并重命名为 np
import numpy as np
#读入数据
data =pd.read_excel('第 5 章.xlsx','例 5-9')
#自编函数，用于符号检验的双边检验
def sign_test_twoside(x,y):
    #求二者差值
    a = x-y
    #统计非 0 值的个数即总样本数
    n = a[a != 0].count()
    #统计+号的个数
    sz = a[a > 0].count()
    #取+和-号个数的最小值作为检验统计量
    b = min(sz, n-sz)
    #计算 p 值
    if n < 20: #小样本下
        p = 2*stats.binom.cdf(b, n, 0.5)
    else: #大样本下近似为正态分布
        p = 2*stats.norm.cdf((b-0.5*n)/np.sqrt(0.25*n))
    return sz,p
#调用函数进行计算
sign_test_twoside(data['身高'],175)
```

其中上述代码主要解决符号检验方法中的双边检验，相应修改代码后即可适用于单边检验。

读入 Excel 文件“第 5 章.xlsx”中的 sheet 表“例 5-9”，相应的 MATLAB 代码如下。

```
%%%%%自编函数，用于符号检验
function [ p, n, obs, cric_l, cric_u] = sign_test( x, y, test_index, alpfa)
%x 和 y 是样本数据
%test_index 取值 0 表示双侧，取值 1 表示右侧，取值-1 表示左侧
    %样本量
    n = length(x);
    % +号个数
    obs = sum(x>y);
    % +和-个数之和
    n = n - sum(x==y);
    %%%分位点
    quant =zeros(1,n);
    for i = 1 : n+1
        quant(i) = nchoosek(n,i-1)*0.5^n;
    end
```

```
    %%%p值
    if test_index == 0
       p =2*min(sum(quant(1:obs+1)),sum(obs+1:n+1));
    elseif test_index == 1
       p = sum(obs+1:n+1);
    else
       p = sum(quant(1:obs+1));
    end
    %%%临界值
    temp =cumsum(quant);
    if test_index == 0
       cric_l =sum((temp-alpfa/2)<0);
       cric_u =n-cric_l;
    elseif test_index == 1
       cric_l =nan;
       cric_u =n-sum((temp-alpfa)<0);
    else
       cric_l =sum((temp-alpfa)<0);
       cric_u =nan;
    end
end

%读入数据
x = xlsread('第5章.xlsx','例5-9');
%调用函数计算
[ p, n, obs, cric_l, cric_u] = sign_test(x, 175, 0, 0.05)
```

5.2.8　双正态总体均值的比较检验

1. 方差已知时均值的比较检验

教材中的"例 5-10"，反映了在双正态总体方差已知时对均值的比较检验问题。对于这一问题，相应的 Python 代码如下。

```
#读入scipy库中的stats库
from scipy import stats
#读入numpy库并重命名为np
import numpy as np
#给定参数值
n1 =81
n2 =64
var1 =63**2
var2 =57**2
mean1_est =1070
mean2_est =1020
#计算检验统计量
test =(mean1_est -mean2_est)/np.sqrt(var1/n1 +var2/n2)
#计算p值
pvalue =2*(1 -stats.norm.cdf(np.abs(test)))
```

相应的 MATLAB 代码如下。

```
%给定参数
x1_mean_sam =1070;
```

```
x2_mean_sam =1020;
sigma2_population1 =63^2;
sigma2_population2 =57^2;
n1 =81;
n2 =64;
%计算检验统计量
U_sta =(x1_mean_sam -x2_mean_sam) /sqrt(sigma2_population1 /n1 + sigma2_population2 /n2)
%计算临界值
U_crit =norminv(1-0.05/2)
%计算 p 值
p_value =2 *(1-normcdf(abs(U_sta)))
```

2. 方差未知但相等时均值的比较检验

教材中的"例 5-11"，反映了在双正态总体方差未知但相等时对均值的比较检验问题。对于这一问题，首先将所需的数据集整理为 Excel 文件，其中一个总体的数据集见表 5-2，命名为"第 5 章.xlsx"，并将 sheet 表名改为"表 5-2"，另一个总体的数据集见表 5-3，命名为"第 5 章.xlsx"，并将 sheet 表名改为"例 5-2"。利用这个 Excel 文件中的 2 个 sheet 表，相应的 Python 代码如下。

```
#读入 pandas 库并重命名为 pd
import pandas as pd
#读入 scipy 库中的 stats 库
from scipy import stats
#读入数据
data1 =pd.read_excel('第 5 章.xlsx','表 5-2')
data2 =pd.read_excel('第 5 章.xlsx','例 5-2')
#调用双总体的 t 检验函数
stats.ttest_ind(a=data1, b=data2)
```

其中 ttest_ind 是 Python 中 stats 库里的一个函数，用来实施两正态总体的 t 检验，完整定义为 ttest_ind(a, b, axis=0, equal_var=True, nan_policy='propagate', permutations=None, random_state=None, alternative='two-sided', trim=0)，相关参数说明如下。

（1）a 和 b 是两个总体的样本数据；

（2）equal_var 是布尔型，默认为 True，表示两个总体的方差相等；

（3）alternative 表示检验的类型是双边检验（two-sided，默认值）、左边检验（less）和右边检验（greater）。

利用 Excel 文件"第 5 章.xlsx"中的 2 个 sheet 表"表 5-2"和"例 5-2"，相应的 MATLAB 代码如下。

```
%读入数据
x = xlsread('第 5 章.xlsx','表 5-2');
y = xlsread('第 5 章.xlsx','例 5-2');
%计算样本均值、方差、容量
x1_mean_sam =mean(x);
x2_mean_sam =mean(y);
```

```
x1_var =var(x);
x2_var =var(y);
n1 =length(x);
n2 =length(y);
%计算检验统计量
t_sta =(x1_mean_sam -x2_mean_sam)/sqrt(1/n1+1/n2)/sqrt(((n1-1)*x1_var+(n2-1)*x2_ var)/
(n1+n2-2))
%计算临界值
t_crit =tinv(1-0.05/2, n1+n2-2)
%计算 p 值
p_value =2 *(1-tcdf(abs(t_sta), n1+n2-2))
```

5.2.9 双正态总体方差的比较检验

1. 均值已知时方差的比较检验

教材中的“例 5-12”，反映了在双正态总体均值已知时对方差的比较检验问题。对于这一问题，首先将所需的数据集整理为 Excel 文件，其中一个总体的数据集见表 5-2，命名为“第 5 章.xlsx”，并将 sheet 表名改为“表 5-2”，另一个总体的数据集见表 5-3，命名为“第 5 章.xlsx”，并将 sheet 表名改为“例 5-2”。利用这个 Excel 文件中的 2 个 sheet 表，相应的 Python 代码如下。

```
#读入 pandas 库并重命名为 pd
import pandas as pd
#读入 scipy 库中的 stats 库
from scipy import stats
#读入数据
data1 =pd.read_excel('第 5 章.xlsx','表 5-2')
data2 =pd.read_excel('第 5 章.xlsx','例 5-2')
#给定参数值
mu =2.5;
#计算检验统计量
F_stat =((data1['强度'] -mu)**2).sum()/((data2['强度'] -mu)**2).sum()
F_stat =F_stat *len(data2)/len(data1)
#计算 p 值
pvalue =2*min(stats.f.cdf(x=F_stat, dfn=len(data1), dfd=len(data2)), 1-stats.f.cdf
(F_stat, dfn=len(data1), dfd=len(data2)))
```

其中 f.cdf 是 Python 中 stats 库里的一个函数，用来计算 F 分布的累积概率，相关参数说明如下。

（1）x 是数据；

（2）dfn、dfd 是 F 分布的自由度。

利用 Excel 文件“第 5 章.xlsx”中的 2 个 sheet 表“表 5-2”和“例 5-2”，相应的 MATLAB 代码如下。

```
%读入数据
x = xlsread('第5章.xlsx','表5-2');
y = xlsread('第5章.xlsx','例5-2');
%给定参数
n1 =length(x);
n2 =length(y);
%计算检验统计量
F_sta =(sum((x-2.5).^2) /n1)/(sum((y-2.5).^2)/n2)
%计算临界值
F_crit =finv(0.05/2, n1, n2)
%计算p值
p_value =2 *min( 1-fcdf( F_sta, n1, n2), fcdf( F_sta, n1, n2))
```

2. 均值未知时方差的比较检验

教材中的“例 5-13”，反映了在双正态总体均值未知时对方差的比较检验问题。对于这一问题，首先将所需的数据集整理为Excel文件，其中一个总体的数据集见表5-2，命名为“第5章.xlsx”，并将sheet表名改为“表5-2”，另一个总体的数据集见表5-3，命名为“第5章.xlsx”，并将sheet表名改为“例5-2”。利用这个Excel文件中的2个sheet表，相应的Python代码如下。

```
#读入pandas库并重命名为pd
import pandas as pd
#读入scipy库中的stats库
from scipy import stats
#读入numpy库
import numpy as np
#读入数据
data1 =pd.read_excel('第5章.xlsx','表5-2')
data2 =pd.read_excel('第5章.xlsx','例5-2')
#计算检验统计量
F_stat =np.var(data1['强度'], ddof=1)/np.var(data2['强度'], ddof=1)
#计算p值
pvalue =2*min(stats.f.cdf(F_stat, len(data1)-1, len(data2)-1), 1-stats.f.cdf(F_stat,
len(data1)-1, len(data2)-1))
```

利用Excel文件“第5章.xlsx”中的2个sheet表“表5-2”和“例5-2”，相应的MATLAB代码如下。

```
%读入数据
x = xlsread('第5章.xlsx','表5-2');
y = xlsread('第5章.xlsx','例5-2');
%计算样本方差和容量
x1_var =var(x);
x2_var =var(y);
n1 =length(x);
n2 =length(y);
%计算检验统计量
F_sta =x1_var/x2_var
%计算临界值
```

```
F_crit =finv(0.05/2, n1-1, n2-1)
%计算 p 值
p_value =2 *min(1-fcdf( F_sta, n1-1, n2-1), fcdf(F_sta, n1-1, n2-1) )
```

5.2.10　秩和检验

教材中的“例 5-14”，反映了在双总体分布未知时对总体的中位数进行比较检验的问题。对于这一问题，相应的 Python 代码如下。

```
#读入 scipy 库中的 stats 库
from scipy import stats
#给出样本数据
x = [35,51,15];
y = [60,09,45,79,80]
#调用秩和检验函数
stats.ranksums(x, y)
```

其中 ranksums 是 Python 中 stats 库里的一个函数，用来实施秩和检验，但该函数默认将检验统计量所服从的分布近似为正态分布进行计算。

相应的 MATLAB 代码如下。

```
%%%%%%自编函数，用于秩和检验
function [ n, m, whole_rank, obs] = ranksum_test(x, y)
%x 和 y 是样本数据，
    % 求样本容量
    n = length(x);
    m = length(y);
    % 将原始数据都转化为列
    if size(x,1) ==1
        x = x';
    end
    if size(y,1) ==1
        y = y';
    end
    % 确定 x 数据的秩
    whole_data = cat(1, x, y);
    whole_data_sort =sort(whole_data);
    whole_index_x =ismember(whole_data_sort,x);
    %调用函数求秩和，其中考虑了结 tie 的存在
    [whether_tie, whole_rank] = rank_consider_tie(whole_data, m+n);
    %求秩和
    obs = sum(whole_rank(1:n));
end

function [whether_tie, x_rank] = rank_consider_tie(x, n)
%x 是样本，n 是样本量
    %是否存在结 tie 的标识符
    whether_tie = 0;
    %确定不考虑 tie 时的秩
    [ ~, x_ind] = sort(x);
    [ ~, x_rank] = sort(x_ind);
    %确定考虑 tie 时的秩
    b = x;
```

```
    for i = 1 : n
        same_pos = ismember(b, x(i));
        if sum(same_pos) > 1
            temp = x_rank(same_pos);
            temp = mean(temp);
            x_rank(same_pos) = temp;
            b(same_pos) = nan;
            whether_tie = 1;
        end
    end
end

%给定样本数据
x =[35,51,15];
y =[60,89,45,79,80];
%调用函数计算
[ n, m, whole_rank, obs] = ranksum_test( x,y)
```

5.2.11 相关系数的检验

教材中的“例 5-15”，反映了皮尔逊相关系数的检验问题。对于这一问题，将表 2-2 中的数据集整理为 Excel 文件，命名为“第 2 章.xlsx”并将 sheet 表名改为“表 2-1”，读入这个 Excel 文件中的 sheet 表，相应的 Python 代码如下。

```
#读入 pandas 库并重命名为 pd
import pandas as pd
#读入 scipy 库中的 stats 库
from scipy import stats
#读入 numpy 库
import numpy as np
#读入表 2-1 中的数据
data = pd.read_excel('第 2 章.xlsx','表 2-1')
#自编函数，用于相关系数检验
def pearson_cor_test(data):
    #求二元变量数据的相关系数矩阵
    corr_value =data.corr('pearson')
    #确定相关系数
    r = round(corr_value.iloc[0,1], 2)
    #计算检验统计量
    t_test =r *np.sqrt((len(data)-2)/( 1-r**2))
    #计算 p 值
    pvalue =2*(1-stats.t.cdf(x=abs(t_test), df=len(data)-2))
    return t_test,pvalue
#检验 10 月份单杠和 10 月份仰卧起坐的相关系数
t_test,pvalue=pearson_cor_test(data[['10 月份单杠', '10 月份仰卧起坐']])
```

相应的 MATLAB 代码如下。

```
%%%%%%% 自编函数，Pearson 相关系数检验
function [test_stat,t_crit,pvalue] = pearson_test(r,n,alpfa)
    test_stat = r *sqrt((n -2)/(1 -r^2));
    t_crit = tinv(1-alpfa/2, n-2);
    pvalue =2*(1 -tcdf(abs(test_stat), n-2));
end
```

```
%给定样本参数
r =0.37;
n =30;
alpfa =0.05;
%调用函数计算
[test_stat, t_crit, pvalue] = pearson_test(r, n, alpfa)
```

5.2.12　列联表独立性检验

教材中的“例 5-16”，反映了列联表独立性检验的问题。对于这一问题，首先将所需的数据集整理为 Excel 文件，命名为“第 5 章.xlsx”并将 sheet 表名改为“表 5-22”，数据格式如表 5-7 所示。

表 5-7　某项教学改革措施抽样调查结果

学院	支持	反对
A	55	25
B	90	10
C	84	16
D	78	12
E	63	27

利用 Excel 文件“第 5 章.xlsx”中的 sheet 表“表 5-22”，相应的 Python 代码如下。

```
#读入 pandas 库并重命名为 pd
import pandas as pd
#读入 scipy 库中的 stats 库
from scipy import stats
#读入数据
data =pd.read_excel('E:第 5 章.xlsx','表 5-22')
#调用列联表独立性检验函数
stats.chi2_contingency(observed=data[['支持', '反对']])
```

其中 chi2_contingency 是 Python 中 stats 库里的一个函数，用来实施列联表独立性检验，只需将得到的列联表代入该函数即可进行计算。

读入 Excel 文件“第 5 章.xlsx”中的 sheet 表“表 5-22”，相应的 MATLAB 代码如下。

```
%%% 自编函数, 列联表独立性检验
function [p_r, p_c, expect_value, test_sta, p_value, test_cric] = chi2_table_test(data, alpfa)
    %确定各变量的取值个数
    r = size(data,1);
    c = size(data,2);
    %按行和列分别求和
    sum_r = sum(data,1);
    sum_c = sum(data,2);
    n = sum(sum_r);
    %求各变量发生概率
    p_r = sum_r/n;
```

```
    p_c = sum_c/n;
    %求理论频数
    expect_value = sum_c*sum_r/n;
    %求检验统计量
    test_sta = data - expect_value;
    test_sta = sum(sum(test_sta.^2./expect_value));
    %求临界值
    test_cric =chi2inv(1-alpfa, (r-1)*(c-1));
    %求 p 值
    p_value = 1-chi2cdf(test_sta, (r-1)*(c-1));
end
%读入数据
x = xlsread('第 5 章.xlsx','表 5-22');
%调用函数计算
[ p_r, p_c, expect_value, test_sta, p_value,test_cric] = chi2_table_test(x, 0.05)
```

5.3 习　题

5.3.1 单项选择题

1. 当____时，犯第一类错误的概率被称为检验的显著性水平。

A. 原假设为真　　B. 原假设为真并且以等式形式出现

C. 原假设为假　　D. 原假设为真并且以不等式形式出现

2. 可用于检验一组数据的总体分布类型是否为 t 分布的方法是____。

A. 符号检验　　B. 秩和检验

C. χ^2 检验　　D. 列联表独立性检验

3. 对于正态分布总体, 其总体方差是否等于某一给定值的检验统计量服从____。

A. 正态分布　　B. t 分布　　C. χ^2 分布　　D. F 分布

4. 下列哪种假设检验方法可用于单个总体的中位数检验？____

A. 秩和检验　　B. χ^2 检验　　C. 符号检验　　D. 方差分析

5. 在符号检验法中，取"+"号个数为检验统计量，则在样本量少的情况下，当原假设为真时，该统计量服从____。

A. 二项分布　　B. 指数分布　　C. 正态分布　　D. χ^2 分布

6. 在符号检验中，对于双侧检验，记"+"号和"−"号共有 m 个，其中"+"号个数为 S，试问 p 值的计算公式为____。

A. $p值=\begin{cases}\sum_{s=0}^{S}C_m^s0.5^m, & S\leqslant m/2\\ \sum_{s=S}^{m}C_m^s0.5^m, & S>m/2\end{cases}$　　B. $p值=\begin{cases}\sum_{s=0}^{S}C_m^s0.5^m, & S\geqslant m/2\\ \sum_{s=S}^{m}C_m^s0.5^m, & S<m/2\end{cases}$

C. $p值=\sum_{s=0}^{S}C_m^s0.5^m$　　D. $p值=\sum_{s=S}^{m}C_m^s0.5^m$

7. 在两个总体均为正态分布的条件下，两个总体方差相等的检验统计量服从____。

A. 正态分布　　B. t 分布　　C. χ^2 分布　　D. F 分布

8. 下列哪种假设检验方法可用于两个未知总体的分布比较检验？____

A. 方差分析　　B. χ^2 检验　C. 秩和检验　　D. F 检验

9. 为比较总体 X 和 Y 的分布是否一致，设收集得到的总体 X 和 Y 的样本为 $x_1,\cdots,x_n$ 和 $y_1,\cdots,y_m$。将 $x_1,\cdots,x_n$ 和 $y_1,\cdots,y_m$ 混合升序排列后，设来自总体 X 的样本的秩为 $R_1,\cdots,R_n$，来自总体 Y 的样本的秩为 $R_{n+1},\cdots,R_{n+m}$。记秩和检验统计量为 $T=\sum_{i=1}^{n}R_i$，则 X 和 Y 来自相同分布时，T 的期望为____。

A. $\dfrac{n(n+1)}{2}$　　B. $nm+\dfrac{n(n+1)}{2}$

C. $\dfrac{n(n+m+1)}{2}$　　D. $\dfrac{(n+m)(n+m+1)}{2}$

10. 在秩和检验法中，取来自某个总体的样本数据的秩和作为检验统计量，当样本量大于 20 时，该统计量所服从的分布可以近似为____。

A. F 分布　　B. 正态分布　　C. χ^2 分布　　D. t 分布

11. 下列哪种非参数检验方法可用于检验两个分类变量是否独立？____

A. 秩和检验　　B. χ^2 检验　　C. 符号检验　　D. 方差分析

12. 在运用 χ^2 检验方法进行变量 A 和 B 的列联表的独立性检验时，若变量 A 和 B 各有 r 个和 c 个取值，则当原假设为真时，检验统计量所服从的 χ^2 分布的自由度是____。

A. $(r-1)(c-1)$　　B. rc　　C. $(r-2)(c-2)$　　D. $r(c-1)$

13. 对列联表独立性检验，下列说法正确的是____。

A. 可以检验数值型变量和分类型变量是否相互独立

B. 在原假设为真时，检验统计量服从 t 分布

C. 记检验统计量的观测值为 x 且两个变量各有 r 和 c 个取值，则在显著性水平 α 下，当 $x \geqslant \chi^2_{1-\alpha}\left((r-1)(c-1)\right)$ 时，拒绝原假设，其中 $\chi^2_{1-\alpha}\left((r-1)(c-1)\right)$ 是自由度为 $(r-1)(c-1)$ 的 χ^2 分布的 $1-\alpha$ 分位点

D. 在列联表独立性检验的计算过程中，不需要根据期望频数的大小调整分组

14. 下面关于假设检验说法正确的是____。

A. 在运用 χ^2 检验方法进行分布拟合优度检验时，样本被分为 k 个区间，且待检验的分布中包括 2 个待估计的未知参数，则当原假设为真时，检验统计量服从自由度是 $k-2$ 的 χ^2 分布

B. 大样本情况下，符号检验中的检验统计量近似服从正态分布

C. 列联表的独立性检验不能检验两个分类型变量是否独立

D. 大样本情况下，秩和检验的样本统计量近似服从 χ^2 分布

15. 下面关于假设检验说法正确的是____。

A. 在运用 χ^2 检验方法进行分布拟合优度检验时，样本容量为 n，且待检验的分布中包括 1 个待估计的未知参数，若将样本按照取值范围划分为 k 个区间，则当原假设为真时，检验统计量所服从的 χ^2 分布的自由度是 $n-2$

B. 符号检验不能用于检验单个总体的中位数是否为给定的值

C. 秩和检验仅可以用于定距测量的数据

D. 在样本量比较大的情况下，符号检验构造的样本统计量近似服从正态分布

16. 假设检验中，p 值越小，表示____。

A. 拒绝原假设犯第一类错误的概率越小

B. 拒绝原假设犯第一类错误的概率越大

C. 拒绝原假设犯第二类错误的概率越小

D. 拒绝原假设犯第二类错误的概率越大

17. 对于正态总体均值的假设检验，以 μ_0 表示总体均值，σ^2 表示总体方差，σ 表示总体标准差，$\bar{x}$ 表示样本均值，s^2 表示样本方差，s 表示样本标准差。在小样本情况下，当总体方差未知时所使用的检验统计量是____。

A. $\dfrac{\bar{x}-\mu_0}{\sigma/\sqrt{n}}$　　B. $\dfrac{\bar{x}-\mu_0}{\sigma^2/n}$　　C. $\dfrac{\bar{x}-\mu_0}{s/\sqrt{n}}$　　D. $\dfrac{\bar{x}-\mu_0}{s^2/\sqrt{n}}$

5.3.2 判断题

若说法正确则答案为 T，反之为 F。

1. 在进行单侧或双侧检验时，等式应出现在原假设中。（　）

2. 非参数检验方法是在总体分布类型已知的情况下，根据样本数据对总体参数进行统计推断的方法。（　）

3. 非参数检验方法只能处理数值型数据，不能处理分类型数据。（　）

4. 当原假设 H_0 为真时，拒绝 H_0 成立的概率称为检验的功效。（　）

5. 当原假设为真时，犯第一类错误的概率称为检验的显著性水平。（　）

6. 在假设检验中，p 值反映了样本对原假设的支持程度，p 值越小说明拒绝原假设的证据越充分。（　）

7. 在分布拟合优度检验中，χ^2 检验是在对数据分组的基础上，根据观测值实际频数与理论频数的比较进行统计检验的方法。（　）

8. χ^2 检验方法可以用于检验一组样本是否服从给定的分布类型。（　）

9. χ^2 检验中计算得到的检验统计量值越大，越不能拒绝原假设。（　）

10. 在利用符号检验法进行总体中位数检验时，若原始样本量为 n，则“+”号与“−”号个数之和一定等于 n。（　）

11. 符号检验既可用于检验一个总体的中位数是否为给定值，也可用两个总体的配对样本对其一致性进行比较检验。（　）

12. 秩和检验方法可用于对两个未知总体的一致性进行比较检验。（　）

13. 在两个分类变量的独立性检验时，若原假设成立，则检验统计量服从 χ^2 分布。（　）

14. 列联表的独立性检验是对两个分类变量的独立性进行的假设检验。（　）

15. 对一个 r 行 c 列的列联表独立性检验问题，运用 χ^2 检验方法构造的检验统计量服从自由度为 rc 的 χ^2 分布。（　）

16. 在假设检验中，拒绝域的大小与事先选定的显著性水平有关。（　）

17. 在假设检验中，p 值表示 H_0 为真时，检验统计量向不支持 H_0 方向偏离其观测值的概率。（　）

5.3.3　简答题

1. 请说明构建原假设和备择假设时的注意事项。

2. 请简述非参数检验方法的优点和缺点。

3. 请简述显著性检验的一般过程。

4. 现需检验一组样本量为 n 的数据是否来自正态分布 $N\left(\mu,\sigma^2\right)$，其中分布参数 μ 和 σ 未知，记标准正态分布的分布函数为 $\Phi(x)$，请在显著性水平 α 下写出采用 χ^2 检验法进行检验的步骤。

5. 一个随机变量 X 服从指数分布，X 的概率密度函数是 $f(x)=\lambda \mathrm{e}^{-\lambda x}$，其中 $\lambda>0$ 是唯一的分布参数。现需在显著性水平 α 下检验一组样本量为 n 的数据是否来自指数分布，请写出采用 χ^2 检验法进行此检验的步骤。

6. 请说明根据样本数据进行多项概率分布的拟合优度检验的过程。

7. 试简要说明 P-P 图和 Q-Q 图的异同点。

8. 请说明根据一个总体的样本数据，且样本数据量较小时，检验总体中位数是否等于 M 的过程。

9. 设来自某总体的样本数据为 $x_1,\cdots,x_n$，且 $n>30$，请写出在显著性水平 α 下利用符号检验法检验该总体的中位数等于 x_0 的步骤。

10. 现有两个总体的配对样本数据，且样本数据量都小，请在显著性水平 α 下写出利用符号检验法检验两个总体的中位数是否相等的过程。

11. 现有两个总体的样本数据 $x_1,\cdots,x_n$ 和 $y_1,\cdots,y_m$，$n<20$，$m<20$，所有样本数据各不相同，请写出在显著性水平 α 下利用秩和检验法检验这两个总体分布是否一致的步骤。

12. 请说明相关系数检验的具体过程。

13. 针对表 5-8 中的列联表，请在显著性水平 α 下运用 χ^2 检验方法，给出变量 A 和 B 是否相互独立的检验过程（要求给出检验统计量的计算式，但不需化简）。

表 5-8　变量 *A* 和 *B* 的列联表

变量 A	B_1	B_2
A_1	a	b
A_2	c	d

5.3.4　计算题

1. 为了研究某专业学员的某课程成绩的中位数是否达到良好以上(即大于或等于 80 分）的要求，随机抽取了 6 名学生，成绩（单位：分）分别为 80、82、76、90、72、95。请在显著性水平 α 下，利用符号检验法，写出通过 p 值进行检验的过程（需要写出 p 值的计算表达式，但不需要计算具体数值）。

2. 某学院 10 名本科生的应用统计学课程考试成绩（单位：分）为 75、78、81、81、83、85、86、87、88、92。若要据此数据采用符号检验法检验考试成绩的中位数 M 是否为 80，请写出检验步骤以及 p 值的计算式（不需要给出具体数值），其中显著性水平取为 0.05。

3. 对燃料添加剂进行检验，以确定它们对轿车每升行驶里程数的影响。对 12 辆车使用燃料添加剂进行检验，结果如表 5-9 所示。在显著性水平 0.05 下，用符号检验法来确定添加剂每升行驶里程数的中位数是否为 20，请写出检验步骤，并给出 p 值。

表 5-9　车辆每升行驶里程数（单位：千米）

车辆	里程数	车辆	里程数
1	20.00	7	16.16
2	23.56	8	18.55
3	22.03	9	21.87
4	19.15	10	24.23
5	21.23	11	23.21
6	24.77	12	25.02

4. 某地方电视台要求 784 个被调查的观众说出他们喜欢的电视节目。其中 144 人选择了节目 A，256 人选择了节目 B，其余的 384 人选择了其他节目。为了检验观众对于节目 A、B 的偏好是否存在显著性差异（显著性水平 α=0.05），请给出用符号检验方法进行检验的过程（已知对标准正态分布变量 z，有 $P(z \geqslant 3)$=0.001 35)。

5. 设某种商品在长沙的 3 家商场和南昌的 5 家商场的售价（单位：元）如下。长沙为 35、51、15；南昌为 60、89、45、79、80。请检验该商品在两个城市的售价是否存在显著性差异（显著性水平 $\alpha = 0.1$，秩和分布 T_α 对应的第 5%百分位数为 8)。

6. 为了解某种新训练方法 A 的效果是否比原来的训练方法 B 有明显提高，从水平相当的学员中随机抽取 10 名学员，并随机指派其中各 5 名学员分别接受新方法 A 和原方法 B 的训练。经过一段时间后，这 10 名学员的训练成绩如下。采用新方法 A 的 5 名学员的成绩（单位：分）为 70、80、85、90、96；采用原方法 B 的 5 名学员的成绩（单位：分）为 65、76、82、88、93。现要求在显著性水平 $\alpha = 0.05$ 下，采用秩和检验法检验新方法的成绩与原方法相比是否有显著差异。设检验统计量 T 的分布函数为 F，请给出检验统计量的值，并写出检验的步骤。

7. 从总体 X 和 Y 中抽取样本观测值，X 为 9、22、64、34、17；Y 为 58、53、26、11。现要求在显著性水平 $\alpha = 0.05$ 下，采用秩和检验法检验这两个总体是否具有相同的分布。请给出检验统计量的值，并写出假设检验的步骤（设检验统计量 T 的分布函数为 F）。

8. 从总体 X 和总体 Y 中分别抽取样本容量为 n 和 m 的样本观测值，X 为 8、23、34、17、28、4；Y 为 42、11、25、35。在显著性水平 $\alpha = 0.05$ 下，用秩和检验法检验这两个总体是否具有相同的分布（取总体 X 的秩和作为检验统计量）。

9. 为了研究高血压是否与体重有关，对 60 位高血压患者及 140 名非高血压患者调查了其体重情况，调查结果如表 5-10 所示。若采用 χ^2 检验法检验高血压是否与体重有关，请在显著性水平 0.05 下给出检验过程，并写出检验步骤。

表 5-10　高血压与体重的列联表

患者情况	超重	偏重	正常
高血压患者	20	30	10
非高血压患者	40	50	50

10. 为了研究企业家收入是否与学历有关，经过前期调查得到的列联表如表 5-11 所示。若采用 χ^2 检验法，请在显著性水平 0.05 下写出检验步骤。

表 5-11　企业家收入与学历的列联表

收入水平	本科及以上	专科及以下
高收入（年收入≥5000 万元）	22	20
低收入（年收入<5000 万元）	13	45

11. 为了研究不同收入群体对某种商品是否有相同的购买习惯，调查了消费者 200 人，并将其分为高收入与低收入 2 组，其中购买习惯分为：购买和不购买。调查结果如表 5-12 所示。若采用 χ^2 检验法检验购买习惯是否与收入有关，请在显著性水平 0.05 下给出检验步骤。

表 5-12　不同收入与购买习惯的列联表

购买习惯	高收入	低收入
购买	112	58
不购买	8	22

12. 一种原料来自三个不同的地区，原料质量被分成三个不同等级，从这批原料中随机抽取 100 件进行检验，检验结果见表 5-13。请检验地区和原料等级之间是否存在相

关关系（显著性水平取为0.05）。

表 5-13　检验地区和原料等级之间的列联表

地区	一级	二级	三级
甲	15	24	21
乙	5	8	7
丙	10	8	2

13. 为了解某新工艺对某个产品的使用寿命是否有改变，从基于新、旧工艺的产品中各抽取了5个样品，在同样的寿命测试环境下所测得的寿命时间（单位：小时）如下。现要求在显著性水平$\alpha=0.05$下，采用秩和检验法检验在新旧工艺条件下该产品的寿命是否有显著差异。设检验统计量T的分布函数为F，请基于新工艺数据的秩和，给出检验统计量的值，并写出检验的步骤。

采用新工艺的5个样品的寿命：7310、8040、8546、9053、9655。

采用旧工艺的5个样品的寿命：6520、7650、8236、8871、9312。

14. 以下是某学院12名本科生应用统计学课程考试成绩（单位：分）：66、70、77、79、80、83、85、87、89、92、94、97。若要据此数据采用符号检验法检验考试成绩的中位数M是否为80，请基于p值检验法写出检验步骤以及p值的计算式（不需要给出具体数值），其中显著性水平取为0.05。

5.4　习题参考答案

5.4.1　单项选择题

1. B；2. C；3. C；4. C；5. A；6. A；7. D；8. C；9. C；10. B；11. B；12. A；13. C；14. B；15. D；16. A；17. C

5.4.2　判断题

1. T；2. F；3. F；4. F；5. F；6. T；7. T；8. T；9. F；10. F；11. T；12. T；13. T；14. T；15. F；16. T；17. T

5.4.3　简答题

1. 答：设定原假设和备择假设时的注意事项如下。①原假设与备择假设应覆盖检验对象的所有可能范围，而且相互对立；②根据研究目的，构建合适的假设。

2. 答：非参数检验方法的优点是由于对总体分布的限制较少，非参数检验可处理的数据类型多，不仅适用于数值型数据，还可用于定序数据总体相关参数的检验，因而相对参数检验而言，非参数检验的适用面较广。非参数检验方法的缺点是当总体的分布类型已知时，非参数检验没有参数检验的针对性强。

3. 答：显著性检验的一般过程如下。①根据问题的需要做出原假设 H_0 和备择假设 H_1；②构造检验统计量 T，确定在 H_0 为真时 T 的分布；③基于给定的显著性水平确定拒绝域 W；④若 T 的观测值属于 W 则拒绝 H_0，否则不能拒绝 H_0。

4. 答：在显著性水平 α 下采用 χ^2 检验法进行正态分布检验的步骤如下。①建立原假设和备选假设 H_0、H_1；②计算分布参数的估计值 $\hat{\mu}$、$\hat{\sigma}$；③将 $[0,+\infty)$ 划分为 k 个不交叉的区间 $A_i=[a_i,b_i)$，其中 $i=1,\cdots,k$，计算每个区间中的期望频数为 $f_i=n\left[\Phi\left(\dfrac{b_i-\hat{\mu}}{\hat{\sigma}}\right)-\Phi\left(\dfrac{a_i-\hat{\mu}}{\hat{\sigma}}\right)\right]$；④计算每个区间的实际频数 e_i，如果不满足 $f_i>5$ 和 $e_i>5$，则调整区间；计算检验统计量为 $\chi^2=\sum_{i=1}^{k}\dfrac{(f_i-e_i)^2}{e_i}\sim\chi^2(k-r-1)$（其中 $r=2$），以及相应的 p 值；⑤当 $p\leqslant\alpha$ 时拒绝 H_0。

5. 答：在显著性水平 α 下采用 χ^2 检验法进行指数分布检验的步骤如下。①建立原假设 H_0 和备选假设 H_1；②计算分布参数的估计值 $\hat{\lambda}$；③将 $[0,+\infty)$ 划分为 k 个不交叉的区间 $A_i=[a_i,b_i)$，其中 $i=1,\cdots,k$，计算每个区间中的期望频数 $f_i=n\left[\left(1-e^{-\hat{\lambda}b_i}\right)-\left(1-e^{-\hat{\lambda}a_i}\right)\right]$，并要求 $f_i>5$；④计算每个区间的观察频数 e_i；⑤计算检验统计量 $\chi^2=\sum_{i=1}^{k}\dfrac{(f_i-e_i)^2}{e_i}\sim\chi^2(k-r-1)$（其中 $r=1$），以及相应的 p 值；⑥当 $p\leqslant\alpha$ 时拒绝 H_0。

6. 答：在显著性水平 α 下采用 χ^2 检验法进行多项概率分布检验的步骤如下。①建立原假设和备择假设。H_0：总体服从 k 类中每类都有指定的概率的多项分布。H_1：总体不服从 k 类中每类都有指定的概率的多项分布。②选择一个随机样本，记录每一类别的观测频数 f_i。③假定原假设为真，确定每一类别的期望频数 e_i。④计算检验统计量的值 $\chi^2=\sum_{i=1}^{k}\dfrac{(f_i-e_i)^2}{e_i}$，由自由度为 $k-1$ 的 χ^2 分布计算得出对应的 p 值。⑤若 $p\leqslant\alpha$，则拒绝 H_0。

7. 答：P-P 图和 Q-Q 图的相同点是都能用于分布的拟合优度检验；P-P 图和 Q-Q 图的不同点是 P-P 图主要比较样本观测值的概率估算值和理论概率值，Q-Q 图主要比较样本观测值的分位数和理论分位数。

8. 答：采用符号检验法进行检验，一般过程如下。①建立原假设和备择假设。H_0：总体中位数等于 M。H_1：总体中位数不等于 M。②针对原始样本数据中的每一个数据，若该数据大于 M，则记为“+”号；若小于 M，则记为“−”号；若等于 M，则忽略该数。最终统计得到“+”号和“−”号的个数共为 n 个，其中“+”号为 k 个。③假定原假设为真，计算 p 值，其中若 $k\geqslant\dfrac{n}{2}$，则 $p-\text{value}=2\sum_{i=k}^{n}C_n^i 0.5^n$；若 $k<\dfrac{n}{2}$，则

$p-\text{value}=2\sum_{i=0}^{k}C_n^i 0.5^n$。④若 $p-\text{value}\leqslant\alpha$，则拒绝 H_0；否则不能拒绝 H_0。

9. 答：一般过程如下。①记总体的中位数为 M，建立原假设和备择假设。H_0：$M=x_0$。H_1：$M\neq x_0$。②针对原始样本数据 $x_1,\cdots,x_n$，若 $x_i>x_0$，则记为"+"号；若 $x_i<x_0$，则记为"−"号；若 $x_i=x_0$，则忽略该数。最终统计得到"+"号和"−"号的个数共为 m 个，其中"+"号为 S^+ 个。③取 S^+ 为检验统计量，记 $\Phi()$ 为标准正态分布的分布函数，计算 p 值为 $p-\text{value}=\begin{cases}2\Phi\left(\dfrac{S^+-0.5m}{\sqrt{0.25m}}\right), & S^+\leqslant 0.5m\\ 2\left[1-\Phi\left(\dfrac{S^+-0.5m}{\sqrt{0.25m}}\right)\right], & S^+>0.5m\end{cases}$ 或查表找临界值 $u_{\alpha/2}$。④若 $p-\text{value}\leqslant\alpha$，则拒绝 H_0，否则不能拒绝 H_0；或若 $\dfrac{S^+-0.5m}{\sqrt{0.25m}}\leqslant u_{\alpha/2}$ 或 $\dfrac{S^+-0.5m}{\sqrt{0.25m}}\geqslant -u_{\alpha/2}$，则拒绝 H_0，否则不能拒绝 H_0。

10. 答：利用符号检验法检验两个配对总体的中位数是否相等的一般过程如下。①建立原假设和备择假设。H_0：两个总体的中位数相等。H_1：两个总体的中位数不相等。②针对原始样本数据中的每一组配对数据(x,y)，若 $x>y$，则记为"+"号；若 $x<y$，则记为"−"号；若 $x=y$，则忽略该数。最终统计得到"+"号和"−"号的个数共为 n 个，其中"+"号为 k 个。③假定原假设为真，计算 p 值，其中若 $k\geqslant\dfrac{n}{2}$，则 $p-\text{value}=2\sum_{i=k}^{n}C_n^i 0.5^n$；若 $k<\dfrac{n}{2}$，则 $p-\text{value}=2\sum_{i=0}^{k}C_n^i 0.5^n$。或查表找临界值，若 $k\geqslant\dfrac{n}{2}$ 则取临界值 $k_{1-\frac{\alpha}{2}}$；若 $k<\dfrac{n}{2}$ 则取临界值 $k_{\frac{\alpha}{2}}$。④若 $p-\text{value}\leqslant\alpha$，拒绝 H_0，否则不能拒绝 H_0；若 $k\geqslant k_{1-\frac{\alpha}{2}}$ 或 $k\leqslant k_{\frac{\alpha}{2}}$，拒绝 H_0，否则不能拒绝 H_0。

11. 答：利用秩和检验法检验这两个总体分布是否一致的步骤如下。①建立原假设和备择假设。H_0：总体 X 和 Y 具有相同的分布。H_1：总体 X 和 Y 具有不同的分布。②将 $x_1,\cdots,x_n$ 和 $y_1,\cdots,y_m$ 混合升序排列后，设其秩分别为 $R_1,\cdots,R_n$ 和 $R_{n+1},\cdots,R_{n+m}$。③进一步计算秩和为 $T=\sum_{i=1}^{n}R_i$，记其观测值为 d。④取 d 为检验统计量，计算 p 值为

$$p-\text{value}=\begin{cases}2\sum_{i=T_{\min}}^{d}t_{n,m}(i)/C_{m+n}^n, & d\leqslant E(T)\\ 2\sum_{i=d}^{T_{\max}}t_{n,m}(i)/C_{m+n}^n, & d>E(T)\end{cases}$$

，其中 $E(T)=\dfrac{n(n+m+1)}{2}$，$T_{\min}=\dfrac{n(n+1)}{2}$，

$T_{\max}=\dfrac{n(n+2m+1)}{2}$，或查秩和检验表，带入 n、m，找临界值 $T_{\alpha/2}$ 或 $T_{1-\alpha/2}$。⑤若 p值 $\leqslant\alpha$ 则拒绝 H_0，否则不能拒绝 H_0；若 $d\leqslant T_{\alpha/2}$ 或 $d\geqslant T_{1-\alpha/2}$ 则拒绝 H_0，否则不能拒绝 H_0。

12. 答：相关系数检验的具体过程如下。①建立原假设和备择假设。H_0：$\rho=0$。H_1：$\rho\neq 0$。②构建检验统计量 $t=\sqrt{\dfrac{r^2}{(1-r)/(n-2)}}$，可得当 H_0 为真时，$t\sim t(n-2)$。③给定显著性水平 α，可得拒绝域为 $W=\left\{t\middle|t\geqslant t_{1-\alpha/2}(n-2)\text{或}t\leqslant t_{\alpha/2}(n-2)\right\}$。④若 $t\in W$，拒绝 H_0，否则不能拒绝 H_0。

13. 答：列联表独立性检验的一般过程如下。①建立假设，H_0：变量 A 与变量 B 独立，H_1：变量 A 与变量 B 不独立。②根据观测频数表可得期望频数表如表 5-14 所示。③检验统计量为

$$\chi^2=\frac{\left[\dfrac{(a+b)(a+c)}{(a+b+c+d)}-a\right]^2}{\dfrac{(a+b)(a+c)}{(a+b+c+d)}}+\frac{\left[\dfrac{(a+b)(b+d)}{(a+b+c+d)}-b\right]^2}{\dfrac{(a+b)(b+d)}{(a+b+c+d)}}+\frac{\left[\dfrac{(a+c)(c+d)}{(a+b+c+d)}-c\right]^2}{\dfrac{(a+c)(c+d)}{(a+b+c+d)}}$$
$$+\frac{\left[\dfrac{(b+d)(c+d)}{(a+b+c+d)}-d\right]^2}{\dfrac{(b+d)(c+d)}{(a+b+c+d)}}$$

服从自由度为 1 的 χ^2 分布。④求对应的 p 值，若 $p\leqslant\alpha$ 则拒绝 H_0，或者记临界值为 $\chi^2_{1-\alpha}(1)$，若 $\chi^2\geqslant\chi^2_{1-\alpha}(1)$，则拒绝 H_0。

表 5-14　变量 *A* 和 *B* 的期望频数

变量	B_1	B_2	合计
A_1	$\dfrac{(a+b)(a+c)}{(a+b+c+d)}$	$\dfrac{(a+b)(b+d)}{(a+b+c+d)}$	$a+b$
A_2	$\dfrac{(a+c)(c+d)}{(a+b+c+d)}$	$\dfrac{(b+d)(c+b)}{(a+b+c+d)}$	$c+d$
合计	$a+c$	$b+d$	$a+b+c+d$

5.4.4　计算题

1. 解：检验过程如下。①建立假设。H_0：中位数 $M_e\geqslant 80$。H_1：中位数 $M_e<80$。②共有 5 个符号，其中“+”号个数为 3 个，如表 5-15 所示。③检验统计量 p值为 $\sum\limits_{s=0}^{3}C_5^s 0.5^5$；④如果 $p\leqslant\alpha$，拒绝 H_0，反之不能拒绝 H_0。

表 5-15　某专业学员课程成绩的符号

成绩	80	82	76	90	72	95
符号		+	−	+	−	+

2. 解：检验步骤如下。①建立假设。H_0：$M=80$。H_1：$M\neq 80$。②将各个数字与80相比，得符号如表5-16所示；计算得到有效样本个数为$n=10$，其中"+"号的个数为$S^+=8$。③计算 p 值可得$p=2\times\sum_{i=S^+}^{10}C_{10}^{i}\times 0.5^n=0.1094$。④由于$p>0.05$，不能拒绝$H_0$。

表 5-16　10 名学生应用统计学课程成绩的符号

成绩/分	75	78	81	81	83	85	86	87	88	92
符号	−	−	+	+	+	+	+	+	+	+

3. 解：符号检验的检验步骤如下。①记中位数为M，建立假设。H_0：$M=20$。H_1：$M\neq 20$。②计算符号如表5-17所示；求得有效样本量为$n=11$，"+"号个数为$S^+=8$。③可得p值为$p=2\times\sum_{i=8}^{11}C_{11}^{i}0.5^{11}=0.2266$；④由于$p>0.05$，不能拒绝$H_0$。

表 5-17　车辆里程数的符号

里程数/千米	20.00	23.56	22.03	19.15	21.23	24.77
符号		+	+	−	+	+
里程数/千米	16.16	18.55	21.87	24.23	23.21	25.02
符号	−	−	+	+	+	+

4. 解：符号检验进行检验的步骤如下。①建立假设。H_0：观众对A、B的偏好相同。H_1：观众对A、B的偏好不同。②采用正态近似，去除选其他节目的人，$n=400$，$\mu=0.5n=0.5\times 400=200$，$\sigma=\sqrt{0.25\times 400}=\sqrt{\frac{400}{4}}=10$。③计算统计量$z=\frac{144-200}{10}=-5.6$。④由于−5.6小于−3，则$P(z\leqslant -5.6)<P(z\leqslant -3)=0.001\ 35$，因而$p$值小于0.05，所以拒绝$H_0$，认为观众的偏好有差异。

5. 解：采用秩和检验法，检验步骤如下。①建立假设。H_0：售价相同。H_1：售价不同；②对数据进行排序得到秩，如表5-18所示。③求出商品在长沙商场售价的秩和 $W=1+2+4=7$。④由于$W<E(T)=3\times(3+5+1)/2=13.5$，根据给定的秩和的分布临界值，由于$W$小于临界值8，故拒绝$H_0$。

表 5-18　商场售价的秩

15	**35**	45	**51**	60	79	80	89
1	2	3	4	5	6	7	8

6. 解：秩和检验法的检验步骤如下。①建立假设。H_0：两种方法的成绩分布无差异。H_1：两种方法的成绩分布有差异。②将两组数据混合排列，得到混合样本，求秩，如表 5-19 所示，得检验统计量为$T=30$。③由于$E(T)=27.5<T=30$，故求得$p=2\left[1-F(T)\right]$，若$p \leqslant 0.05$，则拒绝 H_0，否则不能拒绝 H_0；或查表得临界值$T_{0.975}$，若$T_{0.975} \leqslant T=30$，则拒绝 H_0，否则不能拒绝 H_0。

表 5-19　训练成绩的秩

组别	B	A	B	A	B	A	B	A	B	A
成绩/分	65	70	76	80	82	85	88	90	93	96
秩	1	2	3	4	5	6	7	8	9	10
A 的秩		2		4		6		8		10

7. 解：秩和检验法的检验步骤如下。①建立假设。H_0：总体 X 和 Y 具有相同的分布。H_1：总体 X 和 Y 具有不同的分布。②将两组数据混合排列，得到混合样本，求得秩如表 5-20 所示，故检验统计量为$T=23$。③因$E(T)=25$，求得$p=2F(T)$，其中$T=23$，或查表得临界值$T_{\alpha/2}$。④若$p \leqslant 0.05$，则拒绝 H_0，否则不能拒绝 H_0；或者若临界值$T_{\alpha/2} \geqslant T=23$，则拒绝 H_0，否则不能拒绝 H_0。

表 5-20　计算题 7 中总体 *X* 和 *Y* 的秩

X	9		17	22		34			64
秩	1		3	4		6			9
Y		11			26		53	58	
秩		2			5		7	8	

8. 解：秩和检验法的检验步骤如下。①建立假设。H_0：总体 X 和 Y 具有相同的分布。H_1：总体 X 和 Y 具有不同的分布。②将两组数据混合排列，得到混合样本，求秩，如表 5-21 所示，故检验统计量为$T=27$。③对$\alpha=0.05$，$n=6$，$m=4$，查表得临界值$T_{0.025}=24$，由于$E(T)=\dfrac{n(n+m+1)}{2}=33$且$24<T=27$，因此不能拒绝 H_0，即认为总体 X 和 Y 具有相同的分布。

表 5-21　计算题 8 中总体 *X* 和 *Y* 的秩

X	4	8		17	23		28	34		
秩	1	2		4	5		7	8		
Y			11			25			35	42
秩			3			6			9	10

9. 解：列联表独立性检验的检验步骤如下。①建立假设。H_0：高血压与体重独立。H_1：高血压与体重不独立。②计算得到期望频数表如表 5-22 所示，因所有的期望频数都

大于 5，可计算检验统计量为

$$\chi^2=\frac{(18-20)^2}{18}+\frac{(24-30)^2}{24}+\frac{(18-10)^2}{18}+\frac{(42-40)^2}{42}+\frac{(56-50)^2}{56}+\frac{(42-50)^2}{42}=7.54$$

③基于自由度为 2 的 χ^2 分布求 p 值为 0.0231。④由于 $p<\alpha$，则拒绝 H_0。

表 5-22 高血压与体重的期望频数

患者情况	超重	偏重	正常	合计
高血压患者	(60×60)/200 = 18	(60×80)/200 = 24	(60×60)/200 = 18	60
非高血压患者	(140×60)/200 = 42	(140×80)/200 = 56	(140×60)/200 = 42	140
合计	60	80	60	200

10. 解：列联表独立性检验的检验步骤如下。①建立假设。H_0：收入与学历独立。H_1：收入与学历不独立。②计算得到期望频数表如表 5-23 所示，因所有的期望频数都大于 5，可计算检验统计量为

$$\chi^2=\frac{(22-14.7)^2}{14.7}+\frac{(20-27.3)^2}{27.3}+\frac{(13-20.3)^2}{20.3}+\frac{(45-37.7)^2}{37.7}=9.62$$

③基于自由度为 1 的 χ^2 分布计算 p 值为 0.0019。④由于 $p<\alpha$，则拒绝 H_0。

表 5-23 收入与学历的期望频数

收入水平	本科及以上	专科及以下	合计
高收入	(42×35)/100 = 14.7	(42×65)/100 = 27.3	42
低收入	(58×35)/100 = 20.3	(58×65)/100 = 37.7	58
合计	35	65	100

11. 解：列联表独立性检验的检验步骤如下。①建立假设。H_0：购买习惯与收入独立。H_1：购买习惯与收入不独立。②可得期望频数表如表 5-24 所示，因所有的期望频数都大于 5，可计算检验统计量为

$$\chi^2=\frac{(112-102)^2}{102}+\frac{(58-68)^2}{68}+\frac{(8-18)^2}{18}+\frac{(22-12)^2}{12}=16.34$$

③基于自由度为 1 的 χ^2 分布求 p 值为 5.3×10^{-5}。④由于 $p<\alpha$，则拒绝 H_0。

表 5-24 购买习惯和收入的期望频数

购买习惯	高收入	低收入	合计
购买	(170×120)/200 = 102	(170×80)/200 = 68	170
不购买	(30×120)/200 = 18	(30×80)/200 = 12	30
合计	120	80	200

12. 解：列联表独立性检验的检验步骤如下。①建立假设。H_0：地区和原料等级之间相互独立（不存在相关关系）。H_1：地区和原料等级之间不独立（存在相关关系）。②确定期望频数 e_{ij}，如表 5-25 所示，因所有的期望频数都大于 5，可计算检验统计量

$\chi^2=\sum_{i=1}^{3}\sum_{j=1}^{3}\frac{\left(f_{ij}-e_{ij}\right)^2}{e_{ij}}=\frac{20}{3}=6.67$。③基于自由度为 4 的 χ^2 分布计算 p 值为 0.1546。④由于 $p>0.05$，不能拒绝 H_0。

表 5-25 地区和原料等级的期望频数

地区	一级	二级	三级	合计
甲	(30×60)/100 = 18	(40×60)/100 = 24	(30×60)/100 = 18	60
乙	(30×20)/100 = 6	(40×20)/100 = 8	(30×20)/100 = 6	20
丙	(30×20)/100 = 6	(40×20)/100 = 8	(30×20)/100 = 6	20
合计	30	40	30	

13. 解：秩和检验法的检验步骤如下。①建立假设。H_0：两种产品的寿命分布一致。H_1：两种产品的寿命分布不一致。②将两组数据混合排列，得到混合样本，求秩，如表 5-26 所示。故检验统计量为 T=30。③由于 $E(T)$=27.5＜T=30，故求得 p =2[1–$F(T)$]，若 p≤0.05，则拒绝 H_0，否则不能拒绝 H_0；或查表得临界值 $T_{0.975}$，若 $T_{0.975}\leq T$=30，则拒绝 H_0，否则不能拒绝 H_0。

表 5-26 两种产品寿命的秩

组别	B	A	B	A	B	A	B	A	B	A	求和
寿命时间	6520	7310	7650	8040	8236	8546	8871	9053	9312	9655	
秩	1	2	3	4	5	6	7	8	9	10	
A 的秩		2		4		6		8		10	30

14. 解：符号检验法的检验步骤如下。①建立假设。H_0：M=80。H_1：$M\neq 80$。②将各个数字与 80 相比，得表 5-27 中的符号。③计算得到标记了“+”号和“–”号的样本总数为 $m=11$，其中“+”号的个数为 $S^+=7$，$S^-=4$，$S=\min\{S^-,S^+\}=4$。④计算 p 值可得 $p=2\times\sum_{i=0}^{S}C_m^i\times 0.5^m$ 或 $p=2\times\sum_{i=S^+}^{m}C_m^i\times 0.5^m$。⑤若 p≤0.05，则拒绝 H_0，否则不拒绝 H_0。

表 5-27 12 名本科生应用统计学课程成绩的符号

成绩/分	66	70	77	79	80	83
符号	–	–	–	–		+
成绩/分	85	87	89	92	94	97
符号	+	+	+	+	+	+

第 6 章　方差分析与试验设计

6.1　学 习 指 导

本章的知识结构如表 6-1 所示。

表 6-1　方差分析与试验设计的知识结构

<table>
<tr><th>章节</th><th>知识点</th><th colspan="5">内容</th></tr>
<tr><td rowspan="6">方差分析的基本概念和原理</td><td rowspan="2">方差分析的适用性</td><td colspan="5">解决分类变量对数值型变量是否有显著性影响的方法</td></tr>
<tr><td colspan="5">与两两比较假设检验的对比</td></tr>
<tr><td>相关概念</td><td colspan="5">因素或因子、观测值、交互作用</td></tr>
<tr><td>按因素个数分类</td><td colspan="5">单因素方差分析、双因素方差分析、多因素方差分析</td></tr>
<tr><td>基本假设</td><td colspan="5">正态性、方差齐性、独立性</td></tr>
<tr><td>基本原理</td><td colspan="5">总平方和分解、科克伦（Cochran）定理</td></tr>
<tr><td rowspan="8">单因素方差分析</td><td rowspan="2">模型</td><td colspan="5">表示</td></tr>
<tr><td>按水平取值是否随机分类</td><td colspan="4">固定效应、随机效应</td></tr>
<tr><td>方差齐性的检验</td><td colspan="5"></td></tr>
<tr><td rowspan="4">分析</td><td colspan="5">提出假设</td></tr>
<tr><td colspan="5">构造检验统计量</td></tr>
<tr><td>统计决策</td><td colspan="4">单因素方差分析表</td></tr>
<tr><td colspan="5">参数估计</td></tr>
<tr><td>多重比较</td><td colspan="5">注意是先方差分析，再多重比较</td></tr>
<tr><td rowspan="9">双因素方差分析</td><td>模型</td><td>按是否存在交互作用</td><td colspan="3">无交互作用、有交互作用</td><td>模型表示</td></tr>
<tr><td rowspan="8">分析</td><td rowspan="4">无交互双因素方差分析</td><td colspan="4">提出假设</td></tr>
<tr><td colspan="4">构造检验统计量</td></tr>
<tr><td>统计决策</td><td colspan="3">无交互双因素方差分析表</td></tr>
<tr><td colspan="4">参数估计</td></tr>
<tr><td rowspan="4">有交互双因素方差分析</td><td colspan="4">提出假设</td></tr>
<tr><td colspan="4">构造检验统计量</td></tr>
<tr><td>统计决策</td><td colspan="3">有交互双因素方差分析表</td></tr>
<tr><td colspan="4">参数估计</td></tr>
<tr><td rowspan="6">试验设计</td><td>相关概念</td><td colspan="5">响应变量、因素或因子、试验单元</td></tr>
<tr><td>基本原则</td><td colspan="5">随机化、重复、区组化</td></tr>
<tr><td rowspan="4">方法</td><td colspan="5">完全随机化设计</td></tr>
<tr><td colspan="5">随机化完全区组设计</td></tr>
<tr><td rowspan="2">因子设计</td><td colspan="4">完全因子设计</td></tr>
<tr><td colspan="2">部分因子设计</td><td colspan="2">正交试验设计、均匀试验设计</td></tr>
</table>

学习要点如图 6-1 所示。

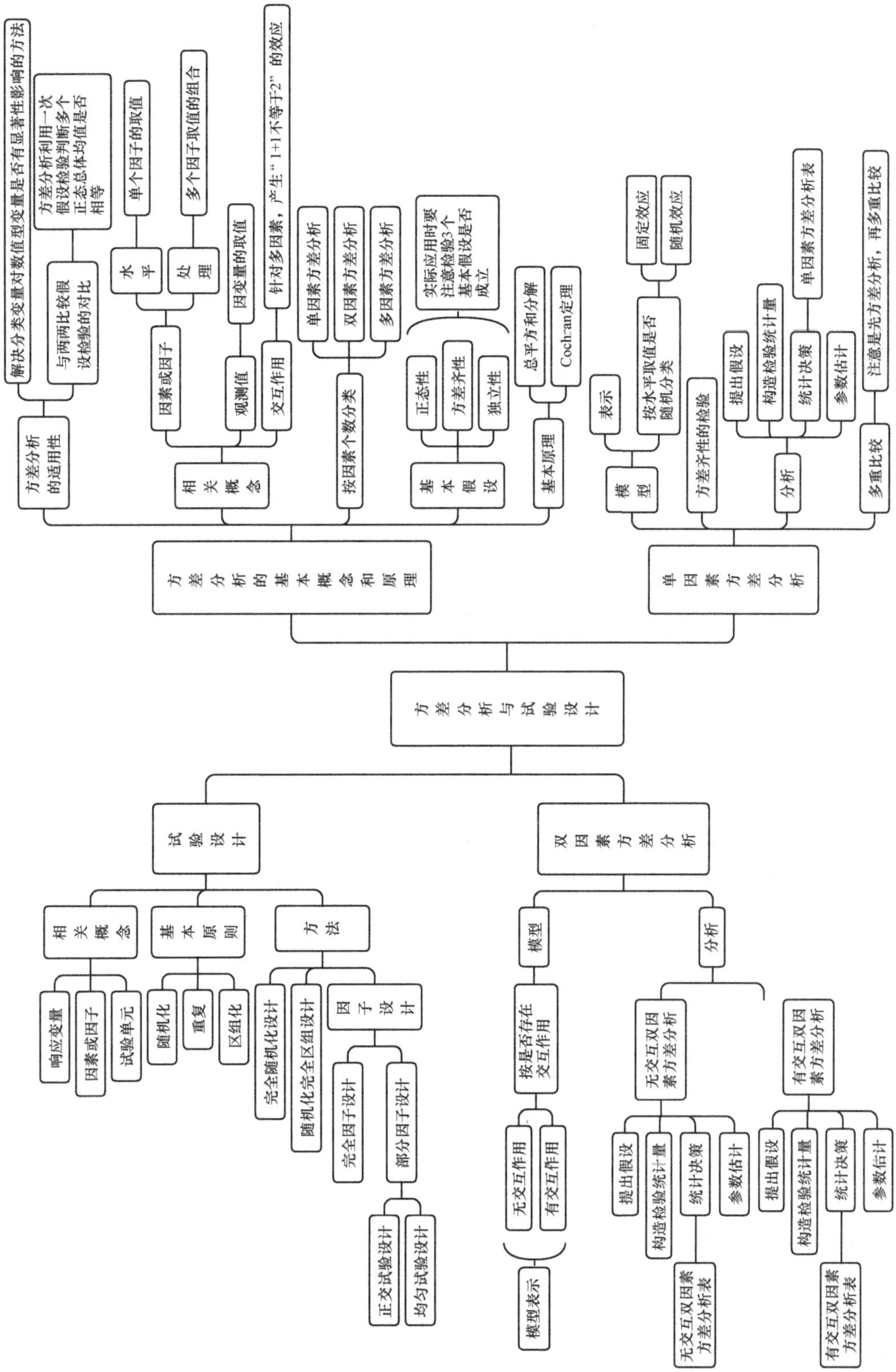

图 6-1　方差分析与试验设计的学习要点

6.2 软件操作

本节针对教材第 6 章中的各个例题，给出软件编程代码。由于方差分析非常重要，本节同时给出 Python 和 MATLAB 编程分析的代码。

6.2.1 单因素方差分析

教材中的“例 6-3”，反映了单因素方差分析的计算问题。对于这一问题，相应的 Python 代码如下。

```
#读入 pandas 库并重命名为 pd
import pandas as pd
#从 statsmodels 库中读入相关库
from statsmodels.formula.api import ols
from statsmodels.stats.anova import anova_lm
#定义数据，每个样本都按照（水平，观测值）的格式
data =pd.DataFrame({'促销方式': ['普通销售', '普通销售', '普通销售', '普通销售', '广告宣传', '广告宣传', '广告宣传', '广告宣传', '买一送一', '买一送一', '买一送一', '买一送一'], '月销售额': [12.5, 15.4, 11.8, 13.2, 13.1, 14.7, 12.3, 13.6, 18.2, 17.1, 16.5, 16.2]})
#定义单因素方差分析模型
model = ols(formula='月销售额~C(促销方式)', data = data).fit()
#调用方差分析函数进行单因素方差分析
one_way = anova_lm(model)
#输出结果
print(one_way)
```

其中方差分析表中的结果可通过 model 中的 centered_tss（总平方和）、ssr（组内平方和）、df_mode（组间平方和的自由度）、df_resid（组内平方和的自由度）、mse_mode（组间均方）、mse_resid（组内均方）、fvalue（F 检验统计量）、f_pvalue（p 值）等调用。

将所需的数据集整理为 Excel 文件，命名为“第 6 章.xlsx”，并将 sheet 表名改为“表 6-1”，数据格式如表 6-2 所示。

表 6-2　不同促销方式下的月销售额（单位：万元）

促销方式	月销售额			
	1 月	2 月	3 月	4 月
普通销售	12.5	15.4	11.8	13.2
广告宣传	13.1	14.7	12.3	13.6
买一送一	18.2	17.1	16.5	16.2

教材中的“表 6-7　各促销方式下月销售额的单因素方差分析表”和“表 6-8　各促销方式下月销售额的均值和置信水平 0.95 下的置信区间”，给出了单因素方差分析表的计算结果和参数估计结果。利用 Excel 文件“第 6 章.xlsx”中的 sheet 表“表 6-1”，相应的 MATLAB 代码如下。

```
%%%%自编函数，用于单因素方差分析
function [mean_treat, mean_data, SST, SSTR, SSE, MSTR, MSE, F, F_crit, p_value,...
   var_interval, u_interval] = ANOVA_random_equal_size( pre_data, alpfa)

   %%% 样本里每行是一个水平
   %%% 假定每个水平等样本容量
   % 各种均值
   mean_treat = mean(pre_data,2);
   mean_data = mean(mean_treat);
   %求水平数
   r = size(pre_data,1);
   %水平下样本量
   n = size(pre_data,2);
   %求各平方和
   SST = sum(sum((pre_data - mean_data).^2));
   SSTR = n *sum((mean_treat -mean_data).^2);
   SSE = SST - SSTR;
   %求自由度
   f_E =(n-1) *r;
   %求均方
   MSTR = SSTR /(r-1);
   MSE = SSE /f_E;
   %求检验统计量
   F = MSTR/MSE;
   %求临界值
   F_crit =finv(1-alpfa,r-1,f_E);
   %求 p 值
   p_value = 1 - fcdf(F,r-1,f_E);
   % 方差的置信区间
   var_interval =[SSE /chi2inv(1-alpfa/2, f_E), SSE/chi2inv(alpfa/2, f_E)];
  % 各均值的置信区间
  u_interval =cat(2, mean_treat+tinv(alpfa/2, f_E) *sqrt(SSE /f_E /n),...
     mean_treat-tinv(alpfa/2, f_E) *sqrt(SSE /f_E /n) );
end

%读入数据
x = xlsread('第 6 章.xlsx', '表 6-1');
%调用函数计算
[mean_treat, mean_data, SST, SSTR, SSE, MSTR, MSE, F, F_crit, p_value, var_interval,
u_interval] = ANOVA_random_equal_size( x, 0.05)
```

6.2.2　方差齐性检验

教材中的“例 6-4”，反映了方差齐性的检验问题。对于这一问题，将表 6-2 中的数据集整理为 Excel 文件，命名为“第 6 章.xlsx”并将 sheet 表名改为“表 6-1”，读入这个 Excel 文件中的 sheet 表，相应的 Python 代码如下。

```
#读入 pandas 库并重命名为 pd
import pandas as pd
#读入 scipy 库中的 stats 库
from scipy import stats
#按照单因素方差分析表的格式读入数据
data =pd.read_excel('第 6 章.xlsx', '表 6-1')
```

```
#调用 levene 检验函数
stats.levene(data.iloc[0,:], data.iloc[1,:], data.iloc[2,:])
```

读入 Excel 文件“第 6 章.xlsx”中的 sheet 表“表 6-1”，相应的 MATLAB 代码如下。

```
%%%自编函数，用于 Hartley 方差齐性检验
function [var_max, var_min, F_max] =Hartley_equal_var( pre_data)
    %确定水平数和每个水平下的样本数
    r = size(pre_data,1);
    n = size(pre_data,2);
    %各水平下的样本方差
    all_var =var(pre_data,0,2);
    %求检验统计量
    var_max =max(all_var);
    var_min =min(all_var);
    F_max = var_max /var_min;
end

%读入数据
x = xlsread('第 6 章.xlsx', '表 6-1');
%调用函数计算
[var_max,var_min,F_max]=Hartley_equal_var( x)
```

6.2.3 无交互双因素方差分析

教材中的“例 6-5”，反映了无交互双因素方差分析的计算问题。对于这一问题，相应的 Python 代码如下。

```
#读入 pandas 库并重命名为 pd
import pandas as pd
#从 statsmodels 库中读入相关库
from statsmodels.formula.api import ols
from statsmodels.stats.anova import anova_lm
#定义数据，每个样本都按照（因素 1 水平，因素 2 水平，观测值）的格式
data ={'机床': [1,1,1,1,2,2,2,2,3,3,3,3], '工人': ['甲','乙','丙','丁','甲','乙','丙','丁','甲','乙','丙','丁'], '日产量': [50,47,47,53,63,54,57,58,52,42,41,48]}
#定义无交互双因素方差分析模型
model = ols(formula='日产量~C(机床) + C(工人)', data = data).fit()
#调用方差分析函数进行无交互双因素方差分析
two_way_without = anova_lm(model)
#输出结果
print(two_way_without)
```

其中方差分析表中的结果可通过 model 中的 centered_tss（总平方和）、ssr（组内平方和）、mse_resid（组内均方）等调用。

将所需的数据集整理为 Excel 文件，命名为“第 6 章.xlsx”，并将 sheet 表名改为“表 6-12”，数据格式如表 6-3 所示。

表 6-3　工人和机床的日产量数据（单位：个）

机床	甲	乙	丙	丁
1	50	47	47	53
2	63	54	57	58
3	52	42	41	48

教材中的“表 6-13　无交互作用双因素方差分析的样本均值”、“表 6-14　机床和工人对日产量的无交互作用双因素方差分析表”和“表 6-15　无交互作用双因素方差分析的均值估计”，给出了无交互双因素方差分析表的计算结果和参数估计结果。利用 Excel 文件“第 6 章.xlsx”中的 sheet 表“表 6-12”，相应的 MATLAB 代码如下。

```
%%%自编函数，用于无交互双因素方差分析
function [mean_block, mean_treat, mean_data, SST, SSTR, SSBL, SSE, MSTR, MSBL, MSE,
F_TR, p_value_TR, F_BL, p_value_BL, F_crit_TR, F_crit_BL, mean_AB, u_interval]
=ANOVA_block(data, alpfa)
    %%%行是因素列是区组
    % 各种均值
    mean_block = mean(data);
    mean_treat = mean(data,2);
    mean_data = mean(mean_treat);
    %因素水平数
    k = size(data,1);
    %区组数
    b = size(data,2);
    %各种平方和
    SST = sum(sum((data -mean_data).^2));
    SSTR = b*sum((mean_treat -mean_data).^2);
    SSBL = k*sum((mean_block -mean_data).^2);
    SSE = SST - SSTR - SSBL;
    %自由度
    f_E =(k-1)*(b-1);
    %均方
    MSTR = SSTR/(k-1);
    MSBL = SSBL/(b-1);
    MSE = SSE/f_E;
    %行因素的检验统计量、p 值和临界值
    F_TR = MSTR/MSE;
    p_value_TR = 1 - fcdf(F_TR, k-1, f_E);
    F_crit_TR =finv(1-alpfa, k-1, f_E);
    %列因素的检验统计量、p 值和临界值
    F_BL = MSBL/MSE;
    p_value_BL = 1 - fcdf(F_BL, b-1, f_E);
    F_crit_BL =finv(1-alpfa, b-1, f_E);
    % 参数置信区间
    n_E =(p_value_TR <alpfa)*(k-1)+(p_value_BL <alpfa)*(b-1);
    n_E =k*b/(1+n_E);
    mean_AB =repmat(mean_treat, 1, b) +repmat(mean_block, k, 1) -mean_data;
    u_interval =cat(2, mean_AB +tinv(alpfa/2,f_E) *sqrt(SSE/f_E/n_E),...
      mean_AB -tinv(alpfa/2, f_E) *sqrt(SSE/f_E/n_E) );
end

%读入数据
x = xlsread('第 6 章.xlsx','表 6-12');
```

```
%调用函数计算
[mean_block, mean_treat, mean_data, SST, SSTR, SSBL, SSE, MSTR, MSBL, MSE, F_TR, p_value_TR, F_BL, p_value_BL, F_crit_TR, F_crit_BL, mean_AB, u_interval] =ANOVA_block(x, 0.05)
```

6.2.4 有交互双因素方差分析

教材中的“例 6-6”，反映了有交互双因素方差分析的计算问题。对于这一问题，相应的 Python 代码如下。

```
#读入 pandas 库并重命名为 pd
import pandas as pd
#从 statsmodels 库中读入相关库
from statsmodels.formula.api import ols
from statsmodels.stats.anova import anova_lm
#定义数据，每个样本都按照（因素 1 水平，因素 2 水平，观测值）的格式
data ={'燃烧剂':[1,1,1,1,1,1,2,2,2,2,2,2,3,3,3,3,3,3,4,4,4,4,4,4],
    '氧化剂':[1,1,2,2,3,3,1,1,2,2,3,3,1,1,2,2,3,3,1,1,2,2,3,3],
    '射程':[58.2, 52.6, 56.2, 41.2, 65.3, 60.8, 49.1, 42.8, 54.1, 50.5, 51.6, 48.4, 60.1, 58.3, 70.9, 73.2, 39.2, 40.7, 75.8, 71.5, 58.2, 51, 48.7, 41.4]}
#定义有交互双因素方差分析模型
model = ols(formula='射程~C(燃烧剂)+C(氧化剂)+C(燃烧剂):C(氧化剂)', data = data).fit()
#调用方差分析函数进行有交互双因素方差分析
two_way_with = anova_lm(model)
#输出结果
print(two_way_with)
```

其中方差分析表中的结果可通过 model 中的 centered_tss（总平方和）、ssr（组内平方和）、mse_resid（组内均方）等调用。

将所需的数据集整理为 Excel 文件，命名为“第 6 章.xlsx”，并将 sheet 表名改为“表 6-2”，数据格式如表 6-4 所示。

表 6-4 火箭射程试验数据（单位：千米）

燃烧剂	氧化剂 1	氧化剂 1	氧化剂 2	氧化剂 2	氧化剂 3	氧化剂 3
燃烧剂 1	58.2	52.6	56.2	41.2	65.3	60.8
燃烧剂 2	49.1	42.8	54.1	50.5	51.6	48.4
燃烧剂 3	60.1	58.3	70.9	73.2	39.2	40.7
燃烧剂 4	75.8	71.5	58.2	51	48.7	41.4

教材中的“表 6-19 燃烧剂和氧化剂的有交互作用双因素方差分析表”和“表 6-20 有交互作用双因素方差分析的均值估计”，给出了有交互双因素方差分析表的计算结果和参数估计结果。利用 Excel 文件“第 6 章.xlsx”中的 sheet 表“表 6-2”，相应的 MATLAB 代码如下。

```
%%% 自编函数，用于有交互双因素方差分析
function [mean_A, mean_B, mean_AB, mean_data, SST ,SSA ,SSB ,SSAB ,SSE,...
   MSA, MSB, MSAB, MSE, F_A, F_B, F_AB, p_value, F_crit, u_interval] =...
   ANOVA_two_withinter( data, n_repeat, alpfa)
```

```
    %%% 行为因素 A 列为因素 B
    % 因素 A 水平数
    n_A = size(data, 1);
    % 因素 B 水平数
    n_B = size(data, 2) /n_repeat;
    %%% 各种均值
    % 因素 A 的均值
    mean_A = mean(data, 2);
    % 总均值
    mean_data = mean(mean_A);
    % 因素 A 和 B 的均值
    data_AB = zeros(n_A, n_B);
    for i = 1 : n_repeat
       data_AB = data_AB + data(:, i :n_repeat :(n_B-1)*n_repeat+i);
    end
    mean_AB = data_AB /n_repeat;
    % 因素 B 均值
    mean_B = mean(data_AB) /n_repeat;
    % 各种平方和
    SSE = 0;
    for i = 1 : n_repeat
       temp = (data(:,i :n_repeat :(n_B-1)*n_repeat+i) - mean_AB).^2;
       SSE = SSE + sum(sum( temp));
    end
    SSA = n_B *n_repeat *sum((mean_A -mean_data).^2);
    SSB = n_A *n_repeat *sum((mean_B -mean_data).^2);
    SST = sum(sum((data -mean_data).^2));
    SSAB = SST - SSA - SSB - SSE;
    % 求自由度
    f_E =n_A *n_B *(n_repeat-1);
    % 求均方
    MSA = SSA/(n_A-1);
    MSB = SSB/(n_B-1);
    MSAB = SSAB/(n_A-1)/(n_B-1);
    MSE = SSE/f_E;
    %求检验统计量、p 值
    F_A = MSA/MSE;
    F_B = MSB/MSE;
    F_AB = MSAB/MSE;
    p_value = 1-fcdf([F_A, F_B, F_AB], [n_A-1, n_B-1, (n_A-1)*(n_B-1)], f_E *ones(1,3));
    F_crit =finv(1-alpfa, [n_A-1, n_B-1, ( n_A-1)*(n_B-1)], f_E*ones(1,3));

    % 参数置信区间
    n_E =n_A *size(data,2)/(1+n_A-1+n_B-1+(n_A-1)*(n_B-1) );
    u_interval =cat(2, mean_AB +tinv( alpfa/2,f_E) *sqrt(SSE/f_E/n_E),...
      mean_AB -tinv(alpfa/2,f_E)*sqrt(SSE/f_E/n_E));
end

%读入数据
x = xlsread('第 6 章.xlsx','表 6-2');
%调用函数计算
[mean_A, mean_B, mean_AB,mean_data, SST, SSA, SSB, SSAB, SSE, MSA, MSB, MSAB, MSE, F_A,
F_B, F_AB, p_value, F_crit, u_interval] = ANOVA_two_withinter( x, 2, 0.05)
```

6.3 习　　题

6.3.1 单项选择题

1. 方差分析的主要目的是判断____。

A. 各总体是否存在方差

B. 各样本数据之间是否有显著差异

C. 分类型自变量对数值型因变量的影响是否显著

D. 分类型因变量对数值型自变量的影响是否显著

2. 方差分析是检验____。

A. 多个正态总体方差是否相等的统计方法

B. 多个正态总体均值是否相等的统计方法

C. 多个总体方差是否相等的统计方法

D. 多个总体均值是否相等的统计方法

3. 在方差分析中，涉及的两个变量____。

A. 都是自变量

B. 都是因变量

C. 一个分类型自变量和一个数值型因变量

D. 一个数值型自变量和一个分类型自变量

4. 在方差分析中，所要检验的对象称为____。

A. 因子　　B. 方差　　C. 处理　　D. 观测值

5. 在方差分析中，所要检验的对象称为因子，因子的不同表现称为____。

A. 因素　　B. 方差　　C. 水平　　D. 观测值

6. 在方差分析中，每个因子下得到的样本数据称为____。

A. 因素　　B. 方差　　C. 处理　　D. 观测值

7. 下列哪个选项不属于方差分析的基本假设____。

A. 每个总体的响应变量服从正态分布

B. 响应变量的方差对所有总体都是相同的

C. 所有的观测值相互独立

D. 每个总体的响应变量服从 t 分布

8. 在单因素方差分析中，数据的误差是用平方和来表示的。其中，反映各个水平的样本均值之间误差大小的平方和称为____。

A. 总方差　　B. 组内平方和　　C. 组间平方和　　D. 总平方和

9. 在方差分析中，如果拒绝原假设，则意味着____。

A. 所检验的各总体均值之间不全相等

B. 所检验的各总体均值之间全不相等

C. 所检验的各样本均值之间不全相等

D. 所检验的各样本均值之间全不相等

10. 双因素方差分析涉及____。

A. 两个分类型自变量　　B. 两个数值型自变量

C. 两个分类型因变量　　D. 两个数值型因变量

11. 在方差分析中，在原假设为真时，用于检验的统计量服从____分布。

A. χ^2 分布　　B. t 分布　　C. 正态分布　　D. F 分布

12. 下列哪项不属于试验设计的基本原则？____

A. 随机化　　B. 重复　　C. 全面性　　D. 区组化

13. 一名工程师提出三种不同的产品装配方法，为考察各种方法装配数量的差异，随机选取了 30 名工人，并给他们随机指派三种装配方法中的一种，使每种方法有 10 名工人。这种试验设计方法没有体现试验设计中的哪个原则？____

A. 随机化　　B. 区组化　　C. 重复

14. 下列哪个选项不属于试验设计的基本原则？____

A. 随机化

B. 在相同条件下选用不同试验单元进行重复试验

C. 区组化

D. 在相同条件下对同一试验结果进行重复测量

15. 先将试验单元划分为若干同质组，再将各种处理随机地指派给各个组，这样的试验设计称为____。

A. 完全随机化设计　　B. 随机化完全区组设计　　C. 因子设计

16. 一名工程师提出三种不同的产品装配方法，为考察每种方法的装配数量，随机选取 30 名工人，并给他们随机地指派三种方法中的一种，使每种方法有 10 名工人，并记录下装配产品的数量，这种试验设计属于____。

A. 完全随机化设计　　B. 随机化完全区组设计　　C. 因子设计

17. 在随机化完全区组设计中，下列哪个变量可视为区组变量？____

A. 可控，且不感兴趣的变量　　B. 不可控，且感兴趣的变量

C. 可控，且感兴趣的变量　　D. 不可控，且不感兴趣的变量

18. 两个或多个因素的搭配试验设计称为____。

A. 完全随机化设计　　B. 随机化完全区组设计　　C. 因子设计

19. 关于方差分析与试验设计，下列说法不正确的是____。

A. 完全随机化设计要求将每一种处理随机地指派给各个试验单元

B. 单因素方差分析通过假设检验判断多个总体的均值是否相等

C. 单因素方差分析将总平方和分解为组间平方和与组内平方和

D. 区组是为了降低会影响结果且感兴趣的变量对分析结论正确性的影响

20. 关于方差分析与试验设计，下列说法中不正确的是____。

A. 方差分析是判断分类型自变量对数值型因变量是否有显著性影响的方法

B. 在双因素方差分析中，在因子不同水平组合下进行重复试验，可以分析因子之间

的交互作用是否对总体均值产生显著性影响

C. 组内平方和可以反映各个水平的样本均值之间的偏差

D. 试验设计的基本原则包括随机化、重复和区组化

21. 关于方差分析与试验设计，下列说法错误的是____。

A. 单因素方差分析通过一次假设检验判断多个正态总体的均值是否全部相等

B. 对单因素方差分析，构建原假设是多个正态总体的均值全部相等，备择假设是多个正态总体的均值全部不相等

C. 方差分析的一个基本假定是各正态总体的方差是相等的

D. 区组化是试验设计的基本原则之一，主要目的是分离不感兴趣但会影响试验结果的变量对误差项的影响

22. 关于方差分析与试验设计，下列说法正确的是____。

A. 方差分析方法并不要求每个总体的响应变量都服从正态分布

B. 单因素方差分析主要研究一个数值型变量的取值变化是否会对观测变量产生显著性影响

C. 对双因素方差分析，只能分析各因子的主效应，不能分析各因子的交互效应

D. 随机化、重复、区组化是试验设计的三个基本原则

6.3.2 判断题

若说法正确则答案为 T，反之为 F。

1. 方差分析假定响应变量都服从正态分布。（ ）
2. 方差分析假定各个观测值是相互独立的。（ ）
3. 方差分析假定响应变量（因变量）的方差都是 0。（ ）
4. 方差分析假定各个总体的响应变量的方差是相同的。（ ）
5. 在方差分析中，衡量同一水平下样本数据的差异称为组内平方和。（ ）
6. 在方差分析中，衡量不同水平下样本数据之间的差异称组间平方和。（ ）
7. 均方的计算是平方和除以相应的自由度。（ ）
8. 单因素方差分析主要研究一个控制变量的水平变化是否显著影响观测变量的取值。（ ）
9. 对双因子试验的样本数据，可利用方差分析法分析不同因子之间的交互效应。（ ）
10. 根据双因子试验的样本数据，利用方差分析方法，只能分析各个因子的主效应，不能分析各个因子的交互效应。（ ）
11. 重复是试验设计的基本原则之一。（ ）
12. 在某次导弹命中精度试验时，向靶标发射了一枚导弹，然后对该次试验结果的落点偏差进行了多次测量，这种情况属于重复试验。（ ）
13. 在试验设计中，区组内的试验单元差异相对较小。（ ）
14. 完全随机化试验设计要求将每一种处理随机地指派给各个试验单元。（ ）

15. 在随机化完全区组试验设计中，应尽可能使得区组内的各试验单元具有较大的差异性。（　　）

16. 在双因素方差分析中，为了检验两个因素的交互作用是否对总体均值产生显著性影响，需要在因素的不同水平组合下进行重复试验。（　　）

17. 在试验设计中，随机化完全区组设计要求将每一处理随机地指派给各个区组。（　　）

6.3.3　简答题

1. 试简述方差分析方法的主要作用及其与多总体均值两两比较假设检验的区别。

2. 在方差分析中，数据的差异是用平方和来表示的。请简述总平方和、组间平方和与组内平方和分别反映什么。

3. 方差分析的三个基本假设是什么？

4. 设因素的水平个数为 k，全部观测值的个数为 n，请依次给出总平方和、组间平方和与组内平方和的自由度。

5. 试说明多重比较与多总体均值两两比较的关系。

6. 试说明如何判断两个因子之间是否存在交互作用。

7. 试简述如何判断交互作用是否显著。

8. 对于双因素方差分析，设有 A、B 两个因子，A 有 r 个水平，B 有 s 个水平，在每个水平组合下进行 m 次独立试验。若总平方和为 SST，A、B 的组内平方和分别为 SSA、SSB，交互作用的平方和为 SSAB，请在表 6-5 简单题 8 的有交互作用方差分析表中，参照表中的其他项的写法，将表中写“？”的项替换为具体计算表达式，其中 F 值表示 F 统计量的值。

表 6-5　简答题 8 有交互作用的方差分析表

变异源	平方和	自由度	均方	F 值
组间误差 A	SSA	$f_A = r-1$	$\text{MSA} = \dfrac{\text{SSA}}{f_A}$	?
组间误差 B	SSB	$f_B = s-1$	$\text{MSB} = \dfrac{\text{SSB}}{f_B}$	?
交互作用 $A\times B$	SSAB	?	?	?
组内误差	SSE	$f_E = rs(m-1)$	$\text{MSE} = \dfrac{\text{SSE}}{f_E}$	
总计	SST	$f_T = rsm-1$		

9. 请说明试验设计应遵循的三个基本原则，并说明遵循这些原则的主要目的。

10. 请说明区组的概念以及引入区组的主要目的。

6.3.4　计算题

1. 设在单因素方差分析中，因素有 4 个水平，对于因素的每一个水平各有 6 个独立的观测值。请完成表 6-6 计算题 1 方差分析表中的计算。

表 6-6　计算题 1 的方差分析表

方差来源	平方和	自由度	均方	F	p 值
水平	150				
误差					
总计	230				

2. 针对一个单因素方差分析问题，该因子包含 3 个水平，每个水平下的样本数据如表 6-7 所示。请建立方差分析表，并给出具体计算过程，再检验各个处理的均值是否存在显著性差异（已知检验统计量的 p 值为 0.73，显著性水平取 0.05）。

表 6-7　计算题 2 的方差分析表

水平	样本数据		
1	3	6	9
2	4	7	10
3	5	8	11

3. 设有表 6-8 计算题 3 的单因素方差分析表，请写出表中英文字母所在单元格的数值。

表 6-8　计算题 3 的单因素方差分析表

变异源	平方和	自由度	均方	F 值（F 统计量）
组间误差	A	B	C	E
组内误差	20	10	D	
总计	30	12		

设上述方差分析表中的 F 统计量取值为 x，表 6-9 给出了 $1-F_{(m,n)}(x)$，即自由度为 (m, n) 的 F 分布的概率密度函数在 x 点处的上侧尾部面积。若取显著性水平为 $\alpha = 0.14$，请给出上述方差分析表中 F 统计量对应的 p 值并判断该因素的效应是否显著。

表 6-9　计算题 3 的分位点

	n=8	n=9	n=10	n=11	n=12
m=1	0.1525	0.1483	0.1449	0.1421	0.1398
m=2	0.1434	0.1369	0.1316	0.1273	0.1237
m=3	0.1334	0.1255	0.1190	0.1136	0.1091
m=4	0.1257	0.1167	0.1093	0.1032	0.0981
m=5	0.1197	0.1099	0.1020	0.0953	0.0898

4. 为检验不同品牌电池的数量，质检部门抽检了 3 家生产商生产的五号电池，在每个厂家随机抽取 5 个电池，测得使用寿命（单位：小时）数据如表 6-10 所示，请在显著性水平 0.05 下分析三个生产商生产的平均寿命之间有无显著性差异。

表 6-10　电池的使用寿命

试验号	生产商 A	生产商 B	生产商 C
1	50	32	45
2	50	28	42
3	43	30	38
4	40	34	48
5	39	26	40

5. 针对一个无交互的双因素方差试验，因子 A 和 B 分别有 4 个和 3 个水平，请填写表 6-11 方差分析表中有“x”项的数值，并在显著性水平 0.05 下，利用 p 值检验因子 B 各个水平下的均值之间是否存在显著性差异。

表 6-11　计算题 5 的方差分析表

方差来源	平方和	自由度	均方	F	p 值
因子 A	60	x	x	x	
因子 B	x	x	x	x	x
误差	180	x	x		
总计	360	x			

6. 在进行一个无交互作用的双因素方差分析时，设因子 A 包括 6 个水平，因子 B 包括 3 个水平，每个水平组合下只做一次试验，请补充完善表 6-12 计算题 6 的方差分析表，并在显著性水平 0.05 下检验因子 A 和因子 B 的各个水平对试验结果的影响是否显著。(要求结合下面给出的分位点，基于 p 值法做出明确的检验结论，但不须给出 p 值的具体值)。

表 6-12　计算题 6 的方差分析表

方差来源	平方和	自由度	均方	F	p 值
组间误差（因子 A）	500				
组间误差（因子 B）	100				
组内误差					
总计	700				

已知自由度为(m, n)下 F 分布的分位点值 $F_{0.05}$ 如下：①m=2，n=5，$F_{0.05}$=5.79；②m=5，n=2，$F_{0.05}$=19.3；③m=5，n=10，$F_{0.05}$=3.33；④m=10，n=5，$F_{0.05}$=4.74；⑤m=2，n=10，$F_{0.05}$=4.1；⑥m=10，n=2，$F_{0.05}$=19.4。其中 0.05 是 F 分布分位点 $F_{0.05}$ 右侧的面积，即 $p(x \geqslant F_{0.05}) = 0.05$。

7. 有 4 个品牌的彩电在五个地区销售，为了分析彩电的品牌（因素 A）和销售地区（因素 B）对销售量是否有影响，对每个品牌在各地区的销售量取得表 6-13 中的样本数据。

表 6-13　计算题 7 的销售量数据（单位：台）

因素	B1	B2	B3	B4	B5
A1	365	350	343	340	323
A2	345	368	363	330	333

续表

因素	B1	B2	B3	B4	B5
A3	358	323	353	343	308
A4	288	280	298	260	298

假定品牌和销售地区两个因素对销售量的影响是相互独立的，请给出方差分析结果，并在显著性水平 0.05 下分析品牌和销售地区对彩电的销售量是否有显著影响。

8. 5 种不用品牌（因素 A）的鲜牛奶在不同的商场出售，为研究不同品牌的牛奶销售量是否有差异，随机抽取了 8 家商场（因素 B），记录了一周中各品牌牛奶的销售量数据，如表 6-14 所示。显著性水平取 0.05，请分析品牌和商场对牛奶销售是否有影响。

表 6-14　计算题 8 的销售量数据（单位：升）

因素	B1	B2	B3	B4	B5	B6	B7	B8
A1	71	73	66	69	58	60	70	61
A2	71	78	81	89	78	85	90	84
A3	73	78	76	86	74	80	81	76
A4	73	75	73	80	75	71	73	72
A5	62	66	69	81	60	64	61	57

9. 一次涉及因子 A 的 4 个水平与因子 B 的 3 个水平以及 3 次重复的因子试验，得到的结果为 SST = 280，SSA = 26，SSB = 23，SSAB = 175，在显著性水平 0.05 下，检验因子 A 与 B 的交互作用，其中 H_0：A 与 B 的交互作用不显著，请问检验结论是什么。

10. 若一个完全随机化试验包含了 3 个处理，每个处理下各收集到 3 个样本数据，具体数据如表 6-15 所示。请建立方差分析表，并给出具体计算过程，再检验各个处理的均值是否存在显著性差异（显著性水平取 0.05）。

表 6-15　计算题 10 的样本数据

水平	样本数据 1	样本数据 2	样本数据 3
1	30	60	90
2	40	70	100
3	50	80	110

11. 在一次单因子完全随机化试验设计中，因子有 5 个水平，对于因子的每一个水平有 7 个试验单元。已知 SST=460，SSA=300，请完成方差分析表的计算。

12. 若一个随机化完全区组试验包含了 3 个水平和 3 个区组，收集到的样本数据如表 6-16 所示。请检验各个处理的样本数据之间是否存在显著性差异（显著性水平取 0.05）。

表 6-16　计算题 12 的样本数据

区组	水平 1	水平 2	水平 3
1	4	5	6
2	3	10	5
3	5	3	4

13. 若一个随机化完全区组设计包含了 11 个水平和 3 个区组，每个区组和水平下只有 1 个样本观测值，根据试验结果计算得到总平方和为 220，不同水平下的误差平方和为 160，不同区组下的误差平方和为 40。请建立方差分析表，并在显著性水平 0.05 下给出各个水平之间是否存在显著性差异的检验过程和结论。

14. 设有表 6-17 计算题 14 的随机化完全区组设计的方差分析表，请写出表中英文字母所在单元格的数值。若取显著性水平 α=0.14，且已知上述表格中标有字母"H"的值对应的 p 值为 0.465，请说明处理的效应是否显著。

表 6-17　计算题 14 的随机化完全区组设计的方差分析表

变异源	平方和	自由度	均方	F 值
组间误差	A	B	C	H
区组误差	10	2	D	I
组内误差	20	10	E	
总计	40	G		

15. 若一个随机化区组设计包含了 5 个水平和 3 个区组，根据试验结果得到如下数据。SST=440，SSTR=320，SSBL=80。请建立方差分析表，并在显著性水平 0.05 下给出各个水平之间是否存在显著性差异的检验过程。

16. 设有表 6-18 计算题 16 的随机化完全区组设计的方差分析表，请先写出表中英文字母所在单元格的数值。进一步，若取显著性水平 $\alpha = 0.05$，并记表格中标有字母"H"和"I"的 2 个统计量所服从分布的累积概率分布函数分别为 $F_H(x)=P(X\leqslant x)$和 $F_I(x)=P(X\leqslant x)$。已知 $F_H(10) = 0.993$，$F_I(3) = 0.913$，请说明处理的效应是否显著，并给出判断依据。

表 6-18　计算题 16 的随机化完全区组设计的方差分析表

变异源	平方和	自由度	均方	F 值
组间误差	50	B	D	H
区组误差	A	4	E	I
组内误差	10	8	G	
总计	70	C		

17. 在对一个因素开展方差分析时，该因素有 6 个水平，每个水平下有 6 个独立的观测值。已知检验统计量的观测值的累积概率分布函数值为 0.97。请补充表 6-19 计算题 17 的方差分析表中含有字母项的单元格数值，并在显著性水平 $\alpha = 0.05$ 下，判断该因素的水平不同是否会对观测变量产生显著性影响，并给出判断依据。

表 6-19　计算题 17 的方差分析表

变异源	平方和	自由度	均方	F 值	p 值
组间误差	30	B	E	H	I
组内误差	A	C	G		
总计	90	D			

6.4 习题参考答案

6.4.1 单项选择题

1. C；2. B；3. C；4. A；5. C；6. D；7. D；8. C；9. A；10. A；11. D；12. C；13. B；14. D；15. B；16. A；17. A；18. C；19. D；20. C；21. B；22. D

6.4.2 判断题

1. T；2. T；3. F；4. T；5. T；6. T；7. T；8. T；9. T；10. F；11. T；12. F；13. T；14. T；15. F；16. T；17. F

6.4.3 简答题

1. 答：方差分析的主要作用是用于判定分类型变量不同取值情况下对数值型因变量是否有显著性影响。对于多总体均值的比较检验，如果采用两两比较方式，需要比较多次，从而增大犯第一类错误的风险，而方差分析方法只需利用一次假设检验。

2. 答：在方差分析中，总平方和反映的是全部观测值的差异大小，组间平方和反映的是不同水平下样本均值之间的差异大小，组内平方和反映的是同一水平内观测值之间的差异大小。

3. 答：方差分析的三个基本假设如下。①每个总体的响应变量服从正态分布；②每个总体的响应变量的方差都是相同的；③观测值相互独立。

4. 答：总平方和的自由度为 $n-1$，组间平方和的自由度为 $k-1$，组内平方和的自由度为 $n-k$。

5. 答：多重比较是在利用方差分析方法判断因子水平对因变量存在显著性影响后，进一步利用两两比较方法判断是哪些水平对因变量有影响。而多总体均值两两比较是直接对多总体的均值进行两两比较假设检验，此时容易增大犯第一类错误的风险。

6. 答：对于两个因子之间是否存在交互作用的判断问题，可以通过两个因子不同水平组合下的观测值绘图，如果不同处理下观测值曲线存在交叉，说明两个因子之间存在交互作用。

7. 答：对于两个因子之间交互作用是否显著的判断问题，可以在不同因子水平组合下进行重复试验并收集观测值，利用假设检验方法，通过比较交互作用均方与组内均方判断交互作用是否显著。

8. 答：补充有交互作用的方差分析表，如表 6-20 所示。

表 6-20 简答题 8 的方差分析表结果

变异源	平方和	自由度	均方	F 值
组间误差 A				$\frac{\text{MSA}}{\text{MSE}}$

续表

变异源	平方和	自由度	均方	F 值
组间误差 B				$\frac{MSB}{MSE}$
交互作用		$f_{AB}=(r-1)(s-1)$	$MSAB=\frac{SSAB}{f_{AB}}$	$\frac{MSAB}{MSE}$
组内误差				
总计				

9. 答：试验设计应遵循的三个基本原则和目的如下。①随机化原则：主要目的是消除不可控因子或系统干扰因子的影响。②区组化原则：主要目的是减少来自外部的变异和干扰因子的影响。③重复性原则：主要目的是提高对试验随机误差的估计精度。

10. 答：区组是指按照一定的规则把试验单元分成的若干同质的组。引入区组的主要目的是分离不感兴趣的变量对误差项的影响，提高方差分析的检验精度。

6.4.4　计算题

1. 解：方差分析表如表 6-21 所示。

表 6-21　计算题 1 的方差分析表结果

方差来源	平方和	自由度	均方	F	p 值
处理		3	150/3=50	50/4=12.5	7.9×10^{-5}
误差	80	20	80/20=4		
总计		23			

2. 解：建立原假设与备择假设。H_0：各个处理的均值相等。H_1：不相等。其中各水平下的均值分别为(3+6+9)÷3=6、(4+7+10)÷3=7、(5+8+11)÷3=8，样本总均值为(3+6+9+4+7+10+5+8+11)÷9=7 或(6+7+8)÷3=7，建立的方差分析表如表 6-22 所示。

表 6-22　计算题 2 的方差分析表结果

方差来源	平方和	自由度	均方	F	p 值
处理	6	2	3	0.33	0.73
误差	54	6	9		
总计	60	8			

计算得到 F 值后，可基于自由度为(2,6)的 F 分布求 p 值。由于 p 值大于 0.05，不能拒绝 H_0。

3. 解：补充表中英文字母所在单元格的数值为：A 处为 10，B 处为 2，C 处为 5，D 处为 2，E 处为 2.5；p 值为 0.1316，由于 p 值小于 0.14，故认为效应显著。

4. 解：算得生产商 A、B、C 下的均值分别为 44.4、30.0、42.6，样本总均值为 39，可得方差分析表如表 6-23 所示。

表 6-23 计算题 4 的方差分析表结果

差异源	平方和	自由度	均方	F	p 值
组间	615.6	2	307.80	17.07	0.000 31
组内	216.4	12	18.03		
总计	832.0	14			

计算得到 F 值后，可基于自由度为(2,12)的 F 分布求 p 值。由于 p 值小于 0.05，拒绝 H_0，表明三个生产商生产的平均寿命之间有差异。

5. 解：建立原假设与备择假设，H_0：因子 B 各个水平下样本数据无差异；H_1：有差异。补充的方差分析表如表 6-24 所示。

表 6-24 计算题 5 的方差分析表结果

方差来源	平方和	自由度	均方	F	p 值
因子 A		3	20	0.67	
因子 B	120	2	60	2.00	0.22
误差		6	30		
总计		11			

计算得到 F 值后，可基于自由度为(2,6)的 F 分布求 p 值。由于 p 值大于 0.05，不能拒绝 H_0。

6. 解：补充方差分析表如表 6-25 所示。

表 6-25 计算题 6 的方差分析表结果

方差来源	平方和	自由度	均方	F	p 值
组间误差（因子 A）		5	100	10	
组间误差（因子 B）		2	50	5	
组内误差	100	10	10		
总计		17			

针对因子 A 的显著性分析，基于自由度为(5,10)的 F 分布求 p 值，由于 $3.33<10$，所以 p 值小于 0.05，拒绝 H_{0A}；针对因子 B 的显著性分析，基于自由度为(2,10)的 F 分布求 p 值，由于 $4.1<5$，所以 p 值小于 0.05，拒绝 H_{0B}。认为因子 A 和因子 B 的各个水平对试验结果的影响都显著。

7. 解：对因素 A 算得水平 A1、A2、A3、A4 下的均值分别为 344.2、347.8、337、284.8，对因素 B 算得水平 B1、B2、B3、B4、B5 下的均值分别为 339、330.25、339.25、318.25、315.5，样本总均值为 328.45，给出的方差分析表如表 6-26 所示。

表 6-26 计算题 7 的方差分析表结果

差异源	平方和	自由度	均方	F	p 值
A	13 004.55	3	4 334.850	18.107 8	0.000 1
B	2 011.70	4	502.925	2.100 8	0.143 7
误差	2 872.70	12	239.392		
总计	17 888.95	19			

对因素 A 的显著性影响分析，计算得到 F 值后，基于自由度为(3,12)的 F 分布求 p 值，由于 p 值小于 0.05，拒绝 H_{0A}。对因素 B 的显著性影响分析，计算得到 F 值后，基于自由度为(4,12)的 F 分布求 p 值，由于 p 值大于 0.05，不能拒绝 H_{0B}。

8. 解：对因素 A 算得水平 A1、A2、A3、A4、A5 下的均值分别为 66、82、78、74、65，对因素 B 算得各水平下的均值分别为 70、74、73、81、69、72、75、70，样本总均值为 73，构建的方差分析表如表 6-27 所示

表 6-27　计算题 8 的方差分析表结果

差异源	平方和	自由度	均方	F	p 值
行（品牌）	1760	4	440.0000	22.3188	0
列（商场）	520	7	74.2857	3.7681	0.0053
误差	552	28	19.7143		
总计	2832	39			

对因素 A 的显著性影响分析，计算得到 F 值后，基于自由度为(4,28)的 F 分布求 p 值，由于 p 值小于 0.05，拒绝 H_{0A}。对因素 B 的显著性影响分析，计算得到 F 值后，基于自由度为(7,28)的 F 分布求 p 值，由于 p 值小于 0.05，拒绝 H_{0B}。

9. 解：构建的方差分析表如表 6-28 所示。

表 6-28　计算题 9 的方差分析表结果

差异源	平方和	自由度	均方	F	p 值
A	26	3	26/3=8.67		
B	23	2	23/2=11.50		
交互	175	6	175/6=29.17	175/14=12.5	0
组内	56	24	7/3=2.33		
总计	280	35			

计算得到 F 值后，基于自由度为(6,24)的 F 分布求 p 值。由于 p 值小于 0.05，拒绝 H_0。

10. 解：算得水平 1、2、3 下的均值分别为 60、70、80，样本总均值为 70，建立的方差分析表如表 6-29 所示。

表 6-29　计算题 10 的方差分析表结果

方差来源	平方和	自由度	均方	F	p 值
处理	600	2	300	0.33	0.729
误差	5400	6	900		
总计	6000	8			

计算得到 F 值后，基于自由度为(2,6)的 F 分布求 p 值。由于 p 值大于 0.05，则不能拒绝 H_0。

11. 解：方差分析表如表 6-30 所示。

表 6-30　计算题 11 的方差分析表结果

方差来源	平方和	自由度	均方	F	p 值
处理	300	4	300/4=75.00	75/5.33 = 14.07	0
误差	160	30	160/30=5.33		
总计	460	34			

12. 解：算得水平 1、2、3 下的均值分别为 5、6、4，算得区组 1、2、3 下的均值分别为 4、6、5，样本总均值为 5，建立的方差分析表如表 6-31 所示。

表 6-31　计算题 12 的方差分析表结果

方差来源	平方和	自由度	均方	F	p 值
处理	6	2	3	0.5	0.64
区组	6	2	3		
误差	24	4	6		
总计	36	8			

计算得到 F 值后，可基于自由度为(2,4)的 F 分布求 p 值。由于 p 值大于 0.05，则不能拒绝 H_0。

13. 解：建立的方差分析表如表 6-32 所示。

表 6-32　计算题 13 的方差分析表结果

方差来源	平方和	自由度	均方	F	p 值
水平	160	10	16	16	0
区组	40	2	20		
组内	20	20	1		
总计	220	32			

计算得到 F 值后，可基于自由度为(10,20)的 F 分布求 p 值。由于 p 值小于 0.05，拒绝 H_0，故认为各个水平之间存在显著性差异。

14. 解：A 为 10，B 为 5，C 为 2，D 为 5，E 为 2，G 为 17，H 为 1，I 为 2.5。由于 p 值大于 0.14，故认为效应不显著。

15. 解：建立的方差分析表如表 6-33 所示。

表 6-33　计算题 15 的方差分析表结果

方差来源	平方和	自由度	均方	F	p 值
处理	320	4	80	16	0.0007
区组	80	2	40	8	
误差	40	8	5		
总计	440	14			

计算得到 F 值后，基于自由度为(4,8)的 F 分布求得 p 值。由于 p 值小于 0.05，则拒绝 H_0，认为各个水平之间存在显著性差异。

16. 解：A 为 10，B 为 2，C 为 14，D 为 25，E 为 2.5，G 为 1.25，H 为 20，I 为 2。由于 $F_H(20)>F_H(10)=0.993$，故 p 值$=(1-F_H(20))$小于显著性水平，故判断效应显著。

17. 解：A 为 60，B 为 5，C 为 30，D 为 35，E 为 6，G 为 2，H 为 3，I 为 0.03。由于 p 值小于显著性水平，故判断效应显著。

第 7 章 回 归 分 析

7.1 学 习 指 导

本章的知识结构如表 7-1 所示。

表 7-1 回归分析的知识结构

<table>
<tr><th>章节</th><th>知识点</th><th colspan="3">内容</th></tr>
<tr><td rowspan="10">一元线性回归分析</td><td rowspan="2">模型</td><td>变量</td><td colspan="2">因变量、自变量</td></tr>
<tr><td>回归方程</td><td colspan="2">因变量的期望与自变量的回归</td></tr>
<tr><td rowspan="2">求解</td><td>点估计</td><td colspan="2">最小二乘法</td></tr>
<tr><td>点估计的性质</td><td colspan="2"></td></tr>
<tr><td rowspan="4">检验</td><td>线性关系存在性检验</td><td colspan="2">F 检验</td></tr>
<tr><td>回归系数的显著性检验</td><td colspan="2">t 检验</td></tr>
<tr><td>残差分析</td><td colspan="2">学生化残差、残差图</td></tr>
<tr><td>模型的拟合优度检验</td><td colspan="2">判定系数</td></tr>
<tr><td rowspan="2">预测</td><td>点估计</td><td colspan="2"></td></tr>
<tr><td>区间估计</td><td colspan="2">期望值的置信区间估计、预测区间估计</td></tr>
<tr><td rowspan="16">多元线性回归分析</td><td rowspan="3">模型</td><td>变量</td><td colspan="2">因变量、多个自变量</td></tr>
<tr><td>回归方程</td><td colspan="2">因变量的期望与自变量的回归</td></tr>
<tr><td>模型的三个假设</td><td colspan="2"></td></tr>
<tr><td rowspan="2">求解</td><td>点估计</td><td colspan="2">最小二乘法</td></tr>
<tr><td>点估计的性质</td><td colspan="2"></td></tr>
<tr><td rowspan="9">检验</td><td>线性关系的存在性检验</td><td colspan="2">F 检验</td></tr>
<tr><td>回归系数的显著性检验</td><td colspan="2">t 检验、每个系数都需检验</td></tr>
<tr><td>残差分析</td><td colspan="2">学生化残差、残差图</td></tr>
<tr><td>模型的拟合优度检验</td><td colspan="2">复判定系数、调整后的复判定系数</td></tr>
<tr><td rowspan="5">多重共线性问题</td><td colspan="2">概念</td></tr>
<tr><td colspan="2">产生原因</td></tr>
<tr><td colspan="2">影响</td></tr>
<tr><td>诊断</td><td>方差扩大因子法、特征值判别法</td></tr>
<tr><td>消除方法</td><td>向前选择、向后剔除、逐步回归</td></tr>
<tr><td rowspan="2">预测</td><td>点估计</td><td colspan="2"></td></tr>
<tr><td>区间估计</td><td colspan="2">期望值的置信区间估计、预测区间估计</td></tr>
<tr><td rowspan="2">非线性回归分析</td><td>简单非线性回归模型</td><td colspan="3">形式上可以转化为线性回归模型</td></tr>
<tr><td>本质非线性回归模型</td><td colspan="3">不能转化为线性回归模型</td></tr>
<tr><td rowspan="7">Logistic 回归分析</td><td>适用性</td><td colspan="3">因变量是定类变量</td></tr>
<tr><td>模型</td><td colspan="3"></td></tr>
<tr><td rowspan="2">求解</td><td>点估计</td><td colspan="2">极大似然法</td></tr>
<tr><td>点估计的协方差</td><td colspan="2"></td></tr>
<tr><td rowspan="3">检验</td><td>模型的成立性检验</td><td colspan="2">似然比检验法</td></tr>
<tr><td>回归系数的显著性检验</td><td colspan="2">Wald 检验</td></tr>
<tr><td>模型拟合优度检验</td><td colspan="2">Hosmer-Lemeshow 检验</td></tr>
</table>

注：方差扩大因子（variance inflation factor，VIF）

学习要点如图 7-1 所示。

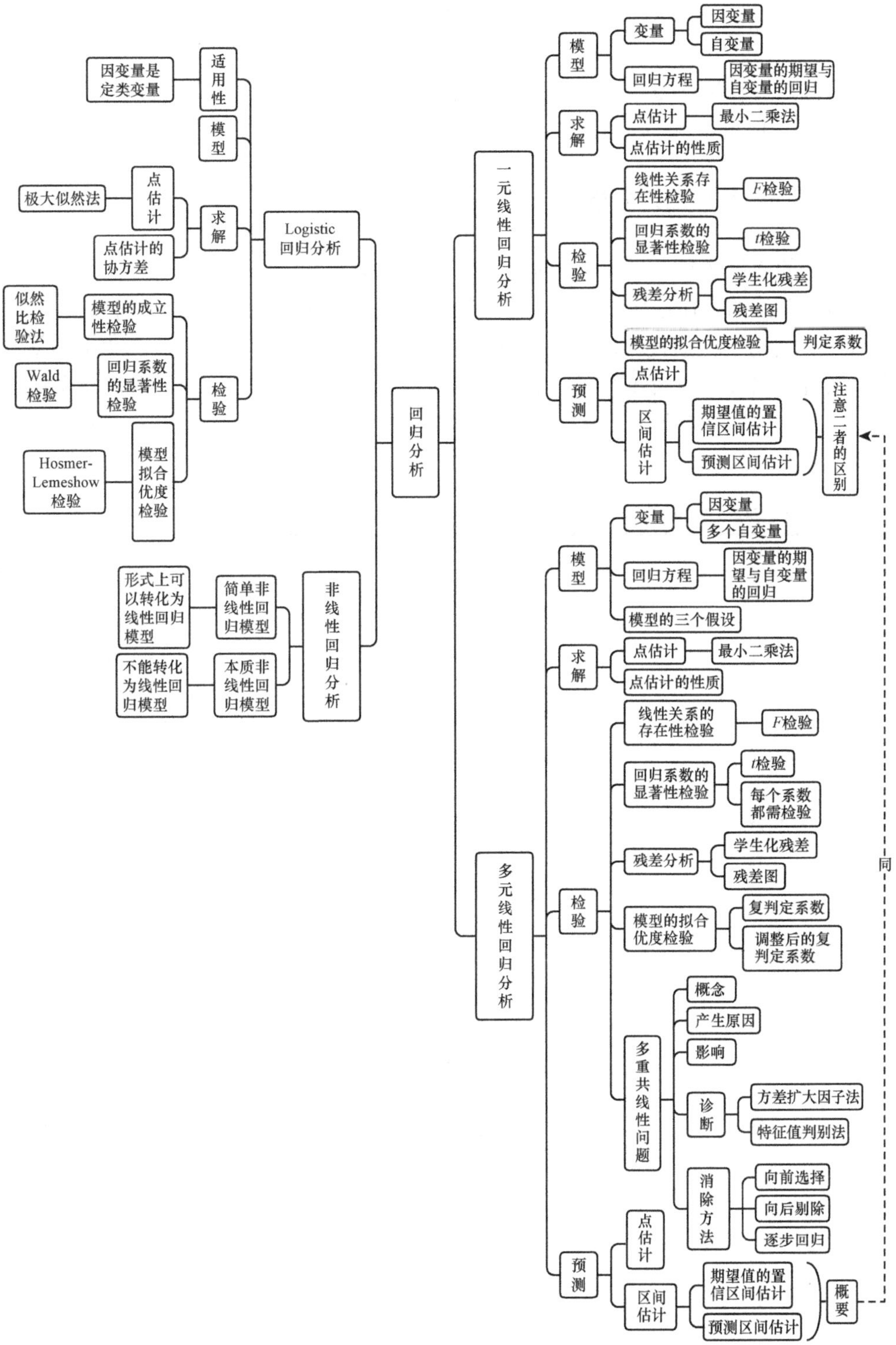

图 7-1　回归分析的学习要点

7.2 软件操作

本节针对教材第 7 章中的各个例题，给出软件编程代码。由于回归分析非常重要，本节同时给出 Python 和 MATLAB 编程分析的代码。

7.2.1 一元线性回归分析

教材中的“例 7-1”，反映了一元线性回归分析的参数求解问题，同时在后续内容中给出了线性关系的存在性检验、回归系数的显著性检验和模型拟合优度，另外在“表 7-3　2020 年全国部分地区居民人均可支配收入和消费支出数据残差分析结果”和“图 7-6　居民人均消费支出线性回归残差图”中给出了残差分析结果。对于这一问题，首先将所需的数据集整理为 Excel 文件，命名为“第 7 章.xlsx”，并将 sheet 表名改为“表 7-2”，数据格式如表 7-2 所示。

表 7-2　2020 年部分地区居民人均可支配收入与消费支出（单位：万元）

地区	x	y
北京	6.943 35	3.890 33
天津	4.385 41	2.846 14
河北	2.713 59	1.803 70
山西	2.521 37	1.573 27
内蒙古	3.149 73	1.979 45
辽宁	3.273 83	2.067 21
吉林	2.575 10	1.731 77
黑龙江	2.490 20	1.705 64
上海	7.223 24	4.253 63
江苏	4.339 04	2.622 51
浙江	5.239 74	3.129 47
安徽	2.810 32	1.887 73
福建	3.720 24	2.512 58
江西	2.801 65	1.795 53
山东	3.288 57	2.094 01
河南	2.481 01	1.614 26
湖北	2.788 06	1.924 59
湖南	2.937 99	2.099 76
广东	4.102 86	2.849 19
广西	2.456 23	1.635 68
海南	2.790 41	1.897 16
重庆	3.082 39	2.167 81
四川	2.652 21	1.978 34
贵州	2.179 54	1.487 38
云南	2.329 49	1.679 24

续表

地区	x	y
西藏	2.174 41	1.322 48
陕西	2.622 60	1.741 76
甘肃	2.033 51	1.617 49
青海	2.403 74	1.828 42
宁夏	2.573 49	1.750 58
新疆	2.384 47	1.651 21

其次，读入 Excel 文件“第 7 章.xlsx”中的 sheet 表“表 7-2”，相应的 Python 代码如下。

```
#读入 pandas 库并重命名为 pd
import pandas as pd
#读入 matplotlib 库并重命名为 plt
import matplotlib.pyplot as plt
#修正图形中的中文输出问题
plt.rcParams['font.sans-serif'] = ['SimHei']
plt.rcParams['axes.unicode_minus'] = False
#读入 statsmodels 库中的 api 库并重命名为 sm
import statsmodels.api as sm
#读入数据
data =pd.read_excel('第 7 章.xlsx', '表 7-2')
#定义自变量 X 和因变量 Y
X = data['x'];
Y = data['y'];
#对原始自变量数据加入 1 列数据 1, 对应回归常数
X = sm.add_constant(data=X)
#调用回归分析函数进行计算
model = sm.OLS(Y, X).fit()
#输出模型参数估计结果
print('参数估计值:', model.params)
print('方差', model.mse_resid)
print('回归平方和', model.ess)
#绘图显示回归模型在样本 X 处的预测结果
plt.plot(data['x'], model.fittedvalues)
plt.xlabel('X1')
plt.ylabel('回归值')
#输出线性关系成立性的检验结果
print('线性关系检验统计量', model.fvalue)
print('线性关系检验 p 值', model.f_pvalue)
#输出回归系数显著性的检验结果
print('回归系数检验统计量', model.tvalues)
print('回归系数检验 p 值', model.pvalues)
#计算残差
residuals = model.resid
#计算学生化残差并绘图
studentized_residuals = model.get_influence().resid_studentized_internal
plt.scatter(X.iloc[:,1], studentized_residuals)
plt.xlabel("人均消费支出/万元");
plt.ylabel("学生化残差")
```

```
plt.show()
#输出判定系数和复判定系数
print('判定系数', model.rsquared)
```

读入 Excel 文件“第 7 章.xlsx”中的 sheet 表“表 7-2”，相应的 MATLAB 代码如下。

```
%%%%%%自编函数，用于线性回归中的参数估计
function [inv_XTX,beta_est,SSE,sigma2_est] = ...
   regression_par_est(X,Y)
%输入参数 X 是 n 行(p+1)列，n 是样本量，Y 是 n 行 1 列
   %X 转置乘以 X 的逆
   inv_XTX =inv(X'*X);
   %估计回归系数
   beta_est = (X'*X)\X'*Y;
   %估计 SSE
   SSE =(Y-X*beta_est)' *(Y-X*beta_est);
   %估计方差
   sigma2_est = SSE /(size(X,1) -size(X,2));
end

%%%%%%%自编函数，模型存在性检验，F 检验
function [SSR, F_test, F_critc, p_value] = regression_F_test(X, Y, beta_est, SSE, alpfa)
   %求进一步均值
   y_mean =mean(Y);
   %求回归平方和
   SSR = sum((X*beta_est -y_mean).^2);
   %求 F 检验统计量
   F_test =(SSR/(size(X,2)-1))/(SSE/(size(X,1)-size(X,2)) );
   %求临界值
   F_critc = finv(1-alpfa, size(X,2)-1, size(X,1)-size(X,2));
   %求 p 值
   p_value =1-fcdf(F_test, size(X,2)-1, size(X,1)-size(X,2));
end

%%%%%%%自编函数，回归系数的显著性检验，t 检验
function [t_test, t_critc, p_value] = regression_t_test(X, beta_est, SSE, alpfa)
   %求临界值
   t_critc = tinv(1-alpfa/2, size(X,1)-size(X,2));
   %求检验统计量
   temp =diag(inv(X'*X));
   t_test =(size(X,1)-size(X,2)) /SSE;
   t_test =sqrt(t_test ./temp(2:end,:)).*beta_est(2:end,:);
   %求 p 值
   p_value =2*(1-tcdf( abs(t_test), size(X,1)-size(X,2)) );
end

%%%%%%%自编函数，残差检验
function [error, SRE, DW] = regression_error_test(Y, X, beta_est, sigma2_est)
   %求残差
   error =Y -X *beta_est;
   %求学生化残差
   H =X*((X'*X)\X');
   SRE =error ./sqrt(sigma2_est)./sqrt(1-diag(H));
   %求 DW 检验统计量
   DW =sum((error(2:end,:)-error(1:end-1,:)).^2)/sum( error.^2);
end
```

```
%%%%%%%自编函数，拟合效果检验
function [R2, R2_adjust] = regression_fit(X, SSR, SSE)
   R2 = SSR /(SSR+SSE);
   R2_adjust =1-(1-R2)*(size(X,1)-1)/(size(X,1)-size(X,2));
end

%%%读入数据
x = xlsread('第7章.xlsx','表7-2');
alpfa =0.05;
%给定自变量和因变量
X =x(:,1); Y =x(:,2);
%%%求解中间变量
mean_x =mean(X);
mean_y =mean(Y);
sxy =sum((X-mean_x).*(Y-mean_y))
sxx =sum((X-mean_x).^2)
syy =sum((Y-mean_y).^2)
%%% 参数估计
%加1列数据1
X =cat(2, ones(size(x,1),1), x(:,1));
[inv_XTX, beta_est, SSE, sigma2_est] = regression_par_est(X, Y)
%%%检验过程
%线性关系成立性检验
[SSR, F_test, F_critc, p_value] = regression_F_test(X, Y, beta_est, SSE, alpfa)
%回归系数显著性检验
[t_test, t_critc, p_value] = regression_t_test(X, beta_est, SSE, alpfa)
%残差分析
[error, SRE, DW] = regression_error_test(Y, X, beta_est, sigma2_est);
%拟合效果
[R2, R2_adjust] = regression_fit(X, SSR, SSE)
%%%预测过程
%给定新样本
Xn =cat(2,1,8);
%点估计
y_predict = Xn *beta_est
%期望的区间估计
temp =diag(Xn *inv_XTX *Xn');
d_e =tinv(alpfa/2, size(x,1)-size(x,2))*sqrt(sigma2_est *temp);
y_predict_e_low =y_predict +d_e
y_predict_e_upper =y_predict -d_e
%y的区间估计
d_p =tinv(alpfa/2, size(x,1)-size(x,2))*sqrt(sigma2_est *(1+temp) );
y_predict_p_low =y_predict +d_p
y_predict_p_upper =y_predict -d_p
```

上述代码还能同时给出教材中“表 7-4　2020 年全国部分地区居民人均消费支出预测分析结果”的计算结果。

7.2.2　多元线性回归分析

教材中的“例 7-2”，反映了多元线性回归分析的参数求解问题，同时在后续内容中给出了线性关系的存在性检验、回归系数的显著性检验和模型拟合优度，另外在“表 7-7　GDP 与铁路、公路里程数据残差分析结果”和“图 7-9　GDP 与铁路、公路里程线性回归残差图”中给出了残差分析结果。对于这一问题，首先将所需的数据集整理为 Excel 文件，命名为“第 7 章.xlsx”，并将 sheet 表名改为“表 7-6”，数据格式如表 7-3 所示。

表 7-3　2001～2020 年我国 GPD、铁路、公路及劳动力相关数据

年度	y	x_1	x_2	x_3
2001	11.086 31	7.01	1.698 0	7.388 4
2002	12.171 74	7.19	1.765 2	7.449 2
2003	13.742 20	7.30	1.809 8	7.491 1
2004	16.184 02	7.44	1.870 7	7.529 0
2005	18.731 89	7.54	3.345 2	7.612 0
2006	21.943 85	7.71	3.457 0	7.631 5
2007	27.009 23	7.80	3.583 7	7.653 1
2008	31.924 46	7.97	3.730 2	7.704 6
2009	34.851 77	8.55	3.860 8	7.751 0
2010	41.211 93	9.12	4.008 2	7.838 8
2011	48.794 02	9.32	4.106 4	7.857 9
2012	53.858 00	9.76	4.237 5	7.889 4
2013	59.296 32	10.31	4.356 2	7.930 0
2014	64.356 31	11.18	4.463 9	7.969 0
2015	68.885 82	12.10	4.577 3	8.009 1
2016	74.639 51	12.40	4.696 3	7.928 2
2017	83.203 59	12.70	4.773 5	7.904 2
2018	91.928 11	13.17	4.846 5	7.865 3
2019	98.651 52	13.99	5.012 5	7.898 5
2020	101.356 70	14.63	5.198 1	7.839 2

注：GDP（单位：万亿元，记为 y）、铁路营业里程（单位：万千米，记为 x_1）、公路里程（单位：百万千米，记为 x_2）、劳动力（单位：亿人，记为 x_3）

读入 Excel 文件“第 7 章.xlsx”中的 sheet 表“表 7-6”，相应的 Python 代码如下。

```
#读入 pandas 库并重命名为 pd
import pandas as pd
#读入 matplotlib 库并重命名为 plt
import matplotlib.pyplot as plt
#修正图形中的中文输出问题
plt.rcParams['font.sans-serif'] = ['SimHei']
plt.rcParams['axes.unicode_minus'] = False
#读入 statsmodels 库中的 api 库并重命名为 sm
import statsmodels.api as sm
#读入数据
data =pd.read_excel('第 7 章.xlsx', '表 7-6')
#从数据中定义自变量 X 和因变量 Y
X = data[['x1','x2','x3']];
Y = data['y']
#在 X 中加入一列数据 1 对应回归常数
X = sm.add_constant(X)
#调用回归分析函数进行计算
```

```
model = sm.OLS(Y, X).fit()
#输出模型参数估计结果
print('参数估计值:', model.params)
print('方差', model.mse_resid)
print('回归平方和', model.ess)
#绘制图形显示回归预测结果，其中横轴为 Y 真值纵轴为估计值
plt.plot( Y, model.fittedvalues)
plt.xlabel('Y')
plt.ylabel('回归值')
#输出线性关系成立性的检验结果
print('线性关系检验统计量', model.fvalue)
print('线性关系检验 p 值', model.f_pvalue)
#输出回归系数显著性的检验结果
print('回归系数检验统计量', model.tvalues)
print('回归系数检验 p 值', model.pvalues)
#计算残差
residuals = model.resid
#计算学生化残差并绘图
studentized_residuals = model.get_influence().resid_studentized_internal
plt.scatter(X.iloc[:,1], studentized_residuals)
plt.xlabel("GDP/万亿元");
plt.ylabel("学生化残差")
plt.show()
#计算残差自相关性的 DW 检验结果
dw_statistic = sm.stats.stattools.durbin_watson(residuals)
#输出复判定系数和调整后的复判定系数
print('复判定系数', model.rsquared)
print('调整后的复判定系数', model.rsquared_adj)
```

读入 Excel 文件“第 7 章.xlsx”中的 sheet 表“表 7-6”，相应的 MATLAB 代码如下。

```
%%%%%%自编函数，用于线性回归中的参数估计
function [inv_XTX,beta_est,SSE,sigma2_est] = regression_par_est(X,Y)
%输入参数 X 是 n 行(p+1)列，n 是样本量，Y 是 n 行 1 列
    %X 转置乘以 X 的逆
    inv_XTX =inv(X'*X);
    %估计回归系数
    beta_est = (X'*X)\X'*Y;
    %估计 SSE
    SSE =(Y-X*beta_est)'*(Y-X*beta_est);
    %估计方差
    sigma2_est = SSE/(size(X,1) -size(X,2));
end

%%%%%%%自编函数，模型存在性检验，F 检验
function [SSR, F_test, F_critc, p_value] = regression_F_test(X, Y, beta_est, SSE, alpfa)
    %求进一步均值
    y_mean =mean(Y);
    %求回归平方和
    SSR = sum((X *beta_est -y_mean).^2);
    %求 F 检验统计量
    F_test =(SSR/(size(X,2)-1)) /(SSE/(size(X,1)-size(X,2)) );
    %求临界值
    F_critc = finv(1-alpfa, size(X,2)-1, size(X,1)-size(X,2));
```

```
    %求 p 值
    p_value =1-fcdf(F_test, size(X,2)-1, size(X,1)-size(X,2));
end
%%%%%%%自编函数，回归系数的显著性检验，t 检验
function [t_test, t_critc, p_value] = regression_t_test(X, beta_est, SSE, alpfa)
    %求临界值
    t_critc = tinv(1-alpfa/2, size(X,1)-size(X,2));
    %求检验统计量
    temp =diag(inv(X'*X));
    t_test =(size(X,1)-size(X,2))/SSE;
    t_test =sqrt(t_test ./temp(2:end,:)).*beta_est(2:end,:);
    %求 p 值
    p_value =2 *(1-tcdf(abs(t_test), size(X,1)-size(X,2)));
end

%%%%%%%自编函数，残差检验
function [error, SRE, DW] = regression_error_test(Y, X, beta_est, sigma2_est)
    %求残差
    error =Y-X*beta_est;
    %求学生化残差
    H =X*((X'*X)\X');
    SRE =error ./sqrt(sigma2_est)./sqrt( 1-diag( H));
    %求 DW 检验统计量
    DW =sum((error(2:end,:)-error(1:end-1,:)).^2)/sum(error.^2);
end

%%%%%%%自编函数，拟合效果检验
function [R2, R2_adjust] = regression_fit(X, SSR, SSE)
    R2 = SSR/( SSR+SSE);
    R2_adjust =1-(1-R2)*(size(X,1)-1)/(size(X,1)-size(X,2));
end

%%%读入数据
x = xlsread('第 7 章.xlsx','表 7-6');
alpfa =0.05;
%%%给定自变量 X 和因变量 Y，其中 X 取 x1 和 x2
X =x(:, 3:4);
Y =x(:, 2);
%%%参数估计
%加入 1 列数据全为 1
X =cat(2, ones(size(x,1),1), X);
[inv_XTX, beta_est, SSE, sigma2_est] =regression_par_est(X, Y)
%%%检验过程
%线性关系成立性检验
[SSR, F_test, F_critc, p_value] = regression_F_test(X, Y, beta_est, SSE, alpfa)
%回归系数显著性检验
[t_test, t_critc, p_value] = regression_t_test(X, beta_est, SSE, alpfa)
%残差分析
[error, SRE, DW] = regression_error_test(Y, X, beta_est, sigma2_est);
%拟合效果
[R2, R2_adjust] = regression_fit(X,SSR,SSE)
%%%预测过程
%给定新样本
Xn =cat(2, 1, 15.6, 5.3);
%点估计
y_predict = Xn *beta_est
```

```
%期望的区间估计
temp =diag(Xn *inv_XTX *Xn');
d_e =tinv(alpfa/2, size(X,1)-size(X,2)) *sqrt( sigma2_est *temp)
y_predict_e_low =y_predict +d_e
y_predict_e_upper =y_predict -d_e
%y 的区间估计
d_p =tinv(alpfa/2,size(X,1)-size(X,2))*sqrt(sigma2_est*(1+temp) )
y_predict_p_low =y_predict +d_p
y_predict_p_upper =y_predict -d_p
```

上述代码还能同时给出教材中的多元线性回归预测结果。

7.2.3　多重共线性分析

教材中的“表 7-9　VIF 和容忍度计算结果”，反映了利用方差扩大因子法进行多重共线性分析的问题。对于这一问题，首先补充新的自变量数据为 Excel 文件，命名为“第 7 章.xlsx”，并将 sheet 表名改为“表 7-8”，数据格式如表 7-4 所示，其余自变量的数据如表 7-3 所示，也为 Excel 文件“第 7 章.xlsx”且 sheet 表名为“表 7-6”。

表 7-4　我国 2001～2020 年能源消耗总量（单位：亿吨标准煤）

年度	x_4	年度	x_4
2001	15.5547	2011	38.7043
2002	16.9577	2012	40.2138
2003	19.7083	2013	41.6913
2004	23.0281	2014	42.8334
2005	26.1369	2015	43.4113
2006	28.6467	2016	44.1492
2007	31.1442	2017	45.5827
2008	32.0611	2018	47.1925
2009	33.6126	2019	48.7488
2010	36.0648	2020	49.8314

读入 Excel 文件“第 7 章.xlsx”中的 2 个 sheet 表“表 7-6”和“表 7-8”，相应的 Python 代码如下。

```
#读入 pandas 库并重命名为 pd
import pandas as pd
#读入 statsmodels 库中的 api 库并重命名为 sm
import statsmodels.api as sm
#读入 statsmodels 库中的 VIF 模块
from statsmodels.stats.outliers_influence import variance_inflation_factor
#读入数据
data = pd.read_excel('第 7 章.xlsx', '表 7-6')
data_X4 = pd.read_excel('第 7 章.xlsx', '表 7-8')
#从数据中定义自变量 X 和因变量 Y
X = pd.concat([data[['x1','x2','x3']], data_X4['x4']], axis=1);
Y = data['y']
#对自变量 X 加入一列数据 1
X = sm.add_constant(X)
#定义数据框格式的变量用来存储 VIF 结果
```

```
vif_data = pd.DataFrame({'自变量': X.columns})
#计算各个变量的VIF
vif_data["VIF"] = [variance_inflation_factor(X.values, i) for i in range(X.shape[1])]
```

除了教材中的"表 7-9 VIF 和容忍度计算结果"反映了方差扩大因子法的分析结果外，"表 7-10 特征根和条件数计算结果"反映了特征根判别法的多重共线性分析结果，此外还有相关系数检验法。利用 Excel 文件"第 7 章.xlsx"中的两个 sheet 表"表 7-6"和"表 7-8"，实现上述三个方法的相应 MATLAB 代码如下。

```
%%%%%%自编函数，用于线性回归中的参数估计
function [inv_XTX,beta_est,SSE,sigma2_est] = regression_par_est(X,Y)
%输入参数X是n行(p+1)列，n是样本量，Y是n行1列
    %X转置乘以X的逆
    inv_XTX =inv(X'*X);
    %估计回归系数
    beta_est = (X'*X)\X'*Y;
    %估计SSE
    SSE =(Y-X*beta_est)'*(Y-X*beta_est);
    %估计方差
    sigma2_est = SSE /(size(X,1)-size(X,2));
end

%%%%%%%自编函数，模型存在性检验，F检验
function [SSR, F_test, F_critc, p_value] = regression_F_test(X, Y, beta_est, SSE, alpfa)
    %求进一步均值
    y_mean =mean(Y);
    %求回归平方和
    SSR = sum((X*beta_est -y_mean).^2);
    %求F检验统计量
    F_test =(SSR/(size(X,2)-1)) /(SSE/(size(X,1)-size(X,2)) );
    %求临界值
    F_critc = finv(1-alpfa, size(X,2)-1, size(X,1)-size(X,2));
    %求p值
    p_value =1-fcdf(F_test, size(X,2)-1, size(X,1)-size(X,2));
end

%%%%%%%自编函数，拟合效果检验
function [R2, R2_adjust] = regression_fit(X, SSR, SSE)
    R2 = SSR/(SSR+SSE);
    R2_adjust =1-(1-R2)*(size(X,1)-1)/(size(X,1)-size(X,2));
end

%%%读入数据
x = xlsread('第7章.xlsx','表7-6');
x4 = xlsread('第7章.xlsx','表7-8');
alpfa =0.05;
%区分自变量X和因变量Y
X =cat(2, ones(size(x,1),1), x(:,3:5), x4(:,2));
Y =x(:,2);

%%%相关系数检验
%求相关系数
r_cal =corrcoef(X(:,2:end))
%求检验统计量
test_stat = r_cal .*sqrt((size(X,1)-2)./(1-r_cal.^2));
```

```
%求临界值
t_crit = tinv(1-alpfa/2, size(X,1)-2);
%求 p 值
p_value =2*(1-tcdf(abs(test_stat), size(X,1)-2))

%%%VIF 法
VIF =zeros(size(X,2)-1,1);
for i = 1 : size(X,2)-1
    temp =1 :size(X,2);
    temp(i+1) =[];
    [~, beta_est_temp, SSE_temp, ~] = regression_par_est(X(:,temp), X(:,i+1));
    [SSR_temp, ~, ~, ~] = regression_F_test(X(:,temp), X(:,i+1), beta_est_temp,
SSE_temp, alpfa);
    [VIF(i),~] = regression_fit(X(:,temp), SSR_temp, SSE_temp);
    VIF(i) =1/(1-VIF(i));
end
%%%特征根法
%先将 X 归一化
XTX_norm =(X'*X)./repmat(sum((X'*X).^2),size(X,2),1);
%求特征值
[V,D] =eig(XTX_norm)
%求 CI
CI =sqrt(max(diag(D))./diag(D))
```

7.2.4 Logistic 回归

教材中的"例 7-4",反映了 Logistic 回归分析的参数求解问题,同时在"表 7-15 Wald 检验结果"给出了回归系数的显著性检验结果。对于这一问题，首先将所需的数据集整理为 Excel 文件，命名为"第 7 章.xlsx"，并将 sheet 表名改为"表 7-14"，数据格式如表 7-5 所示。

表 7-5 轮胎湿牵引性能和噪声水平对是否购买的影响有关数据

序号	轮胎湿牵引性能	轮胎噪声水平	是否购买
1	8.0	7.2	0
2	8.0	7.2	1
3	7.6	7.5	1
4	6.6	5.4	0
5	5.8	6.3	0
6	6.3	5.7	0
7	7.7	5.2	0
8	5.0	6.2	0
9	5.6	6.4	0
10	8.8	8.5	1
11	9.2	8.9	1
12	8.1	8.2	1
13	9.0	8.5	1
14	6.0	5.2	0
15	8.0	7.8	1
16	6.0	6.5	0

续表

序号	轮胎湿牵引性能	轮胎噪声水平	是否购买
17	6.9	5.7	0
18	6.6	5.6	0
19	7.3	7.9	0
20	8.0	7.6	1
21	8.0	7.3	0
22	4.8	5.7	0
23	5.2	4.8	0
24	5.9	3.6	0
25	7.6	5.7	0
26	5.3	5.3	0
27	5.5	3.8	0
28	7.4	7.0	0
29	8.4	6.4	1
30	9.1	8.3	1
31	8.1	8.6	1
32	7.2	7.3	0
33	8.9	7.4	1
34	9.1	7.5	1
35	8.1	6.6	1
36	8.2	5.2	0
37	8.2	7.0	1
38	8.1	6.9	0
39	5.6	6.0	0
40	4.9	6.0	0
41	7.5	7.5	0
42	5.9	6.7	0
43	8.5	8.3	1
44	7.1	7.2	1
45	7.8	7.9	1
46	6.5	6.9	0
47	8.4	8.0	1
48	8.4	8.3	1
49	9.0	7.7	1
50	6.6	7.0	0

读入 Excel 文件“第 7 章.xlsx”中的 sheet 表“表 7-14”，相应的 Python 代码如下。

```
#读入 pandas 库并重命名为 pd
import pandas as pd
#读入 statsmodels 库中的相关模块
import statsmodels.formula.api as smf
#读入数据
data = pd.read_excel('第 7 章.xlsx', '表 7-14')
```

```
#定义自变量 X1、X2、X 和因变量 Y
X = data[['轮胎湿牵引性能','轮胎噪声水平']];
Y = data['是否购买'];
x1 = X['轮胎湿牵引性能'];
x2 =X['轮胎噪声水平'];
#调用 Logistic 回归分析函数进行计算
model = smf.logit(formula='Y~x1+x2', data=pd.concat([X,Y], axis=1)).fit()
#输出回归后的全部结果
print(model.summary())
#输出回归模型的参数估计值
print(model.params)
print('极大似然估计的协方差矩阵为:\n', model.cov_params())
#输出回归模型成立性的检验结果
print('模型成立性检验统计量:', model.llr)
print('模型成立性检验的 p 值:', model.llr_pvalue)
#输出回归系数的显著性检验结果 (Wald 检验)
print(model.tvalues**2, model.pvalues)
```

上述代码能同时给出模型的成立性检验结果。

读入 Excel 文件“第 7 章.xlsx”中的 sheet 表“表 7-14”，相应的 MATLAB 代码如下。

```
%%%读入数据
x = xlsread('第 7 章.xlsx','表 7-14');
%给定自变量 X 和因变量 Y
X =cat(2, x(:,2:3));
Y = x(:, 4);
%%%模型中包含全部自变量进行回归
GM = fitglm(X,Y,'Distribution','binomial');
GM.Coefficients
GM.CoefficientCovariance
%%%模型中没有自变量进行回归
X0 =zeros(length(Y),2);
GM0 = fitglm(X0,Y,'Distribution','binomial');
%%% 模型存在性检验统计量
K2 =2*(GM.LogLikelihood -GM0.LogLikelihood)
p_value_K2 =1 -chi2cdf(K2, size(X,2))
%%%显著性检验统计量
W_test =(GM.Coefficients.tStat).^2
```

上述代码也能同时给出模型的成立性检验结果。

7.2.5 Hosmer-Lemeshow 检验

教材中的“表 7-16 预测与分组结果”和“表 7-17 Hosmer-Lemeshow 检验列联表”反映了 Hosmer-Lemeshow 检验的计算问题。对于这一问题，将表 7-5 中的数据集整理为 Excel 文件，命名为“第 7 章.xlsx”，并将 sheet 表名改为“表 7-14”，读入这个 Excel 文件中的 sheet 表，相应的 Python 代码如下。

```
#读入 pandas 库并重命名为 pd
import pandas as pd
```

```
#读入 numpy 库
import numpy as np
#读入 scipy 库中的 stats 库
from scipy import stats
#读入 statsmodels 库中的相关模块
import statsmodels.formula.api as smf
#读入数据
data = pd.read_excel('第 7 章.xlsx', '表 7-14')
#定义自变量 X1、X2、X 和因变量 Y
X = data[['轮胎湿牵引性能','轮胎噪声水平']];
Y = data['是否购买'];
x1 = X['轮胎湿牵引性能'];
x2 =X['轮胎噪声水平'];
#调用 Logistic 回归分析函数进行计算
model = smf.logit(formula='Y~x1+x2', data=pd.concat([X,Y], axis=1)).fit()
#自编函数，用于 HL 检验
def HLtest(obs, pre, Q=10): #Q 为组数默认 10
    #将观测值 obs 和预测值 pre 整理成 DataFrame 的格式
    data = pd.DataFrame({'真值':obs, '预测值':pre})
    #将数据按预测值升序排列
    data = data.sort_values('预测值')
    #将数据按预测值分为 Q 组
    data['Q_group'] = pd.qcut(x=data['预测值'], q=Q)
    #按照分组后结果求真值 y 的和，即 y=1 的观测频数
    y_p = data['真值'].groupby(data.Q_group).sum()
    #按照分组后结果求 y=0 的观测频数
    y_total = data['真值'].groupby(data.Q_group).count()
    y_n = y_total - y_p
    #按照分组后结果求 y=1 的期望频数
    y_hat_p = data['预测值'].groupby(data.Q_group).sum()
    #按照分组后结果求 y=0 的期望频数
    y_hat_total = data['预测值'].groupby(data.Q_group).count()
    y_hat_n = y_hat_total - y_hat_p
    #求检验统计量
    hltest = (((y_p - y_hat_p)**2 / y_hat_p) + ((y_n - y_hat_n)**2 / y_hat_n)).sum()
    #求 p 值
    pval = 1 - stats.chi2.cdf(hltest, Q-2)
    return hltest,pval
#计算回归模型的预测值
y_pre = 1/(1+np.exp(-model.fittedvalues))
#确定 y 的真值
y_obs = Y
#计算 HL 检验结果
s2,p2 = HLtest( y_obs, y_pre)
```

读入 Excel 文件“第 7 章.xlsx”中的 sheet 表“表 7-14”，相应的 MATLAB 代码如下。

```
%%%读入数据
x = xlsread('第 7 章.xlsx','表 7-14');
%给定自变量 X 和因变量 Y
X =cat(2, x(:,2:3));
Y = x(:, 4);
```

```
%%%模型中包含全部自变量进行回归
GM = fitglm(X,Y,'Distribution','binomial');
%求拟合值
[y_fitted, pos_pre] =sort(GM.Fitted.Response);
%求真值
y_real =Y(pos_pre);
%%%分组
num_within_team =[5,5,5,5,5,5,5,5,5,5];
limit_right =cumsum(num_within_team);
limit_left =cat(2, 1, limit_right(1:9)+1);
%求理论频数和实际频数
exp_fre_1 =zeros(10,1);
obs_fre_1 =zeros(10,1);
for i = 1 :10
   exp_fre_1(i) =sum(y_fitted(limit_left(i): limit_right(i) ));
   obs_fre_1(i) =sum(y_real(limit_left(i): limit_right(i) ));
end
exp_fre_0 =num_within_team' -exp_fre_1;
obs_fre_0 =num_within_team' -obs_fre_1;
%求检验统计量
chi2_test_sta =sum((exp_fre_0 -obs_fre_0).^2./exp_fre_0) +...
   sum((exp_fre_1 -obs_fre_1).^2./exp_fre_1)
%求临界值
chi2_test_cric =chi2inv(1-alpfa, 8)
%求p值
p_value =1 -chi2cdf(chi2_test_sta, 8)
```

7.3 习　　题

7.3.1 单项选择题

1. 下列哪一项不是回归分析要解决的问题？____

A. 从一组样本数据出发，确定变量之间的数学关系式

B. 对数学关系式进行各种统计检验，并从影响某一特定变量的诸多变量中找出哪些变量的影响是显著的，哪些是不显著的

C. 利用所求的关系式，根据一个或几个变量的取值来估计或预测另一个特定变量的取值

D. 度量两个变量之间的关系强度

2. 对回归模型 $y=\beta_0+\beta_1x_1+\cdots+\beta_px_p+\varepsilon$ 的假定有____。

A. 自变量 $x_1,\cdots,x_p$ 与 ε 存在相关关系

B. 自变量 $x_1,\cdots,x_p$ 都是随机变量

C. 自变量 $x_1,\cdots,x_p$ 都服从正态分布

D. 自变量 $x_1,\cdots,x_p$ 之间不存在较强的线性关系

3. 下列关于回归模型的假定中哪一项是不正确的？____

A. 自变量 $x_1,\cdots,x_p$ 都是随机变量

B. 误差项ε是一个期望值为 0 的随机变量

C. 对于所有的自变量，ε的方差σ^2都相同

D. 误差项ε是一个服从正态分布的随机变量，且独立

4. 在多元线性回归方程$\hat{y}=\hat{\beta}_0+\hat{\beta}_1x_1+\cdots+\hat{\beta}_px_p$中，回归系数表示____。

A. 自变量x_i变动 1 个单位时，因变量的平均变动额为$\hat{\beta}_i$

B. 其他变量不变的条件下，自变量x_i变动 1 个单位时，因变量的平均变动额为$\hat{\beta}_i$

C. 其他变量不变的条件下，自变量x_i变动 1 个单位时，因变量的变动总额为$\hat{\beta}_i$

D. 因变量变动 1 个单位时，自变量x_i的平均变动额为$\hat{\beta}_i$

5. 在多元线性回归分析中，如果F检验表明线性关系显著，则意味着____。

A. 在多个自变量中至少有一个自变量与因变量之间的线性关系显著

B. 所有的自变量与因变量之间的线性关系显著

C. 在多个自变量中至少有一个自变量与因变量之间的线性关系不显著

D. 所有的自变量与因变量之间的线性关系都不显著

6. 在多元线性回归分析中，如果t检验表明回归系数β_i不显著，此时说明____。

A. 回归方程的线性关系不显著

B. 回归方程的线性关系显著

C. 自变量x_i与因变量之间的线性关系不显著

D. 自变量x_i与因变量之间的线性关系显著

7. 在多元线性回归分析中t检验和F检验的结果关系是____。

A. 等价

B. 没有关系

C. F检验显示为显著，则各回归系数的t检验显示都显著

D. 各回归系数的t检验显示都显著，则F检验显著

8. 设自变量个数为 5，样本容量为 20。在多元回归分析中，残差的方差对应分布的自由度是____。

A. 20　　B. 15　　C. 14　　D. 18

9. 关于多元线性回归模型中的残差平方和，下列说法错误的是____。

A. 残差平方和与回归平方和互相独立

B. 残差平方和与回归系数的最小二乘估计互相独立

C. 残差平方和的自由度为样本容量减去回归系数（包括截距）的个数

D. 残差平方和越小的回归模型越好

10. 在多元线性回归分析中，多重共线性是指模型中____。

A. 两个或两个以上的自变量彼此相关

B. 两个或两个以上的自变量彼此无关

C. 因变量与一个自变量相关

D. 因变量与两个或两个以上的自变量相关

11. 对多元线性回归方程 $\hat{y}=\hat{\beta}_0+\hat{\beta}_1x_1+\cdots+\hat{\beta}_px_p$，若回归系数 $\hat{\beta}_2$ 没有通过检验，表示____。

A. 回归模型的线性关系不显著

B. 自变量 x_2 与因变量之间的线性关系肯定不显著

C. 自变量 $x_1,\cdots,x_p$ 之间肯定存在多重共线性

D. 自变量 $x_1,\cdots,x_p$ 之间可能存在多重共线性

12. 如果回归模型中存在多重共线性，此时说明____。

A. 回归模型的线性关系不显著

B. 肯定有一个回归系数没有通过显著性检验

C. 肯定导致某个回归系数的符号与预期的相反

D. 可能导致某些回归系数不能通过显著性检验

13. 如果某个回归系数的符号与预期的相反，此时表明____。

A. 所建立的回归模型是错误的

B. 该自变量与因变量之间的线性关系不显著

C. 模型中可能存在多重共线性

D. 模型中肯定不存在多重共线性

14. 如果回归模型中存在多重共线性，此时表明____。

A. 不能对因变量进行预测

B. 预测因变量时应限定在自变量样本值的范围内

C. 无法对回归系数进行显著性检验

D. 无法对回归系数的线性关系进行检验

15. 关于回归分析，下列说法正确的是____。

A. 多元线性回归的因变量为定类变量

B. Logistic 回归的因变量为定类变量

C. 多元线性回归分析中，在相同的置信水平下，因变量期望 $E(y)$的预测区间包含因变量自身 y 的预测区间

D. 多重共线性是指因变量与自变量之间存在严重的线性相关关系

7.3.2　判断题

若说法正确则答案为 T，反之为 F。

1. 回归分析中被预测或被解释的变量称为因变量。　(　　)

2. 回归分析中描述因变量如何依赖于自变量和误差项的关系式称为回归方程。　(　　)

3. 回归模型中的误差项 ε 反映的是除自变量和因变量的线性关系在外的随机因素对因变量的影响。　(　　)

4. 由最小二乘法得到的回归模型要求满足因变量的实际值与其估计值的偏差平方

和最小。（　）

5. 回归分析中的 F 检验主要用来检验回归系数的显著性。（　）

6. 回归分析中的 t 检验主要用来检验线性关系的存在性。（　）

7. 在包含 p 个自变量的多元线性回归分析中，如果样本量为 n，则残差平方和服从自由度为 $n-p-1$ 的 χ^2 分布。（　）

8. 说明回归模型拟合效果的统计量是相关系数。（　）

9. 判定系数是回归平方和占总平方和的比例。（　）

10. 判定系数越大，说明回归模型的拟合效果越好。（　）

11. 在多元线性回归模型中，复判定系数越大，F 检验的统计量观测值越大。（　）

12. 多元线性回归模型中，删除部分自变量会使得残差平方和增大。（　）

13. 多元线性回归模型中，复判定系数表征模型拟合效果，取值范围为(0,1)。（　）

14. 对于同一个多元线性回归模型，调整的复判定系数总是比复判定系数大。（　）

15. 在回归估计中，给定自变量的取值预测因变量时，在相同的置信水平下，所得的期望置信区间比预测区间宽。（　）

7.3.3 简答题

1. 请简述相关分析与回归分析的联系和区别。

2. 请简述多元线性回归模型的假设。

3. 对于多元线性回归模型的假设，请分别介绍检验其是否成立的方法。

4. 对于线性回归模型中的 F 检验，请给出总平方和、回归平方和与残差平方和的定义。

5. 在多元线性回归分析中，线性关系的存在性检验、回归系数的显著性检验、回归模型的拟合优度分析、残差分析的目的分别是什么？

6. 在多元线性回归分析中，请简述为何需要计算调整后的复判定系数。

7. 利用回归模型预测因变量的置信区间时，请简述期望预测区间和预测区间的区别。

8. 在多元线性回归分析中，多重共线性诊断的目的是什么？

9. 在多元线性回归分析中，多重共线性的判别方法有哪些？

10. 在多元线性回归分析中，多重共线性的处理方法有哪些？

11. 多元线性回归模型 $y=\beta_0+\beta_1x_1+\cdots+\beta_px_p+\varepsilon$ 中，假设现有 n 个样品为 $\left\{\left(x_{i1},\cdots,x_{ip},y_i\right):i=1,\cdots,n\right\}$。请给出参数 $\beta=\left[\beta_0,\beta_1,\cdots,\beta_p\right]^{\mathrm{T}}$ 以及误差 ε 的方差 σ^2 的点估计计算公式，并指出它们服从的分布类型。

7.3.4　计算题

1. 随机抽取 10 家航空公司，对其最近一年的航班正点率和顾客投诉次数进行调查，所得数据如表 7-6 所示。请完成下列问题：①用航班正点率作自变量，顾客投诉次数作因变量，建立回归模型；②对回归模型和回归系数进行检验，取显著性水平为 0.05；③求航班正点率为 80%时，顾客投诉次数的点估计、期望置信区间和预测区间，取置信水平为 95%。

表 7-6　10 家航空公司的航班正点率和顾客投诉次数

基本信息	航空公司编号									
	1	2	3	4	5	6	7	8	9	10
航班正点率/%	81.8	76.6	76.6	75.7	73.8	72.2	71.2	70.8	91.4	68.5
顾客投诉次数/次	21	58	85	68	74	93	72	122	18	125

2. 根据表 7-7 中的数据建立回归模型，并估计误差项的方差，再计算判定系数来分析回归模型的拟合程度。

表 7-7　计算题 2 的数据

x	15	8	19	12	5
y	47	36	56	44	21

3. 一家出租汽车公司为确定合理的管理费用，需要研究出租车司机每天的收入（单位：元）与他的行驶时间（单位：小时）、行驶的里程（单位：千米）之间的关系，为此随机调查了 20 位出租车司机，根据每天的收入（y）、行驶时间（x_1）和行驶的里程（x_2）的有关数据进行回归，得到结果 $\hat{\beta}_0 = 42.38$，$\hat{\beta}_1 = 9.16$，$\hat{\beta}_2 = 0.46$，标准差 $s_{\hat{\beta}_0} = 36.59$，$s_{\hat{\beta}_1} = 4.78$，$s_{\hat{\beta}_2} = 0.14$，回归平方和 $\text{SSR} = 29\,882$，残差平方和 $\text{SSE} = 5205$。试计算复判定系数、误差项的标准差、F 检验的统计量观测值是多少。

4. 表 7-8 是一家电器销售公司近 8 个月的月销售收入与广告费用数据，请用电视广告费用和报纸广告费用作为自变量，月销售收入作因变量，建立回归模型，并对线性关系存在性、回归系数和拟合效果进行检验。

表 7-8　电器销售公司的月销售与广告费用数据（单位：万元）

费用	月销售收入 y							
	96	90	95	92	95	94	94	94
电视广告费用 x_1	5.0	2.0	4.0	2.5	3.0	3.5	2.5	3.0
报纸广告费用 x_2	1.5	2.0	1.5	2.5	3.3	2.3	4.2	2.5

5. 现收集到某 15 家大型商场销售的同类产品的有关数据，如表 7-9 所示，请建立回归模型，并对线性关系存在性和回归系数进行检验。

表 7-9　15 家大型商场的销售数据

基本信息	销售价格 y/元							
	1238	1266	1200	1193	1106	1303	1313	1144
购进价格 x_1/元	966	894	440	664	791	852	804	905
使用面积 x_2/米 ^{2}	223	257	387	310	339	283	302	214
销售价格 y/元	1286	1084	1120	1156	1083	1263	1246	
购进价格 x_1/元	771	511	505	851	659	490	696	
使用面积 x_2/米 ^{2}	304	326	339	235	276	390	316	

6. 农场通过试验取得早稻收货量与春季降雨量和春季温度的数据，如表 7-10 所示，请确定早稻收货量对春季降雨量和春季温度的线性回归模型，请判断模型中是否存在多重共线性。

表 7-10　农场早稻收货量与降雨量和温度的数据

基本信息	收货量 y/（千克/公顷）						
	2250	3450	4500	6750	7200	7500	8250
降雨量 x_1/毫米	25	33	45	105	110	115	120
温度 x_2/℃	6	8	10	13	14	16	17

7. 某一家房地产评估公司想对某城市的房地产销售价格与地产估价、房产估价和使用面积建立一个模型，以便对销售价格做出合理预测。为此收集了 10 栋住宅的房地产数据，如表 7-11 所示。请建立回归模型，并对线性关系存在性、回归系数和拟合效果进行检验，再判断模型中是否存在多重共线性。

表 7-11　房地产评估公司收集的数据

基本信息	销售价格 y/万元									
	6 890	4 850	5 550	6 200	11 650	4 500	3 800	8 300	5 900	4 750
地产估价 x_1/（元/米 ^{2}）	596	900	950	1 000	1 800	850	800	2 300	810	900
房产估价 x_2/万元	4 497	2 780	3 144	3 959	7 283	2 732	2 986	4 775	3 912	2 935
使用面积 x_3/米 ^{2}	18 730	9 280	11 260	12 650	22 140	9 120	8 990	18 030	12 040	17 250

8. 为探究某地城乡居民收入差距的影响因素，收集了该地区 11 年的城乡居民收入差距（y）和二元对比系数（x_1）、人均地区生产总值增长率（x_2）、城镇化率（x_3）和产业比（x_4）等数据，各因素数据如表 7-12 所示。请建立回归模型，并对线性关系存在性、回归系数和拟合效果进行检验，再判断模型中是否存在多重共线性。

表 7-12　城乡居民收入差距及影响因素的含义和数据

基本信息	城乡居民收入差距 y										
	3.13	3.02	3.18	3.26	3.33	3.45	3.65	3.67	3.65	4.03	3.91
x_1	0.21	0.20	0.18	0.17	0.17	0.17	0.17	0.19	0.18	0.15	0.17
x_2/%	14.60	5.98	3.81	7.85	10.74	13.39	14.73	18.95	14.11	13.43	17.38

续表

基本信息	城乡居民收入差距 y										
	3.13	3.02	3.18	3.26	3.33	3.45	3.65	3.67	3.65	4.03	3.91
x_3/%	31	32.6	34.3	35.6	37.4	39.9	41.9	43.5	45.2	46.7	48.3
x_4	3.43	3.79	4.21	4.63	4.99	5.26	5.70	5.29	5.63	7.20	6.73

注：城乡居民收入差距 y=城镇居民人均可支配收入/农村居民人均纯收入；二元对比系数 $x_1=\dfrac{\dfrac{\text{第一产业生产总值的比重}}{\text{第一产业就业人员数的比重}}}{\dfrac{\text{第二、三产业生产总值的比重}}{\text{第二、三产业就业人员数的比重}}}$；人均地区生产总值增长率 $x_2=\left(\dfrac{\text{本年人均地区生产总值}}{\text{上年人均地区生产总值}}-1\right)\times 100\%$；城镇化率 $x_3=\dfrac{\text{城镇人口数}}{\text{常住人口数}}\times 100\%$；产业比 $x_4=\dfrac{\text{第二产业地区生产总值+第三产业地区生产总值}}{\text{第一产业地区生产总值}}$

9. 对回归模型 $y=\beta_0+\beta_1x_1+\beta_2\left(3x_2^2-2\right)+\varepsilon$，请给出参数 β_1、β_2、β_3 的估计式。

10. 某高校为了提高办学质量而采用了一种新的教学方法。该学校为了分析这种新的教学方法是否对学生成绩有所提高而进行调查测试，以因变量（y）表示学生在接受新教学方法后成绩是否得到提高，如果提高，则 y=1；如果未提高则 y=0。同时使用学生平均学分成绩（x_1）、调查测试之前学生的期初考试分数（x_2）和个性化教学系统（x_3）作为度量学生成绩的解释变量。其中，如果对受调查学生采用新的教学方法，则 x_3=1；如果没有采用新的教学方法，则 x_3=0。学校对 32 位学生进行了调查，得到数据如表 7-13 所示。请建立回归模型，并对回归模型进行检验。

表 7-13　教学过程数据

序号	x_1/分	x_2/分	x_3	y	序号	x_1/分	x_2/分	x_3	y
1	2.66	20	0	0	17	2.75	25	0	0
2	2.89	22	0	0	18	2.83	19	0	0
3	3.28	24	0	0	19	3.12	23	1	0
4	2.92	12	0	0	20	3.16	25	1	1
5	4.00	21	0	1	21	2.06	22	1	0
6	2.86	17	0	0	22	3.62	28	1	1
7	2.76	17	0	0	23	2.89	14	1	0
8	2.87	21	0	0	24	3.51	26	1	0
9	3.03	25	0	0	25	3.54	24	1	1
10	3.92	29	0	1	26	2.83	27	1	1
11	2.63	20	0	0	27	3.39	17	1	1
12	3.32	23	0	0	28	2.67	24	1	0
13	3.57	23	0	0	29	3.65	21	1	1
14	3.26	25	0	1	30	4.00	23	1	1
15	3.53	26	0	0	31	3.10	21	1	0
16	2.74	19	0	0	32	2.39	19	1	1

7.4　习题参考答案

7.4.1　单项选择题

1. D；2. D；3. A；4. B；5. A；6. C；7. D；8. C；9. D；10. A；11. B；12. D；13. C；14. B；15. B

7.4.2　判断题

1. T；2. F；3. T；4. T；5. F；6. F；7. F；8. F；9. T；10. T；11. T；12. T；13. F；14. F；15. F

7.4.3　简答题

1. 答：相关分析和回归分析的联系是这两种分析方法都是基于变量之间的相关性开展分析的。区别是相关分析将变量都视为随机变量，且不区分自变量和因变量；回归分析将变量分为因变量和自变量，并假定自变量为确定性变量而因变量为随机变量。

2. 答：多元线性回归模型的假设如下。①广义设计矩阵 X 列满秩假设；②误差独立性假设；③误差同方差假设；④误差正态性假设。

3. 答：对于验证多元线性回归模型的假设是否成立的方法有如下几种情形。①对于广义设计矩阵 X 列满秩假设，可以利用方差扩大因子法；②对于误差独立性假设，可通过 DW 自相关性检验来验证；③对于误差同方差假设，可通过学生化残差图来判断；④对于误差正态性假设，可通过分布拟合优度检验或 Q-Q 图来判断。

4. 答：记因变量样本观测值为 $y_1,\cdots,y_n$，均值为 $\overline{y}=\sum_{i=1}^{n}y_i\Big/n$，回归模型估计值为 $\hat{y}_1,\cdots,\hat{y}_n$，则在线性回归模型中的 F 检验中，总平方和为 $\mathrm{SST}=\sum_{i=1}^{n}\left(y_i-\overline{y}\right)^2$，回归平方和为 $\mathrm{SSR}=\sum_{i=1}^{n}\left(\hat{y}_i-\overline{y}\right)^2$，残差平方和为 $\mathrm{SSE}=\sum_{i=1}^{n}\left(y_i-\hat{y}_i\right)^2$。

5. 答：①线性关系的存在性检验的目的是检验因变量与自变量之间是否存在线性关系，它的原假设和备择假设分别如下。H_0：$\beta_1=\cdots=\beta_p=0$。H_1：$\beta_1,\cdots,\beta_p$ 不全为 0。②回归系数的显著性检验的目的是检验单个回归系数是否等于 0，它的意义是剔除不显著的变量。③回归模型的拟合优度分析的目的是分析回归模型对数据的拟合效果。④残差分析的目的是检查线性模型中误差独立性、误差正态性、误差同方差性三个假设是否成立。

6. 答：由于增加多元线性回归模型中的自变量，复判定系数就会增加。按照复判定系数的判断规则，说明此时的回归模型拟合效果较好，但自变量增加后容易带来多重共线性问题，因此回归模型中的自变量个数并非越多越好。调整后的复判定系数中包含自变量的个数，相比复判定系数，能同时描述模型的拟合效果以及变量个数的多少。

7. 答：在利用回归模型预测因变量的置信区间时，当给定自变量的一个特定值后，期望预测区间指的是因变量期望的置信区间估计，预测区间指的是因变量自身的置信区间估计。

8. 答：在多元线性回归分析中，多重共线性诊断的目的是检查自变量之间是否存在多重共线性，以便进一步采取一些降低多重共线性影响的措施。

9. 答：在多元线性回归分析中，多重共线性的判别方法有自变量之间的相关系数检验法、方差扩大因子法、特征根判别法。

10. 答：在多元线性回归分析中，多重共线性的处理方法总体上是变量筛选，包括向前选择法、向后剔除法和逐步回归法。①向前选择法是从模型中没有自变量开始，每次增加一个自变量，该自变量使得 F 值达到最大，并且该回归系数的显著性检验结果为显著的。通过这种方式逐步增加自变量的个数，选择合适的自变量进入模型。②向后剔除法则相反，它是先用所有的自变量建立回归模型，然后每次删除一个使得 SSE 减少最小（或 F 不显著）的自变量，直到剔除一个自变量会使 SSE 显著增加或者没有 F 不显著的变量。③逐步回归法是将向前选择法和向后剔除法相结合的方法，其主要思想是依次拟合一系列回归方程，后一个回归方程是在前一个的基础上增加或删除一个自变量，增加或删除某个自变量的准则用残差平方和 SSE 大小变化（或 F 的显著性）来衡量。

11. 答：①向量 $\beta=\left[\beta_0,\beta_1,\cdots,\beta_p\right]^{\mathrm{T}}$ 的估计公式为 $\hat{\beta}=\left(X^{\mathrm{T}}X\right)^{-1}X^{\mathrm{T}}Y$，其中

$$Y=\begin{bmatrix} y_1 \\ y_2 \\ \vdots \\ y_n \end{bmatrix}, X=\begin{bmatrix} 1 & x_{11} & x_{12} & \cdots & x_{1p} \\ 1 & x_{21} & x_{22} & \cdots & x_{2p} \\ \vdots & \vdots & \vdots & & \vdots \\ 1 & x_{n1} & x_{n2} & \cdots & x_{np} \end{bmatrix}$$

② σ^2 的估计公式为

$$\hat{\sigma}^2=\frac{\mathrm{SSR}}{n-p-1}=\frac{\sum_{i=1}^{n}\left(y_i-\hat{y}_i\right)^2}{n-p-1}$$

其中，$\hat{y}_i$ 是拟合值。③ $\hat{\beta}$ 服从期望为 β、协方差矩阵为 $\sigma^2\left(X^{\mathrm{T}}X\right)^{-1}$ 的多元正态分布。

④ $\dfrac{\mathrm{SSR}}{\sigma^2}$ 服从自由度为 $(n-p-1)$ 的 χ^2 分布。

7.4.4　计算题

1. 解：（1）将航班正点率记为自变量 x，顾客投诉次数记为因变量 y，建立一元线性回归模型 $y=\beta_0+\beta_1 x+\varepsilon$；利用数据可得均值 $\overline{x}=75.86$ 和 $\overline{y}=73.6$，$s_{xy}=-1866.3$，$s_{xx}=397.024$，$s_{yy}=11626$，可估计参数为 $\hat{\beta}_0=430.19$，$\hat{\beta}_1=-4.7$，因而回归模型为 $\hat{y}=430.19-4.7x$。

（2）对线性关系的存在性检验，计算得到回归平方和$\mathrm{SSR}=8772.6$和残差平方和$\mathrm{SSE}=2853.8$，由于$n=10$，故算得F检验统计量为$F=\dfrac{\mathrm{SSR}}{\mathrm{SSE}/8}=24.59$，$p$值为0.0011，故认为线性关系成立。对回归系数的显著性检验，算得$\hat{\sigma}^2=356.73$，t检验统计量为$t=\hat{\beta}_1\sqrt{\dfrac{s_{xx}}{\hat{\sigma}^2}}=-4.96$，$p$值为0.0011，故认为回归系数是显著的。

（3）将$x=80$代入$\hat{y}=430.19-4.7x$，可得点估计为$\hat{y}=54.14$次；对期望置信区间，算得$d_e=t_{0.975}(n-2)\times\hat{\sigma}\sqrt{\dfrac{1}{n}+\dfrac{(x_0-\overline{x})^2}{s_{xx}}}=16.48$，可得结果[37.66,70.62]次；对置信区间，算得$d_p=t_{0.975}(n-2)\times\hat{\sigma}\sqrt{1+\dfrac{1}{n}+\dfrac{(x_0-\overline{x})^2}{s_{xx}}}=46.57$，可得结果[7.57,100.70]次。

2. 解：（1）建立一元线性回归模型$y=\beta_0+\beta_1x+\varepsilon$；利用数据可得均值$\overline{x}=11.8$和$\overline{y}=40.8$，$s_{xy}=282.8$，$s_{xx}=122.8$，$s_{yy}=694.8$，可估计参数为$\hat{\beta}_0=13.63$，$\hat{\beta}_1=2.30$，因而回归模型为$\hat{y}=13.63+2.3x$。

（2）得到残差平方和$\mathrm{SSE}=43.53$，由于$n=5$，算得$\hat{\sigma}^2=14.51$。

（3）得到回归平方和$\mathrm{SSR}=651.27$，故算得判定系数$R^2=\dfrac{\mathrm{SSR}}{\mathrm{SSR}+\mathrm{SSE}}=0.9373$，说明拟合效果较好。

3. 解：复判定系数$R^2=\dfrac{\mathrm{SSR}}{\mathrm{SSR}+\mathrm{SSE}}=0.8517$，标准差$\hat{\sigma}=\sqrt{\dfrac{\mathrm{SSE}}{n-p-1}}=17.50$，$F=\dfrac{\mathrm{SSR}/p}{\mathrm{SSE}/(n-p-1)}=48.80$。

4. 解：（1）建立二元线性回归模型$y=\beta_0+\beta_1x_1+\beta_2x_2+\varepsilon$；记$X=[1,x_1,x_2]$，利用数据可算得

$$\left(X^{\mathrm{T}}X\right)^{-1}=\begin{bmatrix}5.9989 & -1.0389 & -1.0353\\ -1.0389 & 0.2239 & 0.1314\\ -1.0353 & 0.1314 & 0.2491\end{bmatrix}$$

则估计参数为$\hat{\beta}_0=83.23$，$\hat{\beta}_1=2.29$，$\hat{\beta}_2=1.30$，因而回归模型为$\hat{y}=83.23+2.29x_1+1.30x_2$。

（2）对线性关系的存在性检验，计算得到回归平方和$\mathrm{SSR}=23.44$和残差平方和$\mathrm{SSE}=2.06$，由于$n=8$，$p=2$，故算得F检验统计量为$F=\dfrac{\mathrm{SSR}/p}{\mathrm{SSE}/(n-p-1)}=28.38$，$p$值为0.0019，故认为线性关系成立。

（3）对回归系数的显著性检验，算得 $\hat{\sigma}^2=0.41$，t 检验统计量为 $t_i=\dfrac{\hat{\beta}_i}{\sqrt{c_{(i+1)(i+1)}\hat{\sigma}^2}}$。

对回归系数 $\hat{\beta}_1$，$c_{22}=0.2239$，$t_1=7.53$，p 值为 0.0007，故认为回归系数 $\hat{\beta}_1$ 是显著的。对回归系数 $\hat{\beta}_2$，$c_{33}=0.2491$，$t_2=4.06$，p 值为 0.0098，故认为回归系数 $\hat{\beta}_2$ 是显著的。

（4）根据 SSR 和 SSE，算得复判定系数为 $R^2=\dfrac{\text{SSR}}{\text{SSR}+\text{SSE}}=0.92$，调整后的复判定系数为 $R_a^2=1-\left(1-R^2\right)\dfrac{n-1}{n-p-1}=0.89$，因此拟合效果较好。

5. 解：（1）建立二元线性回归模型 $y=\beta_0+\beta_1x_1+\beta_2x_2+\varepsilon$；记 $X=\left[1,x_1,x_2\right]$，利用数据可算得

$$\left(X^{\mathrm{T}}X\right)^{-1}=\begin{bmatrix}23.6781 & -0.0139 & -0.0452\\ -0.0139 & 9.1\times10^{-6} & 2.5\times10^{-5}\\ -0.0452 & 2.5\times10^{-5} & 0.0001\end{bmatrix}$$

则估计参数为 $\hat{\beta}_0=375.60$，$\hat{\beta}_1=0.54$，$\hat{\beta}_2=1.46$，因而回归模型为 $\hat{y}=375.6+0.54x_1+1.46x_2$。

（2）对线性关系的存在性检验，计算得到回归平方和 $\text{SSR}=31\,778$ 和残差平方和 $\text{SSE}=58\,383$，由于 $n=15$，$p=2$，故算得 F 检验统计量为 $F=\dfrac{\text{SSR}/p}{\text{SSE}/(n-p-1)}=3.27$，$p$ 值为 0.0737，故认为线性关系不成立。

（3）对回归系数的显著性检验，算得 $\hat{\sigma}^2=4865.2$，t 检验统计量为 $t_i=\dfrac{\hat{\beta}_i}{\sqrt{c_{(i+1)(i+1)}\hat{\sigma}^2}}$。

对回归系数 $\hat{\beta}_1$，$c_{22}=9.1\times10^{-6}$，$t_1=2.56$，p 值为 0.0252。对回归系数 $\hat{\beta}_2$，$c_{33}=0.0001$，$t_2=2.18$，p 值为 0.0497。实际上回归系数的显著性检验没有意义。

6. 解：（1）建立二元线性回归模型 $y=\beta_0+\beta_1x_1+\beta_2x_2+\varepsilon$；记 $X=\left[1,x_1,x_2\right]$，利用数据可算得

$$\left(X^{\mathrm{T}}X\right)^{-1}=\begin{bmatrix}3.7314 & 0.0542 & -0.6557\\ 0.0542 & 0.0013 & -0.0134\\ -0.6557 & -0.0134 & 0.1428\end{bmatrix}$$

则估计参数为 $\hat{\beta}_0=-0.59$，$\hat{\beta}_1=22.39$，$\hat{\beta}_2=327.67$，故回归模型为 $\hat{y}=22.39x_1+327.67x_2-0.59$。

（2）对降雨量和温度进行相关系数检验，算得二者之间的相关系数 r 为 0.97，检验统计量为 $t=|r|\sqrt{\dfrac{n-2}{1-r^2}}=8.24$，其中 $n=7$，p 值为 0.0004，因而认为降雨量和温度之间存

在一定的相关性。故二元线性回归模型可能存在多重共线性。

7. 解：(1)建立三元线性回归模型 $y=\beta_0+\beta_1x_1+\beta_2x_2+\beta_3x_3+\varepsilon$；记 $X=[1,x_1,x_2,x_3]$，利用数据可算得

$$\left(X^{\mathrm{T}}X\right)^{-1}=\begin{bmatrix} 1.1315 & -8.0240\times10^{-5} & -7.3348\times10^{-5} & -4.7165\times10^{-5} \\ -8.0240\times10^{-5} & 6.5944\times10^{-7} & -1.3930\times10^{-7} & -6.8546\times10^{-9} \\ -7.3348\times10^{-5} & -1.3930\times10^{-7} & 2.0017\times10^{-7} & -3.9821\times10^{-8} \\ -4.7165\times10^{-5} & -6.8546\times10^{-9} & -3.9821\times10^{-8} & 1.5052\times10^{-8} \end{bmatrix}$$

则估计参数为 $\hat{\beta}_0=-261.27$，$\hat{\beta}_1=0.71$，$\hat{\beta}_2=1.36$，$\hat{\beta}_3=0.03$，因而回归模型为 $\hat{y}=0.71x_1+1.36x_2+0.03x_3-261.27$。

(2)对线性关系的存在性检验，计算得到回归平方和 $\mathrm{SSR}=4.64\times10^7$ 和残差平方和 $\mathrm{SSE}=1.22\times10^6$，由于 $n=10$，$p=3$，故算得 F 检验统计量为 $F=\dfrac{\mathrm{SSR}/p}{\mathrm{SSE}/(n-p-1)}=76.15$，$p$ 值为 3.63×10^{-5}，故认为线性关系成立。

(3)对回归系数的显著性检验，算得 $\hat{\sigma}^2=2.03\times10^5$，$t$ 检验统计量为 $t_i=\dfrac{\hat{\beta}_i}{\sqrt{c_{(i+1)(i+1)}\hat{\sigma}^2}}$。对回归系数 $\hat{\beta}_1$，$c_{22}=6.5944\times10^{-7}$，$t_1=1.93$，$p$ 值为 0.10，故认为 $\hat{\beta}_1$ 是不显著的。对回归系数 $\hat{\beta}_2$，$c_{33}=2.0017\times10^{-7}$，$t_2=6.72$，$p$ 值为 0.0005，故认为 $\hat{\beta}_2$ 是显著的。对回归系数 $\hat{\beta}_3$，$c_{44}=1.5052\times10^{-8}$，$t_3=0.57$，$p$ 值为 0.59，故认为 $\hat{\beta}_3$ 是不显著的。

(4)根据 SSR 和 SSE，算得复判定系数为 $R^2=\dfrac{\mathrm{SSR}}{\mathrm{SSR}+\mathrm{SSE}}=0.97$，调整后的复判定系数为 $R_a^2=1-\left(1-R^2\right)\dfrac{n-1}{n-p-1}=0.96$，因此拟合效果较好。

(5)对地产估价和房产估价进行相关系数检验，算得二者之间的相关系数 r 为 0.63，检验统计量为 $t=|r|\sqrt{\dfrac{n-2}{1-r^2}}=2.30$，其中 $n=10$，p 值为 0.0504，因而认为地产估价和房产估价之间没有相关性。对地产估价和使用面积进行相关系数检验，算得二者之间的相关系数 r 为 0.55，检验统计量为 $t=|r|\sqrt{\dfrac{n-2}{1-r^2}}=1.84$，$p$ 值为 0.10，因而认为地产估价和使用面积之间没有相关性。对房产估价和使用面积进行相关系数检验，算得二者之间的相关系数 r 为 0.82，检验统计量为 $t=|r|\sqrt{\dfrac{n-2}{1-r^2}}=3.99$，$p$ 值为 0.004，因而认为房产估价和使用面积存在一定的相关性。故三元线性回归模型可能存在多重共线性。

8. 解：(1)建立四元线性回归模型 $y=\beta_0+\beta_1x_1+\beta_2x_2+\beta_3x_3+\beta_4x_4+\varepsilon$；记

$X=[1,x_1,x_2,x_3,x_4]$，利用数据可算得

$$\left(X^{\mathrm{T}}X\right)^{-1}=\begin{bmatrix} 129.74 & -577.60 & 0.84 & 0.63 & -12.03 \\ -577.60 & 2808.30 & -3.31 & -6.09 & 69.53 \\ 0.84 & -3.31 & 0.01 & -0.005 & -0.04 \\ 0.63 & -6.09 & -0.005 & 0.06 & -0.34 \\ -12.03 & 69.53 & -0.04 & -0.34 & 2.62 \end{bmatrix}$$

则估计参数为 $\hat{\beta}_0=1.35$，$\hat{\beta}_1=2.76$，$\hat{\beta}_2=0.01$，$\hat{\beta}_3=0.003$，$\hat{\beta}_4=0.27$，因而回归模型为 $\hat{y}=1.35+2.76x_1+0.01x_2+0.003x_3+0.27x_4$。

（2）对线性关系的存在性检验，计算得到回归平方和 $\mathrm{SSR}=1.06$ 和残差平方和 $\mathrm{SSE}=0.02$，由于 $n=11$，$p=4$，故算得 F 检验统计量为 $F=\dfrac{\mathrm{SSR}/p}{\mathrm{SSE}/(n-p-1)}=79.33$，$p$ 值为 2.52×10^{-5}，故认为线性关系成立。

（3）对回归系数的显著性检验，算得 $\hat{\sigma}^2=0.0033$，t 检验统计量为 $t_i=\dfrac{\hat{\beta}_i}{\sqrt{c_{(i+1)(i+1)}\hat{\sigma}^2}}$。对回归系数 $\hat{\beta}_1$，$c_{22}=2808.3$，$t_1=0.90$，p 值为 0.40，故认为 $\hat{\beta}_1$ 是不显著的。对回归系数 $\hat{\beta}_2$，$c_{33}=0.01$，$t_2=1.66$，p 值为 0.15，故认为 $\hat{\beta}_2$ 是不显著的。对回归系数 $\hat{\beta}_3$，$c_{44}=0.06$，$t_3=0.19$，p 值为 0.86，故认为 $\hat{\beta}_3$ 是不显著的。对回归系数 $\hat{\beta}_4$，$c_{55}=2.62$，$t_4=2.90$，p 值为 0.03，故认为 $\hat{\beta}_4$ 是显著的。

（4）根据 SSR 和 SSE，算得复判定系数为 $R^2=\dfrac{\mathrm{SSR}}{\mathrm{SSR}+\mathrm{SSE}}=0.98$，调整后的复判定系数为 $R_a^2=1-\left(1-R^2\right)\dfrac{n-1}{n-p-1}=0.97$，因此拟合效果较好。

（5）对 x_1 和 x_2 进行相关系数检验，算得二者之间的相关系数 r 为−0.07，检验统计量为 $t=|r|\sqrt{\dfrac{n-2}{1-r^2}}=0.20$，其中 $n=11$，p 值为 0.85，因而认为 x_1 和 x_2 之间没有相关性。对 x_1 和 x_3 进行相关系数检验，算得二者之间的相关系数 r 为−0.63，检验统计量为 $t=|r|\sqrt{\dfrac{n-2}{1-r^2}}=2.45$，$p$ 值为 0.04，因而认为 x_1 和 x_3 之间存在一定的相关性。对 x_1 和 x_4 进行相关系数检验，算得二者之间的相关系数 r 为−0.81，检验统计量为 $t=|r|\sqrt{\dfrac{n-2}{1-r^2}}=4.08$，$p$ 值为 0.003，因而认为 x_1 和 x_4 之间存在一定的相关性。对 x_2 和 x_3 进行相关系数检验，算得二者之间的相关系数 r 为 0.67，检验统计量为 $t=|r|\sqrt{\dfrac{n-2}{1-r^2}}=2.67$，$p$ 值为 0.03，因而认为 x_2 和 x_3 之间存在一定的相关性。对 x_2 和 x_4 进行相关系数检验，算得二者之间的相关系数 r 为 0.53，检验统计量为

$t=|r|\sqrt{\dfrac{n-2}{1-r^2}}=1.88$，$p$ 值为 0.09，因而认为 x_2 和 x_4 之间没有相关性。对 x_3 和 x_4 进行相关系数检验，算得二者之间的相关系数 r 为 0.95，检验统计量为 $t=|r|\sqrt{\dfrac{n-2}{1-r^2}}=8.94$，$p$ 值为 0，因而认为 x_3 和 x_4 之间存在一定的相关性。故四元线性回归模型可能存在多重共线性。

（6）计算 x_1、x_2、x_3 和 x_4 的方差扩大因子分别为 7.76、3.02、19.94、34.73，由此判断四元线性回归模型存在多重共线性。

9. 解：引入变量 $x_2'=3x_2^2-2$，即可将模型转化为 $y=\beta_0+\beta_1x_1+\beta_2x_2'+\varepsilon$，从而利用多元线性回归模型的相关公式进行分析。记

$$Y=\begin{bmatrix}y_1\\y_2\\\vdots\\y_n\end{bmatrix},X=\begin{bmatrix}1 & x_{11} & 3x_{12}^2-2\\1 & x_{21} & 3x_{22}^2-2\\\vdots & \vdots & \vdots\\1 & x_{n1} & 3x_{n2}^2-2\end{bmatrix},\beta=\begin{bmatrix}\beta_0\\\beta_1\\\beta_2\end{bmatrix}$$

并假定 X 列满秩，可得 $\hat{\beta}=\left(X^{\mathrm{T}}X\right)^{-1}X^{\mathrm{T}}Y$。

10. 解：(1) 建立 Logistic 回归模型 $P(y=1)=\pi(x)=\dfrac{1}{1+\exp(-\beta_0-\beta_1x_1-\beta_2x_2-\beta_3x_3)}$，由上述数据，拟合 Logistic 模型，计算可得 $\hat{\beta}=[-13.0213\quad 2.8261\quad 0.0952\quad 2.3787]^{\mathrm{T}}$，

$$\widehat{\mathrm{Cov}\left(\hat{\beta}\right)}=\begin{bmatrix}24.318 & -4.573 & -0.346 & -2.359\\-4.573 & 1.595 & -0.037 & 0.428\\-0.346 & -0.037 & 0.020 & 0.015\\-2.359 & 0.428 & 0.015 & 1.133\end{bmatrix}$$

故有 $P(y=1)=\pi(x)=\dfrac{1}{1+\exp(13.0213-2.8261x_1-0.0952x_2+2.3787x_3)}$。

（2）对模型的成立性进行检验，如果模型中包含所有 3 个自变量，此时对数似然函数值为 $\ln L_p=-12.89$，如果模型中没有自变量，此时对数似然函数值为 $\ln L_0=-20.59$，因而对数似然比统计量为 $K^2=2\left(\ln L_p-\ln L_0\right)=15.40$，相应的 p 值为 4.52×10^{-4}。因而认为回归模型是成立的。

（3）针对各个回归系数，检验统计量为 $W_i=\left(\hat{\beta}_i/S_{\hat{\beta}_i}\right)^2$，其中 $i=0,1,2,3$，$S_{\hat{\beta}_i}^2$ 是协方差矩阵对角线 $\widehat{\mathrm{Cov}\left(\hat{\beta}\right)}$ 上的元素。可依次算得回归系数 β_0、β_1、β_2、β_3 的检验统计量为 6.972、5.007、0.452 和 4.993，相应的 p 值为 0.008、0.025、0.501 和 0.025。因而回归系数 β_2 是不显著的。

（4）采用 Hosmer-Lemeshow 统计量进行 Logistic 回归方程的拟合优度检验。在进行检验时，需根据预测概率值将数据大致分为相同规模的 m 组（通常 $m=10$）。计算原

数据中各样本下 $y=1$ 的预测概率，并按照预测概率从小到大进行排序。在排序的基础上，将数据分为 10 组，前 9 组每组 3 行数据（3 个学生的数据），第 10 组共 5 行数据，并计算每一组内 $P(y=1)$ 的概率之和。易知组内的概率和等于每组内 $y=1$ 的理论上的预测值的个数（期望频数），如表 7-14 所示。

表 7-14　Hosmer-Lemeshow 统计结果

序号	y	$P(y=1)$	组内概率和	序号	y	$P(y=1)$	组内概率和
11	0	0.0245		13	0	0.3222	
4	0	0.0259	0.0769	15	0	0.3610	1.1643
7	0	0.0265		26	1	0.4811	
1	0	0.0266		31	0	0.5291	
16	0	0.0302	0.0917	5	1	0.5699	1.6889
6	0	0.0349		19	0	0.5899	
18	0	0.0386		27	1	0.6354	
8	0	0.0516	0.1438	20	1	0.6608	1.9897
17	0	0.0536		10	1	0.6935	
2	0	0.0595		25	1	0.8383	
21	0	0.0614	0.2319	29	1	0.8417	
32	1	0.1110		24	0	0.8521	4.3823
9	0	0.1111		22	1	0.9049	
3	0	0.1873	0.4884	30	1	0.9453	
12	0	0.1900					
14	1	0.1932					
23	0	0.2418	0.7422				
28	0	0.3072					

进一步整理后，即可得到 Hosmer-Lemeshow 检验列联表，如表 7-15 所示。

表 7-15　Hosmer-Lemeshow 检验列联表

分组	y=0		y=1		合计
	观测频数	期望频数	观测频数	期望频数	
1	3	2.9231	0	0.0769	3
2	3	2.9084	0	0.0916	3
3	3	2.8562	0	0.1438	3
4	2	2.7681	1	0.2319	3
5	3	2.5116	0	0.4884	3
6	2	2.2578	1	0.7422	3
7	2	1.8356	1	1.1644	3
8	2	1.3111	1	1.6889	3
9	0	1.0103	3	1.9897	3
10	1	0.6177	4	4.3823	5

在进行检验时，记每一组的数据总个数为 n_i，每一组内 $y=1$ 的个数为 o_i，每一组内

$y=0$ 的个数为 n_i-o_i，$\hat{\pi}_{ij}$ 为落在第 i 组的第 j 个观测值 $y=1$ 的预测概率。则落在第 i 组的 $y=1$ 的期望频数为 $\sum_{j=1}^{n_i}\hat{\pi}_{ij}\triangleq E_i$，落在第 i 组的 $y=0$ 的期望频数为 n_i-E_i。基于 o_i、n_i-o_i、E_i、n_i-E_i，构造 χ^2 统计量 $\chi_{\mathrm{HL}}^2=\sum_{i=1}^{m}\left[\frac{\left(o_i-E_i\right)^2}{E_i}+\frac{\left[\left(n_i-o_i\right)-\left(n_i-E_i\right)\right]^2}{n_i-E_i}\right]=6.26$。基于 χ^2 分布 $\chi_{\mathrm{HL}}^2\sim\chi^2\left(m-2\right)$，其中 $m=10$，算得 p 值为 0.6184，大于显著性水平 0.05，说明模型的拟合程度较高。

第8章　主成分分析与因子分析

8.1　学 习 指 导

本章的知识结构如表8-1所示。

表8-1　主成分分析与因子分析的知识结构

<table>
<tr><th>章节</th><th>知识点</th><th>内容</th></tr>
<tr><td rowspan="5">主成分分析概述</td><td>主要目的</td><td>数据降维，消除相关性</td></tr>
<tr><td>基本思想</td><td>通过空间旋转进行线性变换</td></tr>
<tr><td rowspan="2">定义</td><td>原观测变量的线性组合，且方差最大</td></tr>
<tr><td>p维原观测变量，最多只能有p个主成分</td></tr>
<tr><td>作用</td><td>数据压缩、数据解释、中间处理</td></tr>
<tr><td rowspan="4">主成分的求解</td><td>求解结果</td><td>基于总体的协方差，注意求得的特征向量要归一化</td></tr>
<tr><td>主成分性质</td><td>方差贡献率、累计方差贡献率、载荷量</td></tr>
<tr><td colspan="2">标准化变量后再求主成分</td></tr>
<tr><td>样本主成分的求解</td><td>总体协方差未知，用样本协方差近似</td></tr>
<tr><td rowspan="4">主成分分析的应用</td><td>样本数据预处理</td><td>根据样本数据的量纲和取值范围差异决定是否标准化</td></tr>
<tr><td>计算样本协方差的特征值和特征向量</td><td>注意特征向量归一化</td></tr>
<tr><td>提取主成分</td><td>累计方差贡献率、碎石图、根据特征值是否大于1（适用于标准化变量）</td></tr>
<tr><td colspan="2">对主成分进行分析、解释和命名</td></tr>
<tr><td rowspan="3">因子分析概述</td><td>主要目的</td><td>变量降维</td></tr>
<tr><td>基本思想</td><td>基于变量的相关性进行分组</td></tr>
<tr><td>作用</td><td>简化数据、识别系统的不可观测性、进行相关性分析</td></tr>
</table>

续表

章节	知识点	内容		
因子分析概述	模型	公共因子模型	形式	用因子表示原观测变量
			概念	公共因子
				特殊因子
				因子载荷矩阵
		正交因子模型	特殊的公共因子模型	满足 3 个条件
			协方差结构分解	
			共同度、特殊方差	二者互补
			因子的贡献	
正交因子模型的求解	基本原理	因子载荷的求解		
		特殊方差的求解	近似求解	
	基于样本的模型求解	用样本协方差近似总体协方差		
	因子旋转	原理	正交因子模型的旋转不定性	
		目的		
		方法	常用方差最大旋转法	
	因子得分	公共因子的取值		
		方法	正态分布法、回归法	
因子分析的应用	确定观测变量并获取样本数据			
	数据预处理	根据样本数据的量纲和取值范围差异决定是否标准化		
	相关性分析	KMO 法、Bartlett 球度检验		
	确定因子数目	累计方差贡献率、碎石图、根据特征值是否大于 1（适用于标准化变量）		
	计算因子载荷矩阵			
	进行因子旋转			
	进行因子命名			
	计算因子得分			
	写出分析报告			

注：KMO 即 Kaiser-Meyer-Olkin；Bartlett 球度检验（Bartlett’s test of sphericity），即巴特利特球度检验

学习要点如图 8-1 所示。

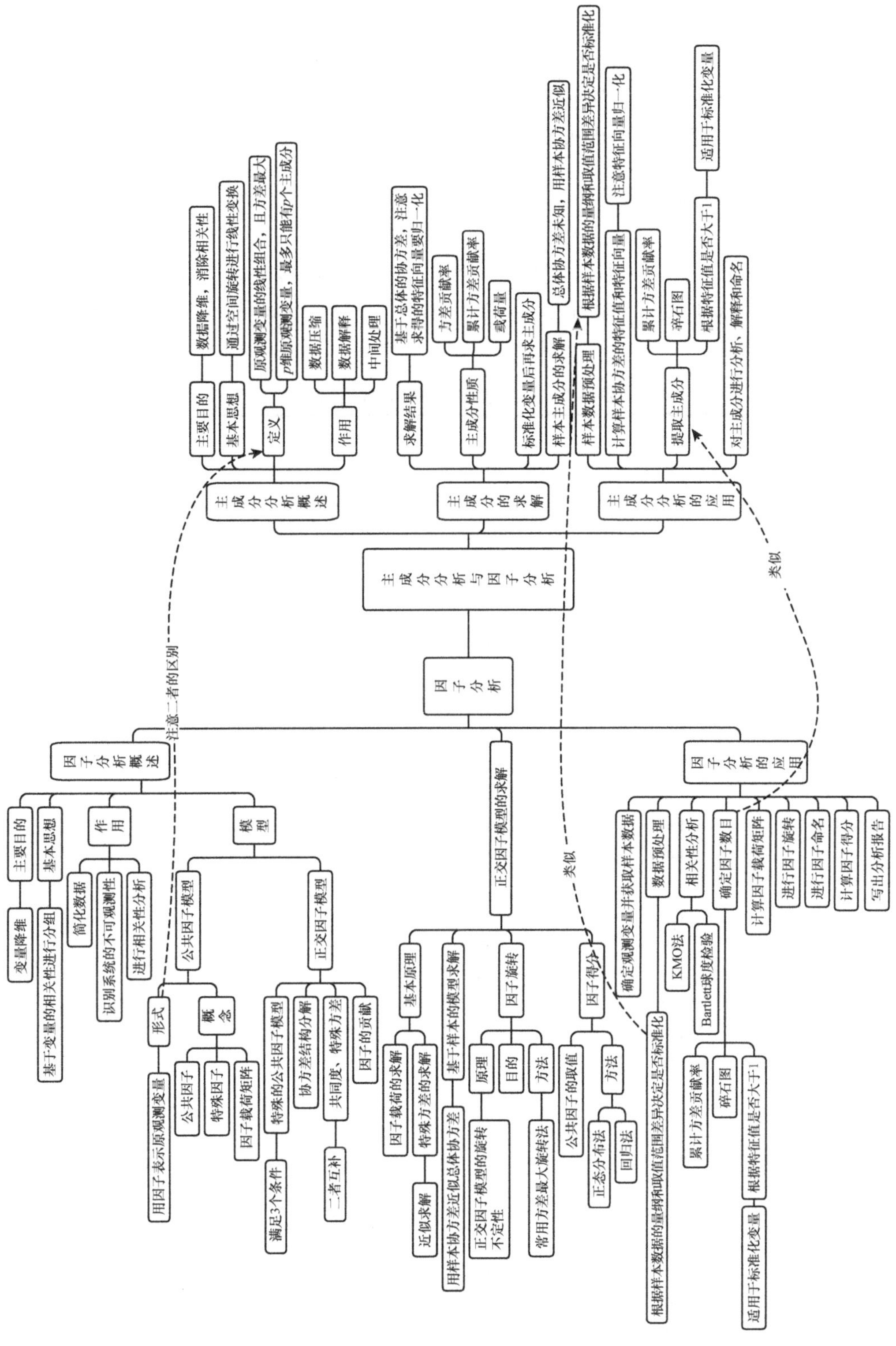

图 8-1　主成分分析与因子分析的学习要点

8.2 软 件 操 作

本节针对教材第 8 章中的各个例题，给出软件编程代码。由于主成分分析与因子分析比较重要，本节同时给出 Python 和 MATLAB 编程分析的代码。

8.2.1 主成分分析

教材中的“8.3.3 节”，反映了主成分分析的计算问题。对于这一问题，首先将所需的数据集整理为 Excel 文件，命名为“第 8 章.xlsx”，并将 sheet 表名改为“表 8-1”，数据格式如表 8-2 所示。

表 8-2 主成分分析所用的数据集

序号	X_1	X_2	X_3	X_4
1	148	41	72	78
2	139	34	71	76
3	160	49	77	86
4	149	36	67	79
5	159	45	80	86
6	142	31	66	76
7	153	43	76	83
8	150	43	77	79
9	151	42	77	80
10	139	31	68	74
11	140	29	64	74
12	161	47	78	84
13	158	49	78	83
14	140	33	67	77
15	137	31	66	73
16	152	35	73	79
17	149	47	82	79
18	145	35	70	77
19	160	47	74	87
20	156	44	78	85
21	151	42	73	82
22	147	38	73	78
23	157	39	68	80
24	147	30	65	75
25	157	48	80	88
26	151	36	74	80
27	144	36	68	76
28	141	30	67	76
29	139	32	68	73
30	148	38	70	78

注：身高（X_1，单位：厘米）、体重（X_2，单位：千克）、胸围（X_3，单位：厘米）和坐高（X_4，单位：厘米）

读入 Excel 文件“第 8 章.xlsx”中的 sheet 表“表 8-1”，相应的 Python 代码如下。

```
#导入 pandas 库并重命名为 pd
import pandas as pd
#导入 matplotlib 库并重命名为 plt
import matplotlib.pyplot as plt
#导入 sklearn 库中的 PCA
from sklearn.decomposition import PCA
#读入数据
data = pd.read_excel('第 8 章.xlsx', '表 8-1')
#读入各变量的数据进行分析
X = data[['X1','X2','X3','X4']];
#求各变量数据的均值和标准差
X_mean = X.mean()
X_std = X.std()
#将各变量标准化
X_norm = ( X-X_mean)/X_std
#标准化后的变量协方差矩阵
X_norm_cov =X_norm.cov()
#计算主成分，给定主成分个数为 2
pca = PCA(n_components = 2).fit(X_norm)
#主成分的方差，即协方差矩阵的特征值
L = pca.explained_variance_
#主成分的方差贡献率
Var_pro = pca.explained_variance_ratio_
#主成分的累计方差贡献率
Var_pro_cum = Var_pro.sum()
#求解主成分对应的特征向量
V = pca.components_.T
#求主成分结果
y = pca.transform(X_norm)
#将主成分结果绘图
plt.scatter(y[:,0],y[:,1])
plt.xlabel(' ŷ1 ');plt.ylabel(' ŷ2 ')
```

其中主要使用了 Python 中 sklearn 库的 PCA 函数。但是该函数在运行时，需要指定主成分的个数 n_components。上述代码能够给出教材中“表 8-2　样本均值与标准差”、样本的相关系数矩阵、前 2 个主成分以及教材中“图 8-5　第一主成分对第二主成分得分的散点图”的计算结果和图表。

也可以自己编写 Python 代码进行主成分分析。读入 Excel 文件“第 8 章.xlsx”中的 sheet 表“表 8-1”，相应的 Python 代码如下。

```
#导入 pandas 库并重命名为 pd
import pandas as pd
#导入 numpy 库并重命名为 np
import numpy as np
#导入 matplotlib 库并重命名为 plt
import matplotlib.pyplot as plt
#读入数据
data = pd.read_excel('第 8 章.xlsx', '表 8-1')
#读入各变量的数据进行分析
X = data[['X1','X2','X3','X4']];
```

```
#求各变量数据的均值和标准差
X_mean = X.mean()
X_std = X.std()
#将各变量标准化
X_norm = ( X-X_mean)/X_std
#标准化后的变量协方差矩阵
X_norm_cov =X_norm.cov()
#求协方差矩阵的特征值
eig_value, eig_vector = np.linalg.eig(X_norm_cov)
#将特征值升序排列
eig = pd.DataFrame({"特征值": eig_value})
eig = eig.sort_values(by=["特征值"], ascending=False)
eig = eig.sort_index()
#调整特征向量使其与排序后的特征值一致
eig_sorted_index = np.argsort(eig_value)
eig_vector_sort = eig_vector[:,eig_sorted_index[::-1]]
eig_vec = pd.DataFrame(eig_vector_sort)
#求方差贡献率
eig['方差贡献率'] = eig.特征值/eig.特征值.sum()
#求累计方差贡献率
eig["累计贡献率"] = (eig.特征值/eig.特征值.sum()).cumsum()
#根据累计贡献率大于 80%确定主成分个数
PCA_num = (eig['累计贡献率'] < 0.8).sum() + 1
#根据特征值大于 1 确定主成分个数
PCA_num = (eig['特征值'] > 1).sum()
#解决图形中的中文输出问题
plt.rcParams['font.sans-serif'] = ['SimHei']
plt.rcParams['axes.unicode_minus'] = False
#绘碎石图
plt.scatter(eig.index+1,eig['特征值'])
plt.plot(eig.index+1, eig['特征值'])
plt.xlabel('主成分');plt.ylabel('特征值')
#求主成分结果
PCA_num =2
y = pd.DataFrame(np.dot(X_norm,eig_vec.iloc[:,0:PCA_num]))
#绘碎石图
plt.scatter(y.iloc[:,0],y.iloc[:,1])
plt.xlabel(' ŷ1 ');plt.ylabel(' ŷ2 ')
```

上述代码能够给出教材中“表 8-2　样本均值与标准差”、样本的相关系数矩阵、“表 8-3　特征值与归一化特征向量”、前 2 个主成分、“图 8-4　学生身体指标主成分分析的碎石图”以及教材中“图 8-5　第一主成分对第二主成分得分的散点图”的计算结果和图表。

读入 Excel 文件“第 8 章.xlsx”中的 sheet 表“表 8-1”，相应的 MATLAB 代码如下。

```
%读入数据
data = xlsread('第 8 章.xlsx','表 8-1');
%读入各变量的数据
x =data(:,2:end);
%求各变量的均值和标准差
x_mean =mean(x)
x_std =std(x)
```

```
%求标准化后数据的协方差矩阵，即原数据的相关系数矩阵
cov_data = corrcoef(x)
%求协方差矩阵的特征值和特征向量
[V, D] = eig(cov_data);
%将特征值降序排列
eig_data = sort(diag(D), 'descend')
%对应特征值，调整特征向量顺序保证对应关系
V_toD_descend = V(:, end:-1:1)
%求各主成分的方差贡献率
pro_eig = eig_data /sum(diag(D))
%求各主成分的方差累计贡献率
pro_cum_eig = cumsum(pro_eig)
%绘碎石图
figure;
scatter(1: length( eig_data), eig_data);
hold on;
plot(1: length( eig_data), eig_data);
xlabel('主成分');
ylabel('特征值');
%将原数据标准化
x_norm = (x-x_mean)./x_std;
%明确主成分的个数
pca_num = 2;
%求主成分结果
y_pca = x_norm *V_toD_descend(:,1: pca_num);
%将主成分结果绘图
figure;
scatter(y_pca(:,1),y_pca(:,2))
xlabel(' ŷ1 ');
ylabel(' ŷ2 ');
```

上述代码能够给出教材中“表 8-2　样本均值与标准差”、样本的相关系数矩阵、“表 8-3　特征值与归一化特征向量”、前 2 个主成分、“图 8-4　学生身体指标主成分分析的碎石图”以及教材中“图 8-5　第一主成分对第二主成分得分的散点图”的计算结果和图表。

8.2.2　因子分析

教材中的“8.6.3 节”，反映了因子分析的计算问题。对于这一问题，首先将所需的数据集整理为 Excel 文件，命名为“第 8 章.xlsx”，并将 sheet 表名改为“表 8-5”，数据格式如表 8-3 所示。其中，“分析”表示“数学分析”，“常微”表示“常微分方程”，“复变”表示“复变函数”。

表 8-3　因子分析所用的数据集（单位：分）

序号	英语 1	分析	政治	常微	复变	英语 2	物理
1	64	84	83	78	82	73	74
2	68	87	78	90	97	73	81
3	60	53	78	60	80	65	60
4	66	58	83	64	72	71	75
5	52	69	85	60	87	73	71

续表

序号	英语 1	分析	政治	常微	复变	英语 2	物理
6	66	84	82	79	92	70	91
7	69	62	77	60	85	70	72
8	49	82	83	70	75	69	75
9	55	11	71	44	37	70	39
10	54	11	81	60	67	67	60
11	60	0	83	60	45	66	52
12	69	62	87	60	75	71	66
13	54	32	75	67	85	65	61
14	62	72	83	61	92	72	67
15	83	76	82	88	90	84	77
16	60	42	76	60	67	72	61
17	72	60	75	65	64	71	60
18	52	65	82	61	83	68	61
19	73	74	83	79	87	78	86
20	62	66	84	76	90	73	85
21	62	44	77	71	86	78	69
22	55	13	85	60	62	69	64
23	69	63	88	60	78	74	76
24	60	48	82	77	84	76	82
25	69	16	80	65	63	63	52
26	71	67	84	64	79	75	80
27	67	77	77	69	82	78	77
28	74	43	81	56	60	72	48
29	66	42	81	64	74	71	66
30	65	75	81	68	96	76	75
31	69	84	76	84	87	80	85
32	68	69	76	73	71	82	73
33	54	17	77	60	66	61	70
34	66	47	85	61	84	72	60

其次，读入 Excel 文件“第 8 章.xlsx”中的 sheet 表“表 8-5”，相应的 Python 代码如下。

```
#导入 pandas 库并重命名为 pd
import pandas as pd
#导入 numpy 库并重命名为 np
import numpy as np
#导入 matplotlib 库并重命名为 plt
import matplotlib.pyplot as plt
#导入因子分析库
from factor_analyzer import FactorAnalyzer, calculate_kmo, calculate_bartlett_
sphericity
#读入数据
data = pd.read_excel('第 8 章.xlsx','表 8-5')
```

```
#读入各变量数据
X = data.iloc[:,1:];
#将原数据标准化
X_norm =(X-X.mean())/X.std()
#对数据进行 KMO 检验
kmo = calculate_kmo(X_norm)
#对数据进行 Bartlett 球度检验
bartlett = calculate_bartlett_sphericity(X_norm)
#主成分个数为 m 个,提取方法为主成分提取方法, 先不旋转
fa = FactorAnalyzer(n_factors=3, method='principal', rotation=None).fit(X_norm)
#特征值
tzz = fa.get_eigenvalues()
#方差贡献率
gxl = fa.get_factor_variance()
#因子载荷矩阵
load_no_rotation = fa.loadings_
#共同度
gtd = fa.get_communalities()
#主成分个数为 3 个,提取方法为主成分提取方法,旋转方法为最大方差法
fa_rotation = FactorAnalyzer(n_factors=3, method='principal', rotation='varimax',
is_corr_matrix=False).fit(X_norm)
#因子旋转后的因子载荷矩阵
load_after_rotation = fa_rotation.loadings_
#旋转矩阵
xz = fa_rotation.rotation_matrix_
#用教材中的正态分布法求因子得分
score_norm_coe = np.dot(fa_rotation.loadings_.T,np.linalg.inv(X_norm.corr()))
score_norm = np.dot(score_norm_coe, X_norm.T).T
```

其中 FactorAnalyzer 是 Python 中 factor_analyzer 库里的一个函数，用来实施因子分析。该函数在运行时，需要指定因子的个数 n_factors，因此如果一开始不知道提取多少个因子，可以将 n_factors 设为全变量。该函数的相关参数说明如下。

（1）n_factors 是因子个数；

（2）method 是因子的求解方法，取值为 minres 表示最小二乘法，ml 表示极大似然法，principal 表示主成分法，默认取 minres；

（3）rotation 是因子旋转的方法，取值为 None 表示没有因子旋转，其他可选方法包括 varimax（方差最大）、promax（迫近最大方差）、oblimin（最大斜交旋转）、oblimax（最大斜交法）、quartimin（四方最小法）、quartimax（四次方最大法）、equamax（等量最大法），默认取 promax；另外 varimax、oblimax、quartimax、equamax 属于 orthogonal rotation（正交旋转）方法，promax、oblimin、quartimin 属于 oblique rotation（斜交旋转）方法；

（4）is_corr_matrix 是布尔型，取值为 True 代表输入的是相关性矩阵，默认为 False，表示输入的是数据。

另外，对于因子得分，利用 FactorAnalyzer 求得的结果 fa_rotation，可以调用其中的 transform 函数进行求解，即 score = fa_rotation.transform(X_norm)，但该函数采用的是最小二乘法进行求解。上述代码中提供的是基于正态分布法求得的因子得分。上述代码能够给出教材中的 KMO 值、Bartlett 球度检验结果、3 个公共因子的方差贡献率、“表 8-8　因

子载荷矩阵”、“表 8-9　各门课程的变量共同度”、旋转变换矩阵、“表 8-10　旋转后的因子载荷矩阵”和因子得分的表达式。

读入 Excel 文件“第 8 章.xlsx”中的 sheet 表“表 8-5”，相应的 MATLAB 代码如下。

```
%读入数据
data = xlsread('第 8 章.xlsx','表 8-5');
%读入各变量数据
x =data(:,2:end);
%求各变量数据标准化后的协方差矩阵
cov_data = corrcoef(x)
%进行 Bartlett 检验
[~,pvalue,~] = barttest(cov_data,0.05)
%求协方差矩阵的特征值和特征向量
[V,D] = eig(cov_data)
%将特征值降序排列
eig_data = sort(diag(D), 'descend')
%调整特征向量顺序，使其与特征值一致
V_toD_descend = V(:, end:-1:1)
%求方差贡献率
pro_eig = eig_data/sum(diag(D))
%求累计方差贡献率
pro_cum_eig = cumsum(pro_eig)
%绘碎石图
figure;
scatter(1: length(eig_data), eig_data);
hold on;
plot(1: length(eig_data), eig_data);
xlabel('主成分');
ylabel('特征值');
%确定因子个数
m = 3;
%求初始载荷矩阵
A = V_toD_descend(:, 1:m) .*repmat(sqrt(eig_data(1:m))',size(x,2),1)
%求共同度
commu = sum(A.^2,2)
%进行因子旋转
A_VA = rotatefactors(A)
%利用正态分布法求因子得分
score_norm_coe = A_VA' *inv(corrcoef(x))
score_norm = score_norm_coe *((x -mean(x))./std(x))'
```

上述代码能够给出教材中的“表 8-6　学生各门课程的考试成绩相关系数矩阵”、Bartlett 球度检验结果、“表 8-7　特征值与方差贡献率”、“图 8-9　考试成绩因子分析碎石图”、“表 8-8　因子载荷矩阵”、“表 8-9　各门课程的变量共同度”、“表 8-10　旋转后的因子载荷矩阵”和因子得分的表达式。

8.3　习　　题

8.3.1　单项选择题

1. 下面关于主成分分析的说法错误的是____。

A. 新的变量互不相关　　B. 使用潜在变量解释可观察变量

C. 可以用来压缩数据　　D. 对原坐标系的一种变换

2. 关于主成分分析，下列说法不正确的是____。

A. 第一主成分反映了数据变异最大的方向（维）

B. 各主成分之间互不相关

C. 主成分是原始观测变量的非线性组合

D. 利用主成分进行降维会带来一定的信息损失

3. 关于主成分分析，下列说法不正确的是_____。

A. 所有原始变量的方差和不等于所有主成分的方差和

B. 主成分可用于数据降维

C. 可以根据累计方差贡献率来确定主成分的个数

D. 利用碎石图可以辅助确定主成分的个数

4. 在主成分分析中，已知二元变量协方差矩阵的特征值分别为 1.4 和 0.6，则其第一主成分的贡献率为____。

A. 0.7　　B. 0.6　　C. 0.64　　D. 0.84

5. 已知某总体有 25 个变量，样本容量为 1800，试问其标准化后的协方差矩阵对角元素之和、标准化后的协方差矩阵特征值之和分别为____。

A. 1800，25　　B. 1800，1800　　C. 25，1800　　D. 25，25

6. 关于因子分析，下列说法不正确的是____。

A. 在正交因子模型中，假设公共因子与特殊因子是相互独立的

B. KMO 检验可以用于判断样本数据是否适合因子分析

C. 在正交因子模型中，因子载荷矩阵是唯一的

D. 在正交因子模型中，共同度和特殊方差是互补的

7. 关于因子分析，下列说法错误的是____。

A. 因子分析是把每个原始变量分解为公共因子和特殊因子

B. 正交因子模型是一种特殊的公共因子模型

C. 变量 X 的特殊方差是全部公共因子对变量 X 方差的贡献

D. 因子得分指的是每个观测变量对应的公共因子的值

8. 关于因子分析，下列说法错误的是____。

A. 因子分析适用于多变量、大样本的场景

B. 因子分析中，原变量之间不宜存在高度的相关性

C. 类别型变量不适合做因子分析

D. 因子得分是可以计算得到的

9. 关于因子分析与主成分分析，下列说法错误的是____。

A. 第一主成分不会因提取主成分个数的改变而变化

B. 正交因子分析中，因子载荷矩阵的解不唯一

C. 主成分分析不需要任何假定，而正交因子模型需要假定公共因子和特殊因子相互独立

D. 因子分析中的公共因子是原始变量的线性组合

10. 关于因子分析与主成分分析，下列说法正确的是____。

A. 确定的主成分个数不同，所有主成分的累计方差贡献率也不同

B. 开展主成分分析和因子分析前，对原始数据都不用进行标准化处理

C. 求主成分和因子时，对协方差矩阵的特征向量不需要进行归一化处理

D. 因子数通常要少于原有的观测变量数

11. 对于规模 n=1800，特征 m=25 的已知总体数据，其标准化后的协方差矩阵对角元素之和、标准化后的协方差矩阵特征值之和分别为____。

A. 1800，25　　B. 1800，1800　　C. 25，1800　　D. 25，25

8.3.2 判断题

若说法正确则答案为 T，反之为 F。

1. 在主成分分析中，任何一个主成分都是原始变量的线性组合。（　）

2. 假设为了对多个观测变量进行降维开展了主成分分析，所产生的主成分都是线性无关的。（　）

3. 第一主成分对应于观测变量方差最小的方向。（　）

4. 在主成分分析中，第一主成分的方差贡献率随主成分选取的个数增加而降低。（　）

5. 载荷量是指主成分与原始变量的相关系数。（　）

6. 各变量的量纲不全相同时，分别利用原始数据的协方差矩阵 Σ 和标准化后的数据协方差矩阵 R 进行主成分分析，所得的主成分向量值可能不同。（　）

7. 各观测变量之间的相关性越弱，因子提取的效果就越好。（　）

8. 在正交因子模型中，特殊因子与公共因子之间是相互独立的。（　）

9. 观测变量的共同度越大，说明公共因子对该观测变量的解释程度越高。（　）

10. 在因子分析时，某一原始变量的变量共同度越大，对应的特殊方差就越大。（　）

11. 在正交因子模型中，某原始变量的共同度和特殊方差之和为该变量的方差。（　）

12. 在因子分析中，可以通过因子旋转获得一个结构相对简单的载荷矩阵，对公共因子进行更好的解释。（　）

13. 在正交因子分析模型中，对于给定的观测变量的协方差矩阵，载荷矩阵是唯一的。（　）

14. 对因子载荷矩阵进行旋转会改变特殊方差。（　）

15. 在因子分析中，因子旋转会改变观测变量的共同度。（　）

8.3.3 简答题

1. 主成分分析主要有哪些作用？

2. 对 p 维随机向量 $X=\left[X_1,X_2,\cdots,X_p\right]^{\mathrm{T}}$，记其协方差矩阵为 Σ，且 Σ 的特征值为 $\lambda_1\geqslant\lambda_2\geqslant\cdots\geqslant\lambda_p\geqslant0$，$u_1,\cdots,u_p$ 为相应的归一化特征向量，试问 X 的第 i 个主成分是什么？该主成分的方差贡献率是多少？所有主成分的总方差是多少？第 i 个主成分与第 j 个原始变量的载荷量是多少？

3. 简述主成分分析中累计方差贡献率的具体含义。

4. 请说明确定主成分个数可采用的方法。

5. 简述进行样本主成分分析的主要步骤。

6. 记观测变量为 X，其均值向量为 μ，请写出正交因子模型的数学表达式，并说明该模型满足的条件。

7. 对于因子分析问题，设观测变量 X_1,X_2,X_3 的协方差矩阵为 Σ，若保留 2 个因子，且因子载荷矩阵为 $A=\begin{bmatrix}a_{11} & a_{12}\\ a_{21} & a_{22}\\ a_{31} & a_{32}\end{bmatrix}$，请给出观测变量 X_1,X_2,X_3 的共同度与特殊方差的计算公式。

8. 假设某观测变量用随机向量表示为 $X=\left[X_1,X_2,\cdots,X_8\right]^{\mathrm{T}}$，其协方差矩阵为 Σ，且 Σ 的特征值为 $\lambda_1\geqslant\lambda_2\geqslant\cdots\geqslant\lambda_p\geqslant0$，$u_1,\cdots,u_p$ 为相应的归一化特征向量。请给出其公共因子模型的表示形式，并说明模型中各个符号的含义，再写出使用主成分法求解得到的因子载荷矩阵的表示形式（假设保留 2 个公共因子）。

9. 请说明进行因子旋转的目的和原则。

10. 请简述基于主成分法和正交因子模型进行因子分析的完整步骤。

8.3.4 计算题

1. 已知变量观测变量 X_1,X_2,X_3 的协方差阵为 Σ，求得其特征值为 $\lambda_1=1$，$\lambda_2=5$，$\lambda_3=7$，对应的特征向量为 $V_1=[-1,-1,0]^{\mathrm{T}}$，$V_2=[-1,1,0]^{\mathrm{T}}$，$V_3=[0,0,1]^{\mathrm{T}}$，请写出各主成分、各主成分的方差贡献率，以及各主成分的累计方差贡献率。

2. 若观测变量 X_1 和 X_2 的协方差矩阵为 $R=\begin{bmatrix}1 & 0.6\\ 0.6 & 1\end{bmatrix}$，现需求解变量 X_1 和 X_2 的第一、第二主成分，请给出求解步骤，并计算各主成分的方差贡献率。

3. 已知总体 X_1,X_2,X_3 的协方差矩阵为 $\Sigma=\begin{bmatrix}2 & 2 & -2\\ 2 & 5 & -4\\ -2 & -4 & 5\end{bmatrix}$，请基于该协方差矩阵，按累计贡献率达到 80%的原则确定该总体的主成分数量，并计算所得主成分。

4. 若观测变量 X_1 和 X_2 的协方差矩阵为 $\Sigma=\begin{bmatrix}2 & 1\\ 1 & 2\end{bmatrix}$，请求解变量 X_1 和 X_2 的第一、

第二主成分，并计算各主成分的方差贡献率。

5. 在一项对学员成绩的研究中，筛选了 20 名学员的高等数学（X_1）、运筹学（X_2）、系统工程原理（X_3）、应用统计学（X_4）共 4 门课程的成绩，将样本数据标准化后求得其协方差矩阵的特征值为 $\lambda_1=1$，$\lambda_2=0.8$，$\lambda_3=2$，$\lambda_4=0.2$，相应的归一化特征向量为 $u_1=[0.9544,-0.0984,0.2695,0.0824]^{\mathrm{T}}$，$u_2=[0.2516,0.7733,-0.5589,-0.1624]^{\mathrm{T}}$，$u_3=[0.1485,-0.5735,-0.5577,-0.5814]^{\mathrm{T}}$，$u_4=[-0.0612,0.2519,0.5513,-0.7930]^{\mathrm{T}}$，请写出第一、第二、第三和第四主成分，并计算它们的样本方差贡献率，再对第二主成分，请从原始的四个变量中选出对其影响程度最大的一个变量。

6. 在一项对杨树的性状的研究中，测定了 20 株杨树树叶，每个叶片测定了叶长（X_1）、2/3 处宽（X_2）、1/3 处宽（X_3）、1/2 处宽（X_4）共 4 个变量。这 4 个变量的相关系数矩阵的特征根分别为 $\lambda_1=2.920$，$\lambda_2=1.024$，$\lambda_3=0.049$，$\lambda_4=0.007$，标准正交特征向量分别为 $u_1=[0.2485,-0.6735,0.6577,-0.6814]^{\mathrm{T}}$，$u_2=[1.0544,-0.1984,0.3685,0.1824]^{\mathrm{T}}$，$u_3=[0.3516,-0.8733,-0.6589,-0.2624]^{\mathrm{T}}$，$u_4=[-0.1612,0.3519,0.6513,-0.8930]^{\mathrm{T}}$。请写出 4 个主成分，计算它们的贡献率，再计算 4 个变量在第一主成分上的载荷。

7. 设有经过标准化处理的 3 个观测变量 X_1,X_2,X_3，运用主成分分析法进行因子分析，得到旋转后的因子载荷矩阵为 $A=\begin{bmatrix}0.9 & 0.1\\ -0.3 & 0.7\\ 0.2 & 0.8\end{bmatrix}$。请基于矩阵 A 写出完整的因子模型，并计算各观测变量的共同度和特殊方差，再计算各公共因子的总方差贡献。

8. 设有 5 个观测变量，根据标准化后的样本数据，运用主成分法进行因子分析，得到因子载荷矩阵为 $A=\begin{bmatrix}0.2 & 0.8\\ 0.9 & -0.1\\ 0.1 & 0.9\\ 0.8 & 0.2\\ 0.7 & -0.3\end{bmatrix}$，请给出基于此载荷矩阵的因子模型，并分别计算观测变量 X_1 与 X_2 的共同度，再分别计算观测变量 X_3 与 X_5 的特殊方差。

9. 取公共因子数为 2，请利用计算题第 3 题中的协方差矩阵，求解因子载荷矩阵。

10. 取公共因子数为 2，请利用计算题第 5 题中的数据，求解因子载荷矩阵。

8.4 习题参考答案

8.4.1 单项选择题

1. B；2. C；3. A；4. A；5. D；6. C；7. C；8. B；9. D；10. D；11. D

8.4.2　判断题

1. T；2. T；3. F；4. F；5. T；6. T；7. F；8. T；9. T；10. F；11. T；12. T；13. F；14. F；15. F

8.4.3　简答题

1. 答：主成分分析的主要作用有如下几点。①数据压缩：通过主成分分析，可以把多个观测变量简化为少数几个综合性的变量（称为主成分变量），并且这些综合变量可以反映原来多个观测变量所表示的大部分信息。②数据解释：在寻找新的综合变量的过程中，我们还有可能发现存在于原来观测变量间的某些隐含关系，这些关系并不是一目了然地呈现在原始数据中的。主成分分析可以揭示变量间的关系。③中间处理：主成分分析得到的结果可以进一步用于回归、聚类分析、因子分析等，作为这些算法和模型的输入。

2. 答：X 的第 i 个主成分是 $Z_i = u_i^{\mathrm{T}} X$ ，该方差的贡献率是 $\lambda_i \Big/ \sum_{k=1}^{p} \lambda_k$ ，所有主成分的总方差是 $\sum_{k=1}^{p} \lambda_k$ ，载荷量是 $\rho\left(Z_i, X_j\right) = \sqrt{\lambda_i} a_{ij} \Big/ \sqrt{\sigma_{jj}}$ ，其中 a_{ij} 是特征向量中 u_i 的第 j 个元素，σ_{jj} 是协方差矩阵对角线上的第 j 个元素。

3. 答：对 p 维随机向量 $X = \left[X_1, X_2, \cdots, X_p\right]^{\mathrm{T}}$，记其协方差矩阵为 Σ，且 Σ 的特征值为 $\lambda_1 \geqslant \lambda_2 \geqslant \cdots \geqslant \lambda_p \geqslant 0$，称 $\sum_{k=1}^{m} \lambda_k \Big/ \sum_{i=1}^{p} \lambda_i$ 为主成分 $Z_1, \cdots, Z_m (m<p)$ 的累计方差贡献率。

4. 答：记原变量个数为 p，根据标准化处理后的协方差矩阵或原始变量的协方差矩阵，计算特征值 $\hat{\lambda}_1 \geqslant \hat{\lambda}_2 \geqslant \cdots \geqslant \hat{\lambda}_p \geqslant 0$，确定主成分个数可采用的方法如下。①若 $\sum_{i=1}^{k} \hat{\lambda}_i \Big/ \sum_{i=1}^{p} \hat{\lambda}_p \geqslant 0.8$，$\sum_{i=1}^{k-1} \hat{\lambda}_i \Big/ \sum_{i=1}^{p} \hat{\lambda}_p < 0.8$，则提取前 k 个主成分；②绘制各个主成分的折线图作为碎石图，找出拐点；③如果利用的是标准化处理后的协方差矩阵，还可以取特征值大于 1 对应的主成分。

5. 答：进行样本主成分分析的主要步骤如下。①对各变量的观测数据进行标准化处理；②求观测数据的样本协方差矩阵；③求样本协方差矩阵的特征值及特征向量；④将特征值从大到小排队，提取一定数量的主成分，得到对应的各个主成分向量；⑤进行主成分实际意义的分析和解释。

6. 答：正交因子模型为 $X - \mu = AF + \varepsilon$，其中 A 为因子载荷矩阵，F 为公共因子，ε 为特殊因子。需满足以下条件：① $E(F) = 0$，$\operatorname{cov}(F) = \mathrm{E}$；② $E(\varepsilon) = 0$，$\operatorname{cov}(\varepsilon) = \psi$；③$F$ 与 ε 相互独立。

7. 答：对协方差矩阵 Σ，记 $\operatorname{Var}\left(X_i\right)$ 为变量 X_i 的方差，其中 $i = 1,2,3$，则变量 X_1 的

共同度为$\sum_{j=1}^{2}a_{1j}^{2}$，特殊方差为$\mathrm{Var}(X_1)-\sum_{j=1}^{2}a_{1j}^{2}$；变量$X_2$的共同度为$\sum_{j=1}^{2}a_{2j}^{2}$，特殊方差为$\mathrm{Var}(X_2)-\sum_{j=1}^{2}a_{2j}^{2}$；变量$X_3$的共同度为$\sum_{j=1}^{2}a_{3j}^{2}$，特殊方差为$\mathrm{Var}(X_3)-\sum_{j=1}^{2}a_{3j}^{2}$。

8. 答：因子分析模型为$X-\mu=AF+\varepsilon$，其中X为8个观测变量，μ为8个观测变量的均值向量，A为因子载荷矩阵，F为公共因子，ε为特殊因子。使用主成分法求解得到的因子载荷矩阵为$A=\left[\sqrt{\lambda_1}u_1 \quad \sqrt{\lambda_2}u_2\right]$。

9. 答：因子旋转是为了方便对公共因子进行解释，原则有两个，一是使一个变量尽可能只由一个公共因子说明，二是使得不同的公共因子应能说明不同的观测变量。

10. 答：基于主成分法和正交因子模型进行因子分析的步骤如下。①对样本数据进行标准化处理；②基于样本数据进行变量的相关性检验；③求解协方差矩阵，求解协方差矩阵的特征值和特征向量；④利用碎石图、累计方差贡献率或特征值是否大于1确定公共因子个数；⑤求解初始因子载荷矩阵；⑥进行因子旋转；⑦进行因子命名和解释。

8.4.4　计算题

1. 解：首先对特征值进行手动排序，其结果为$\lambda_1'=7$，$\lambda_2'=5$，$\lambda_3'=1$；其次将对应的特征向量归一化处理，可得$V_1'=[0,0,1]^{\mathrm{T}}$，$V_2'=\left[-\sqrt{2}/2,\sqrt{2}/2,0\right]^{\mathrm{T}}$，$V_3'=\left[\sqrt{2}/2,\sqrt{2}/2,0\right]^{\mathrm{T}}$。可得对应的主成分分别为$Y_1=X_3$，$Y_2=-\frac{\sqrt{2}}{2}X_1+\frac{\sqrt{2}}{2}X_2$，$Y_3=\frac{\sqrt{2}}{2}X_1+\frac{\sqrt{2}}{2}X_2$。各主成分的方差贡献率依次为0.54、0.38、0.08，累计方差贡献率依次为0.54、0.92、1。

2. 解：求R的特征值与特征向量。根据$|\lambda E-R|=\begin{bmatrix}\lambda-1 & -0.6\\ -0.6 & \lambda-1\end{bmatrix}=(\lambda-1.6)(\lambda-0.4)$，可得特征值$\lambda_1=1.6$，$\lambda_2=0.4$。由于$\lambda_1E-R=\begin{bmatrix}0.6 & -0.6\\ -0.6 & 0.6\end{bmatrix}\to\begin{bmatrix}1 & -1\\ 0 & 0\end{bmatrix}$，则当$\lambda_1=1.6$时，归一化特征向量为$u_1=\frac{1}{\sqrt{2}}\begin{bmatrix}1\\1\end{bmatrix}$，由于$\lambda_2E-R=\begin{bmatrix}-0.6 & -0.6\\ -0.6 & -0.6\end{bmatrix}\to\begin{bmatrix}1 & 1\\ 0 & 0\end{bmatrix}$，则当$\lambda_2=0.4$时，归一化特征向量为$u_2=\frac{1}{\sqrt{2}}\begin{bmatrix}1\\-1\end{bmatrix}$。主成分为$Y_1=\frac{\sqrt{2}}{2}X_1+\frac{\sqrt{2}}{2}X_2$，$Y_2=\frac{\sqrt{2}}{2}X_1-\frac{\sqrt{2}}{2}X_2$。第一、第二主成分的方差贡献率分别为0.8和0.2。

3. 解：计算得协方差矩阵的特征值分别为$\lambda_1=10$，$\lambda_2=1$，$\lambda_3=1$，由于$\lambda_1/(\lambda_1+\lambda_2+\lambda_3)>0.8$，因此取第一主成分即可。计算得$\lambda_1=10$时对应的归一化特征向量为$u_1=[1/3,2/3,-2/3]^{\mathrm{T}}$或$u_1=[-1/3,-2/3,2/3]^{\mathrm{T}}$，计算得到总体的主成分为

$Y_1=\frac{1}{3}X_1+\frac{2}{3}X_2-\frac{2}{3}X_3$ 或 $Y_1=-\frac{1}{3}X_1-\frac{2}{3}X_2+\frac{2}{3}X_3$。

4. 解：求 Σ 的特征值与特征向量，可得特征值 $\lambda_1=3$，$\lambda_2=1$，归一化特征向量为 $u_1=\frac{1}{\sqrt{2}}\begin{bmatrix}1\\1\end{bmatrix}$，$u_2=\frac{1}{\sqrt{2}}\begin{bmatrix}1\\-1\end{bmatrix}$。主成分为 $Y_1=\frac{\sqrt{2}}{2}X_1+\frac{\sqrt{2}}{2}X_2$，$Y_2=\frac{\sqrt{2}}{2}X_1-\frac{\sqrt{2}}{2}X_2$。第一、第二主成分的方差贡献率分别为 0.75 和 0.25。

5. 解：第一、第二、第三和第四主成分依次为 $y_1=0.1485x_1-0.5735x_2-0.5577x_3-0.5814x_4$，$y_2=0.9544x_1-0.0984x_2+0.2695x_3+0.0824x_4$，$y_3=0.2516x_1+0.7733x_2-0.5589x_3-0.1624x_4$，$y_4=-0.0612x_1+0.2519x_2+0.5513x_3-0.7930x_4$，第一、第二、第三和第四主成分的贡献率依次为 0.5、0.25、0.2、0.05。对第二主成分，由于变量 x_1 的系数最大，故 x_1 对其影响程度最大。

6. 解：第一、第二、第三和第四主成分依次为 $y_1=0.2485x_1-0.6735x_2-0.6577x_3-0.6814x_4$，$y_2=1.0544x_1-0.1984x_2+0.3685x_3+0.1824x_4$，$y_3=0.3516x_1-0.8733x_2-0.6589x_3-0.2624x_4$，$y_4=-0.1612x_1+0.3519x_2+0.6513x_3-0.8930x_4$，第一、第二、第三和第四主成分的贡献率依次为 0.73、0.256、0.012 25、0.001 75。X_1、X_2、X_3、X_4 在第一主成分的载荷为 $u_{1i}\sqrt{\lambda_1}$，其中 $i=1,2,3,4$，代入数据可得载荷依次为 0.42、−1.15、−1.12、−1.16。

7. 解：记公共因子 F_1 和 F_2，特殊因子为 ε_1、ε_2、ε_3，可得因子模型为

$$\begin{cases}X_1=0.9F_1+0.1F_2+\varepsilon_1\\X_2=-0.3F_1+0.7F_2+\varepsilon_2\\X_3=0.2F_1+0.8F_2+\varepsilon_3\end{cases}$$

观测变量 X_1 的共同度为 $h_1^2=0.9^2+0.1^2=0.82$，特殊方差为 $\psi_1=1-h_1^2=0.18$；观测变量 X_2 的共同度为 $h_2^2=(-0.3)^2+0.7^2=0.58$，特殊方差为 $\psi_2=1-h_2^2=0.42$；观测变量 X_3 的共同度为 $h_3^2=0.2^2+0.8^2=0.68$，特殊方差为 $\psi_3=1-h_3^2=0.32$。公共因子 F_1 的总方差贡献为 $V_1=0.9^2+(-0.3)^2+0.2^2=0.94$；公共因子 F_2 的总方差贡献为 $V_2=0.1^2+0.7^2+0.8^2=1.14$。

8. 解：记公共因子 F_1 和 F_2，特殊因子为 ε_1、ε_2、ε_3、ε_4、ε_5，可得因子模型为

$$\begin{cases}X_1=0.2F_1+0.8F_2+\varepsilon_1\\X_2=0.9F_1-0.1F_2+\varepsilon_2\\X_3=0.1F_1+0.9F_2+\varepsilon_3\\X_4=0.8F_1+0.2F_2+\varepsilon_4\\X_5=0.7F_1-0.3F_2+\varepsilon_5\end{cases}$$

观测变量 X_1 的共同度为 $h_1^2=0.2^2+0.8^2=0.68$，观测变量 X_2 的共同度为 $h_2^2=0.9^2+0.1^2=0.82$；观测变量 X_3 的特殊方差为 $\psi_1=1-0.1^2-0.9^2=0.18$，观测变量 X_5

的特殊方差为$\psi_5 = 1-0.7^2-0.3^2=0.42$。

9. 解：当公共因子数为 2 时，因子载荷矩阵为$A=\left[\sqrt{\lambda_1}u_1,\sqrt{\lambda_2}u_2\right]$。已得$\lambda_1=10$，归一化特征向量为$u_1=\left[1/3,2/3,-2/3\right]^{\mathrm{T}}$，进一步求得$\lambda_2=1$，相应的归一化特征向量为$u_2=\left[2/3,1/3,2/3\right]^{\mathrm{T}}$。于是可得$A=\begin{bmatrix} 1/3\sqrt{10} & 2/3 \\ 2/3\sqrt{10} & 1/3 \\ -2/3\sqrt{10} & 2/3 \end{bmatrix}$。

10. 解：当公共因子数为 2 时，取$\lambda_3=2$和相应的归一化特征向量u_3，$\lambda_1=1$和相应的归一化特征向量u_1。于是可得$A=\left[\sqrt{\lambda_3}u_3 \quad \sqrt{\lambda_1}u_1\right]=\begin{bmatrix} 0.21 & 0.95 \\ -0.81 & -0.10 \\ -0.79 & 0.27 \\ -0.82 & 0.08 \end{bmatrix}$。

第 9 章　判别分析与聚类分析

9.1　学 习 指 导

本章的知识结构如表 9-1 所示。

表 9-1　判别分析与聚类分析的知识结构

<table>
<tr><th>章节</th><th>知识点</th><th colspan="4">内容</th></tr>
<tr><td rowspan="13">判别分析法</td><td>适用性</td><td colspan="4">分类，总体类型及个数已知</td></tr>
<tr><td>问题描述</td><td colspan="4">已知总体类型 G，判别新样本 x 属于哪个总体</td></tr>
<tr><td rowspan="5">距离判别法</td><td rowspan="2">马氏距离</td><td colspan="3">公式</td></tr>
<tr><td>优点</td><td colspan="2">消除了变量之间的量纲差异、方差差异、相关性</td></tr>
<tr><td rowspan="2">判别准则</td><td colspan="3">取马氏距离最小的总体作为判别结果</td></tr>
<tr><td colspan="3">如果最短的马氏距离对应于多个主体，则任取一总体</td></tr>
<tr><td colspan="4">协方差相等时的判别</td></tr>
<tr><td rowspan="4">Fisher 判别法</td><td>基本思想</td><td colspan="3">将所有总体的样本点都投影到某个一维空间上，投影后来自不同总体的样本点能尽可能分开</td></tr>
<tr><td rowspan="3">主要步骤</td><td colspan="3">利用组内离差矩阵、组间离差矩阵</td></tr>
<tr><td colspan="3">取投影后的绝对距离最小的总体作为判别结果</td></tr>
<tr><td colspan="3">若存在多个相等的最小值，则依据相继大小特征值对应的特征向量进行进一步判别</td></tr>
<tr><td rowspan="2">错判概率</td><td>必要性</td><td colspan="3">评判判别方法优劣</td></tr>
<tr><td>方法</td><td colspan="3">回代估计法、交叉确认估计法</td></tr>
<tr><td rowspan="18">聚类分析法</td><td>适用性</td><td colspan="4">根据相似性分类，总体类型及个数未知</td></tr>
<tr><td>问题描述</td><td colspan="4">n 个样品，有 p 个变量</td></tr>
<tr><td rowspan="2">分类</td><td>Q 型聚类</td><td colspan="3">对样品聚类</td></tr>
<tr><td>R 型聚类</td><td colspan="3">对变量聚类</td></tr>
<tr><td rowspan="6">相似性度量</td><td rowspan="4">样品相似性的度量</td><td>数据标准化</td><td colspan="2">相关方法</td></tr>
<tr><td rowspan="3">主要是距离</td><td colspan="2">三条公理</td></tr>
<tr><td>具体类型</td><td>绝对值距离、欧氏距离、切比雪夫距离、闵可夫斯基距离</td></tr>
<tr><td colspan="2">对定性变量的距离</td></tr>
<tr><td rowspan="2">变量相似性的度量</td><td rowspan="2">主要是相似度</td><td colspan="2">三个条件</td></tr>
<tr><td>具体类型</td><td>相关系数、夹角余弦</td></tr>
<tr><td rowspan="5">系统聚类法</td><td>基本思想</td><td colspan="3">通过不断进行合并或划分完成聚类对象的聚类</td></tr>
<tr><td>分类</td><td colspan="3">聚合型系统聚类法、分解型系统聚类法</td></tr>
<tr><td>结果展示</td><td colspan="3">聚类谱系图</td></tr>
<tr><td rowspan="2">聚合型系统聚类法</td><td colspan="3">实现过程</td></tr>
<tr><td>实现算法</td><td colspan="2">最短距离法、最长距离法、重心法</td></tr>
<tr><td rowspan="3">动态聚类法</td><td>基本思想</td><td colspan="3"></td></tr>
<tr><td>初始凝聚点的确定</td><td colspan="3"></td></tr>
<tr><td>K-均值聚类法</td><td colspan="3">实现过程</td></tr>
</table>

注：Fisher 判别法即费希尔判别法

学习要点如图 9-1 所示。

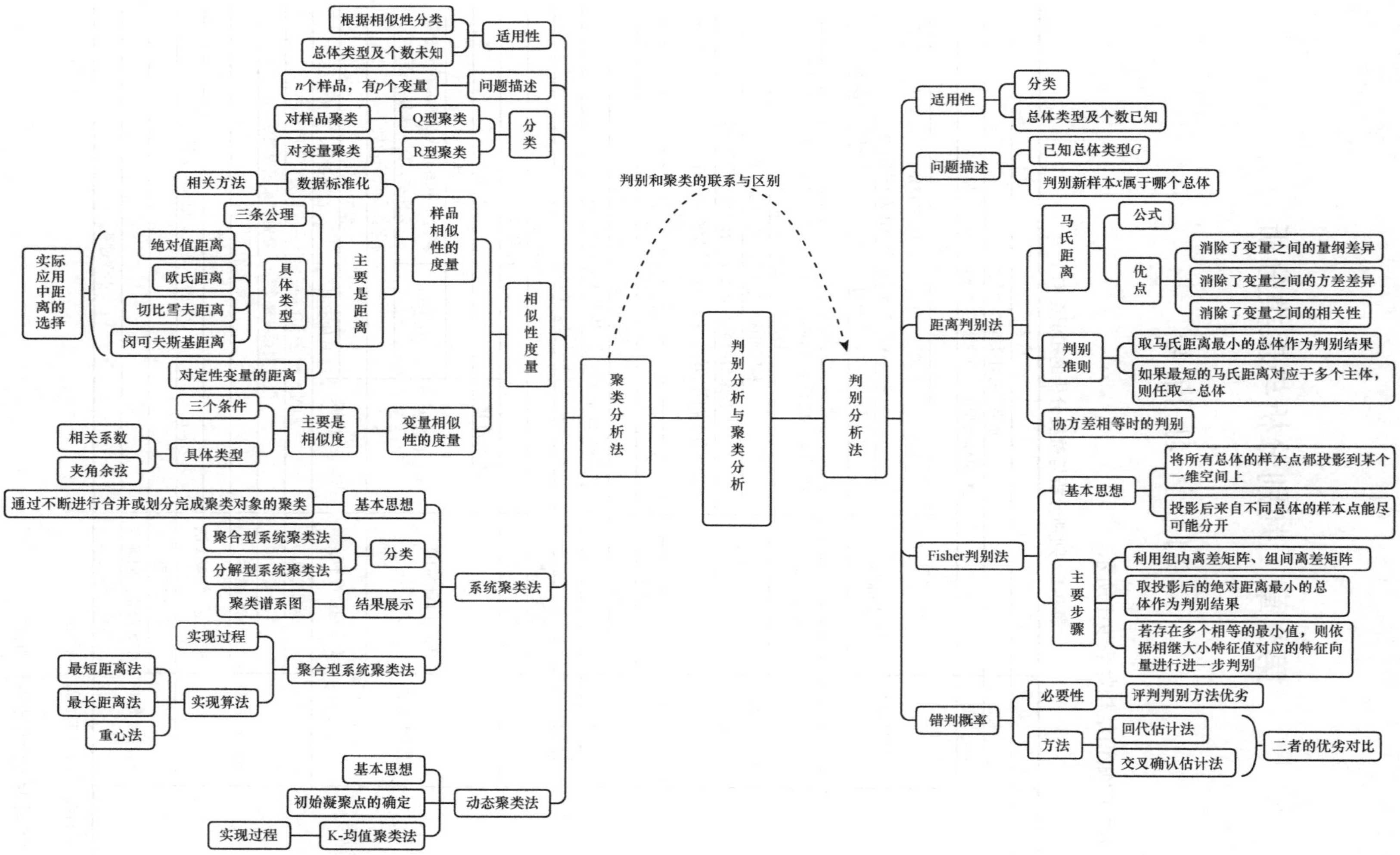

图 9-1 判别分析与聚类分析的学习要点

9.2　软 件 操 作

本节针对教材第 9 章中的各个例题，给出软件编程代码。由于判别分析和聚类分析比较重要，本节同时给出 Python 和 MATLAB 编程分析的代码。

9.2.1　距离判别法

教材中的“例 9-1”反映了马氏距离判别分析的计算问题。对于这一问题，首先将所需的数据集整理为 Excel 文件，命名为“第 9 章.xlsx”，并将 sheet 表名改为“表 9-1”，数据格式如表 9-2 所示。

表 9-2　马氏距离判别分析所用的数据集

序号	飞机类型	方位角/°	运动速度/（米/秒）	俯仰角/°	RCS/dBsm
1	1	1.649	332.292	4.133	2.220
2	1	1.007	339.424	2.278	3.780
3	1	0.835	336.090	0.733	6.220
4	1	1.215	328.244	2.089	7.138
5	1	0.961	344.082	2.340	7.472
6	1	−0.241	344.598	2.814	−9.602
7	1	0.537	371.826	2.034	2.741
8	1	0.553	343.799	3.056	13.756
9	1	0.167	331.547	3.048	2.114
10	1	2.382	370.215	0.912	11.328
11	2	1.180	403.037	2.627	−2.307
12	2	2.080	399.188	3.010	4.195
13	2	1.759	386.123	3.293	−12.039
14	2	1.069	386.025	1.374	−2.128
15	2	0.139	349.401	2.938	−4.294
16	2	0.178	397.625	2.237	−3.022
17	2	2.022	351.202	3.466	5.937
18	2	−0.781	353.412	2.983	6.710
19	2	0.805	388.794	3.287	−6.296
20	2	−1.118	375.494	2.027	−1.684

注：RCS，即 radar cross section，雷达散射截面。其单位常用 dBsm，即分贝平方米

读入 Excel 文件“第 9 章.xlsx”中的 sheet 表“表 9-1”，相应的 Python 代码如下。

```
#读入 pandas 库并重命名为 pd
import pandas as pd
#读入 numpy 库并重命名为 np
import numpy as np
#读入马氏距离计算的库
```

```
from scipy.spatial.distance import mahalanobis
#读入数据命名为 data
data = pd.read_excel('第 9 章.xlsx','表 9-1')
#从 data 中读入变量数据并命名为 X
X = data.iloc[:,2:];
#从 data 中读入类型数据并命名为 Y
Y = data.iloc[:,1];
#给定待判别样本
x_new =np.array([0.7,368,2.89,-0.42]);
#从 Y 中区分具体的类别并将其转为 Series 格式
Y_class = Y.value_counts().index
Y_class = pd.Series(Y_class)
#求待判别样本相对各类别的马氏距离，并定义变量 dis 存储结果
dis =np.zeros(len(Y_class))
for i in range(0, len(Y_class)):
    #挑选出每个类别对应的样本
    X_class =X[(Y.values ==Y_class[i])]
    #利用马氏距离公式调用该样本计算马氏距离
    dis[i]   =   mahalanobis(u=x_new,   v=X_class.mean(),   VI   =   np.linalg.inv
(np.cov(X_class.T)))
    print(round( dis[i],4))
#从马氏距离中选出最小距离对应的类别
X_new_class =Y_class[(dis ==min(dis))]
#输出结果
print(X_new_class.iloc[0])
```

其中 mahalanobis 是 Python 中的一个函数，用来计算马氏距离，相关参数说明如下。

（1）u 是样本数据；

（2）v 是总体的均值参数；

（3）VI 是总体的协方差矩阵的逆矩阵。

上述代码能给出教材中马氏距离计算结果和判别结果。

读入 Excel 文件“第 9 章.xlsx”中的 sheet 表“表 9-1”，相应的 MATLAB 代码如下。

```
%%% 自编函数，用于马氏距离判别
function [d, mu, S, y_d, y_test_classify] = Ma_distance_dis_data_direct...
    (data_test, data_train, whether_equal_S)
%x_train 是训练样本，形式为(n*[标签 y,特征 x])
%x_test 是待判别的样本，形式为(n*[特征 x])
%n 和 mu 是每个总体的样本数及均值，形式 1*m
%S 是总体协方差矩阵 (p*n_sum) *p
    %%%确定总体类型个数
    %所有总体类型
    y_all =unique(data_train(:,1));
    %所有总体个数
    y_num =length(y_all);
    %确定变量个数
    x_num =size(data_train, 2) -1;
    %%%分析训练数据集,求待判别样本的距离
    %定义均值向量
    mu =zeros(y_num, x_num);
    %定义协方差矩阵
    S =zeros(y_num*x_num, x_num);
```

```
    %定义各总体的样本
    sam_size =zeros(y_num, 1);
    for i = 1: y_num
        %找到每个总体的数据集
        temp =(data_train(:,1) ==y_all(i));
        dif_train =data_train(temp, 2:x_num+1);
        %求该总体的均值,协方差和样本数
        mu(i,:) =mean(dif_train);
        pos =1+(i-1)*x_num : i*x_num;
        S(pos,:) =cov(dif_train);
        sam_size(i) =size(dif_train,1);
    end
    %%%根据是否令各总体协方差相同
    %%%对总体协方差进行更新
    if whether_equal_S ==1
        temp =0;
        for j =1: y_num
            pos =1+(j-1)*x_num : j*x_num;
            temp =temp +(sam_size(j) -1) *S( pos,:);
        end
        temp =temp/(sum(sam_size)-y_num);
        S =repmat(temp,y_num,1);
    end
    %%%待判别样本分析
    %确定待判别样本个数
    test_num =size( data_test, 1);
    %定义待判别样本的马氏距离
    d = zeros(test_num,y_num);
    for i = 1: test_num
        for j =1: y_num
            pos =1 +(j-1)*x_num : j*x_num;
            temp =data_test(i,:)-mu(j,:);
            d(i,j) = temp *inv(S(pos,:)) *temp';
        end
    end
    %%%求每个 test 的最小距离和对应总体
    d =sqrt(d);
    [d_min,y_index] =min(d');
    y_test_classify =y_all(y_index);
    y_d =d_min';
end

%%%读入数据
%训练集
x = xlsread('第 9 章.xlsx','表 9-1');
%给定待判别样本
data_test =[0.7, 368, 2.89, 19.58-20];
%马氏距离判别
[d, mu, S, y_d, y_test_classify] = Ma_distance_dis_data_direct(data_test,x,0)
%%%马氏距离判别回代
[d, mu, S, y_d, y_train_classify] = Ma_distance_dis_data_direct(x(:,2:end),x,1);
%%%计算误判概率二维表所得数字
temp =(x(:,1) ==1);
p_y1_right =sum((y_train_classify(temp)==1) )
p_y1_wrong =sum((y_train_classify(temp)~=1) )
p_y2_right =sum((y_train_classify(~temp)==2) )
p_y2_wrong =sum((y_train_classify(~temp)~=2) )
```

```
%%%回代法所得误判概率
p_back_wrong =sum((x(:,1) ~=y_train_classify))/length(y_train_classify)
```

上述代码能给出教材中式（9.1.5）中的均值向量、式（9.1.6）中的协方差矩阵、马氏距离和判别结果，以及“表 9-3 基于回代法的飞机判别分类统计表”中马氏距离判别对应结果。

9.2.2 Fisher 判别法

教材中的“例 9-3”反映了 Fisher 判别分析的计算问题。对于这一问题，将表 9-2 中的数据集整理为 Excel 文件，命名为“第 9 章.xlsx”，并将 sheet 表名改为“表 9-1”，读入这个 Excel 文件，相应的 Python 代码如下。

```
#读入 pandas 库并重命名为 pd
import pandas as pd
#读入 numpy 库并重命名为 np
import numpy as np
#读入数据命名为 data
data = pd.read_excel('第 9 章.xlsx','表 9-1')
#从 data 中读入变量数据并命名为 X
X = data.iloc[:,2:]
#从 data 中读入类型数据并命名为 Y
Y = data.iloc[:,1]
#给定待判别样本
x_new =np.array([0.7,368,2.89,-0.42])
#将 X 数据和待判别样本正态标准化
X_norm = (X -X.mean())/X.std()
x_new_norm = np.matrix((x_new -X.mean())/X.std())
#求样本的总均值
mean_whole = np.matrix(X_norm.mean())
#从 Y 中区分具体的类别并将其转为 Series 格式
Y_class = Y.value_counts().index
Y_class = pd.Series(Y_class)
#求各总体的均值向量,E 矩阵和 B 矩阵，其初值为 0
mean_X_class = np.zeros([len(Y_class), X.shape[1]])
E = 0
B = 0
for i in range(0, len(Y_class)):
    #挑选出每个类别对应的样本
    X_class =X_norm[(Y.values ==Y_class[i])]
    #求该类别的均值
    mean_X_class[i,:] = np.matrix(X_class.mean())
    #求该类别的协方差
    cov_X_class =np.cov(X_class.T)
    #求 E 矩阵
    E = E + (len(X_class)-1)*cov_X_class
    #求 B 矩阵
    B  =  B  +  len(X_class)*(mean_X_class[i,:]-mean_whole).T*(mean_X_class[i,:]
-mean_whole)
#求特征值和特征向量
Value, Vec =np.linalg.eig(np.linalg.inv(E) *B)
#求最大特征值对应的投影向量
```

```
proj_vec = Vec[:,(Value ==max(Value))]
#求待判别样本相对各类别的距离，并定义变量 dis 存储结果
dis = np.abs((x_new_norm -mean_X_class)*proj_vec)
#从距离中选出最小距离对应的类别
dis = np.array(dis[:,0])
X_new_class =Y_class[(dis ==min(dis))]
#输出结果
print(X_new_class.iloc[0])
```

上述代码能给出教材中组内离差矩阵 E 和组间离差矩阵 B、最大特征值及其特征向量、绝对距离和判别结果。

读入 Excel 文件“第 9 章.xlsx”中的 sheet 表“表 9-1”，相应的 MATLAB 代码如下。

```
%%% 自编函数，用以 Fisher 判别
function [mu_whole, S_whole, E_SS, B_SS, max_eigvalue, touyin_vector, y_mu_touying,
dis_touying, dis_ind] = Fisher_dis( p, m, n, S, mu, x, whether_equal_S)
%p 变量数，m 类型数，n 每个总体样本数 1*m 形式
%S 各总体的协方差矩阵(p*m) *p
%mu 各总体的均值 m*p

    %总样本均值
    mu_whole  = sum(n' .*mu) /sum(n);
    %求 SSE 中的矩阵 E
    if whether_equal_S == 0
       S_whole = zeros(p, p);
       for i = 1 : m
          S_whole = S_whole + (n(i) -1) *S(1+(i-1)*p : i*p, :);
       end
       E_SS = S_whole;
       S_whole = S_whole/(sum(n) -m);
    else
       E_SS = S *(sum(n) -m);
       S_whole = S;
    end
    %求 SSB 中的矩阵 B
    B_SS = zeros(p, p);
    for i = 1 : m
       B_SS = B_SS +(mu(i,:)-mu_whole)'*(mu(i,:) -mu_whole)*n(i);
    end
    %求投影方向
    [V,D] = eig(inv(E_SS) *B_SS);
    [max_eigvalue, max_ind] = max(diag(D));
    touyin_vector = V(:, max_ind);
    %%%求距离
    %各总体均值向量的投影
    y_mu_touying =mu*touyin_vector;
    x_touying =x *touyin_vector;
    dis_touying =abs(x_touying -y_mu_touying');
    [ ~, dis_ind] = min(dis_touying,[],2);
end

%训练集
x = xlsread('第 9 章.xlsx','表 9-1');
%给定训练集中的 x，并标准化
data =zscore(x(:,2:end));
%给定各类型的均值
mu =cat(1, mean(data(1:10,:)), mean(data(11:20,:)));
%给定协方差
```

```
    S =cat(1,cov(data(1:10,:)),cov(data(11:20,:)));
    %将原数据标准化
    data_test =(data_test-mean(x(:,2:end)))./std(x(:,2:end));
    %调用函数判别
    [mu_whole,  S_whole,  E_SS,  B_SS,  max_eigvalue,  touyin_vector,  y_mu_touying,
dis_touying, dis_ind] = Fisher_dis(4, 2, [10,10], S, mu, data_test, 0)
    data_touying =data*touyin_vector;
    %%%Fisher 判别回代
    [mu_whole,  S_whole,  E_SS,  B_SS,  max_eigvalue,  touyin_vector,  y_mu_touying,
dis_touying, y_train_classify] = Fisher_dis(4, 2, [10,10], S, mu, data, 0);
    %%%计算误判概率二维表所得数字
    temp =(x(:,1) ==1);
    p_y1_right =sum((y_train_classify(temp)==1))
    p_y1_wrong =sum((y_train_classify(temp)~=1))
    p_y2_right =sum((y_train_classify(~temp)==2))
    p_y2_wrong =sum((y_train_classify(~temp)~=2))
    %%%回代法所得误判概率
    p_back_wrong =sum((x(:,1) ~=y_train_classify))/length(y_train_classify);
```

上述代码能给出教材中的均值向量、协方差矩阵、组内离差矩阵 E、组间离差矩阵 B、最大特征值及其特征向量、一维投影、绝对距离和判别结果，以及“表 9-3　基于回代法的飞机判别分类统计表”中 Fisher 判别对应结果。

9.2.3　系统聚类法

教材中的“图 9-9　基于最短距离的各地区聚类”反映了基于最短距离的聚合型系统聚类法的计算问题。对于这一问题，首先将所需的数据集整理为 Excel 文件，命名为“第 9 章.xlsx”，并将 sheet 表名改为“表 9-4”，数据格式如表 9-3 所示。

表 9-3　聚类分析所用的数据集（单位：元）

编号	地区	工资性收入	经营性收入	财产净收入	转移净收入
1	北京	41 214.1	1 200.6	11 257.0	14 084.1
2	天津	27 002.3	3 095.5	3 908.0	8 398.4
3	河北	15 535.2	3 911.9	1 789.8	4 427.9
4	山西	13 396.0	3 108.6	1 306.4	6 017.4
5	内蒙古	15 922.2	7 994.2	1 613.8	5 024.9
6	辽宁	16 776.0	5 319.1	1 485.8	8 238.8
7	吉林	13 157.6	5 266.6	1 044.0	5 094.7
8	黑龙江	11 751.0	5 004.2	1 112.2	6 386.2
9	上海	40 024.7	2 208.9	10 055.1	17 152.9
10	江苏	23 835.7	5 636.2	4 372.2	7 555.6
11	浙江	28 511.0	8 498.2	5 707.9	7 181.7
12	安徽	13 956.5	5 967.5	1 729.4	4 761.7
13	福建	20 679.5	6 582.5	3 527.6	4 826.5
14	江西	15 005.9	4 366.6	1 735.5	5 154.4
15	山东	18 111.3	6 812.6	2 211.7	4 461.3
16	河南	11 962.6	5 139.0	1 588.7	5 212.3

续表

编号	地区	工资性收入	经营性收入	财产净收入	转移净收入
17	湖北	14 046.2	5 982.8	1 949.2	6 341.3
18	湖南	13 917.5	5 609.3	2 089.2	6 063.7
19	广东	26 554.3	5 154.7	4 776.9	2 528.4
20	广西	11 169.6	5 777.7	1 527.8	4 853.1
21	海南	15 580.7	4 597.6	2 038.5	4 462.7
22	重庆	15 474.7	4 696.7	1 792.4	6 956.7
23	四川	12 048.8	5 058.1	1 593.3	6 002.9
24	贵州	10 557.5	4 359.7	1 471.1	4 009.2
25	云南	10 606.0	5 332.7	2 184.3	3 959.5
26	西藏	10 334.1	4 953.3	1 251.3	2 962.6
27	陕西	13 308.7	3 256.2	1 475.8	6 625.6
28	甘肃	10 705.2	3 551.7	1 139.3	3 742.8
29	青海	13 204.1	3 305.9	1 140.9	4 966.7
30	宁夏	14 887.5	4 198.0	944.0	4 382.4
31	新疆	12 579.1	5 308.4	838.8	4 377.1

读入 Excel 文件“第 9 章.xlsx”中的 sheet 表“表 9-4”，相应的 Python 代码如下。

```
#读入 pandas 库并重命名为 pd
import pandas as pd
#读入 matplotlib 库并重命名为 plt
import matplotlib.pyplot as plt
#修正图形中的中文输出问题
plt.rcParams['font.sans-serif'] = ['SimHei']
plt.rcParams['axes.unicode_minus'] = False
#从 scipy 库中读入 hierarchy 库并重命名为 hc
from scipy.cluster import hierarchy as hc
#读入数据命名为 data
data = pd.read_excel('第 9 章.xlsx','表 9-4')
#从数据集中读入各变量的数据
x = data.iloc[:,2:];
#将 data 的地区列作为各样品的名称
x.index =data['地区'];
#将各变量的原始数据正态标准化
x_norm = (x-x.mean())/x.std()
#设样品间的距离为欧氏距离，求样品间的距离矩阵
D = hc.distance.pdist(x_norm, metric='euclidean')
#基于最短距离法进行系统聚类
HC = hc.linkage(D, method='single')
#绘制谱系图
hc.dendrogram(HC,labels=x.index)
```

（1）pdist 是 Python 中 hierarchy 库里的一个函数，用来求对象之间的相似性，参数 metric 的取值包括 chebyshev（切比雪夫距离）、cityblock（绝对值距离）、correlation（相关系数）、cosine（余弦）、euclidean（欧氏距离）、mahalanobis（马氏距离）、minkowski（闵可夫斯基距离）、braycurtis（布雷–柯蒂斯距离）、canberra（坎贝拉距离）、dice（戴

斯距离)、hamming(汉明距离)、jaccard(杰卡德距离)、jensenshannon(詹森-香农距离)、kulsinski(库尔辛斯基距离)、matching(匹配距离)、rogerstanimoto(田本罗杰斯距离)、russellrao(拉塞尔距离)、seuclidean(标准化欧氏距离)、sokalmichener(索卡尔米切纳距离)、sokalsneath(索卡尔雪)、sqeuclidean(平方欧氏距离)、yule(Yule距离)等。

(2) linkage函数用于系统聚类的运算，参数method表示聚类方法，取值包括single(最短距离法)、complete(最长距离法)、average(类平均)、weighted(加权法)、centroid(重心法)、ward(离差平方和)、median(中间距离法)。

读入Excel文件“第9章.xlsx”中的sheet表“表9-1”，相应的MATLAB代码如下。

```
%%% 自编函数，检查距离矩阵各点是否满足三角性
function wrong_index =check_dis_matrix_trig(D)
    %样品个数
    point_num = size(D,1);
    %组合个数
    C = nchoosek(1:point_num,2);
    combin_num = size(C,1);
    %记录不满足距离三角性的位置 i,j,k
    wrong_index =zeros(3,1);
    break_index = 0; %默认无误
    %遍历
    while break_index == 0
        for u = 1 : combin_num
            % 三角形的 i,j
            i =C(u,1);
            j =C(u,2);
            for k = 1 : point_num
                if (k ~=i) && (k ~=j)
                    d = D(i,k) +D(k,j);
                    if d < D(i,j)
                       break_index =1;
                       wrong_index(1) =i;
                       wrong_index(2) =j;
                       wrong_index(3) =k;
                    end
                end
            end
        end
        break_index =1;
    end
end

%%%读入数据
x = xlsread('第 9 章.xlsx','表 9-4');
%样本标准化
data_example =zscore(x(:,3:6));
%距离向量
dis_vector =pdist(data_example);
%将距离向量转化为对称的距离矩阵
dis_matrix = squareform(dis_vector);
%检查距离矩阵是否满足三角性
wrong_index =check_dis_matrix_trig(dis_matrix)
%最短距离法
```

```
Z_short = linkage(dis_vector, 'single');
%谱系图
dendrogram(Z_short)
```

（1）pdist 是 MATLAB 中里的一个函数，用来求对象之间距离矩阵，默认为 euclidean（欧氏距离），其余可选距离包括 squaredeuclidean（欧氏距离的平方）、seuclidean（标准化的欧氏距离）、mahalanobis（马氏距离）、cityblock（绝对值距离）、minkowski（闵可夫斯基距离）、chebychev（切比雪夫距离）、cosine（余弦）、correlation（相关系数）、spearman（斯皮尔曼秩相关系数）、hamming（汉明距离）、jaccard（杰卡德距离）等。

（2）linkage 函数用于系统聚类的运算，参数 method 表示聚类方法，取值包括 single（最短距离法，默认值）、complete（最长距离法）、average（类平均）、weighted（加权法）、centroid（重心法）、ward（离差平方和）、median（中间距离法）；还有参数 metric 定义距离度量，可选参数包括 euclidean（欧氏距离，默认值）、squaredeuclidean（欧氏距离的平方）、seuclidean（标准化的欧氏距离）、mahalanobis（马氏距离）、cityblock（绝对值距离）、minkowski（闵可夫斯基距离）、chebychev（切比雪夫距离）、cosine（余弦）、correlation（相关系数）、spearman（斯皮尔曼秩相关系数）、hamming（汉明距离）、jaccard（杰卡德距离）等。

上述代码能同时检查各对象之间的距离是否满足三条公理中的“三角不等式”。

9.2.4　K-均值聚类法

教材中的“图 9-14　基于 K-均值聚类的各地区聚类”反映了 K-均值聚类算法的计算问题。对于这一问题，将表 9-3 中的数据集整理为 Excel 文件，命名为“第 9 章.xlsx”，并将 sheet 表名改为“表 9-4”，读入这个 Excel 文件，相应的 Python 代码如下。

```
#读入 pandas 库并重命名为 pd
import pandas as pd
#从 scipy 库中读入 Kmeans 库
from sklearn.cluster import KMeans
#导入 matplotlib 库并重命名为 plt
import matplotlib.pyplot as plt
#读入数据命名为 data
data = pd.read_excel('第 9 章.xlsx','表 9-4')
#从数据集中读入各变量的数据
x = data.iloc[:,2:];
#将 data 的地区列作为各样品的名称
x.index =data['地区'];
#将各变量的原始数据正态标准化
x_norm = (x-x.mean())/x.std()
#设定 K=3 用 K-均值法进行聚类
init = pd.concat([x_norm.iloc[0,:], x_norm.iloc[9,:], x_norm.iloc[25,:]], axis=1)
y = KMeans(n_clusters=3, init=init.T).fit(x_norm)
#输出结果
print('聚类中心:', y.cluster_centers_)
print('聚类结果', y.labels_)
#各样品的类型绘图
```

```
plt.scatter(x_norm.iloc[:,0], x_norm.iloc[:,1], c=y.labels_)
plt.xlabel('工资性收入(标准化值)')
plt.ylabel('经营净收入(标准化值)')
```

其中 KMeans 是 Python 中 sklearn 库里的一个函数，用来运行 K-均值聚类，完整定义为 KMeans(n_clusters=8, *, init="k-means++", n_init="auto", max_iter=300, tol=1e-4, verbose=0, random_state=None, copy_x=True, algorithm="lloyd")，相关参数说明如下。

（1）n_clusters 是聚类个数；

（2）init 是聚类初始凝聚点，其中参数值为 k-means++（默认值）表示从样本的经验分布中抽样形成初始凝聚点，参数值为 random 表示从样品中随机抽样作为初始凝聚点，也可以通过 array 格式直接给定初始凝聚点；

（3）n_init 是聚类算法用不同初始凝聚点运行的次数，可取值为 auto 或具体整数值，其中如果参数设为 auto，则 n_init 取值与 init 有关，当 init 为 k-means++时 n_init 为 1，当 init 为 random 时 n_init 为 10；

（4）max_iter 是迭代最大步数，默认 300；

（5）tol 是迭代终止阈值，默认 0.0001；

（6）algorithm 包括 lloyd（默认）、elkan；

另外，输出的相关结果说明如下。

（1）cluster_centers_是聚类后各类的中心；

（2）labels_是聚类后每个样品的类别。

读入 Excel 文件“第 9 章.xlsx”中的 sheet 表“表 9-4”，相应的 MATLAB 代码如下。

```
%%%读入数据
x = xlsread('第 9 章.xlsx','表 9-4');
%样本标准化
data_example =zscore( x(:,3:6));
%指定 k 为 3 进行 K-均值距离
[idx, C] =kmeans(data_example,3);
%绘图
figure;scatter(data_example(idx==1,1), data_example(idx==1,2), 'ko');
hold on;
scatter(data_example(idx==2,1), data_example(idx==2,2),'k+');
hold on;
```

9.3　习　　题

9.3.1　单项选择题

1. 一个 p 维总体的均值向量是 $\mu_{1\times p}$，协方差矩阵为 $\Sigma_{p\times p}$，那么个体 $x_{1\times p}$ 到该总体的马氏距离是____。

A. $\sqrt{(x-\mu)\Sigma(x-\mu)}$　　　　B. $\sqrt{(x-\mu)^{\mathrm{T}}\Sigma(x-\mu)}$

C. $\sqrt{(x-\mu)^{\mathrm{T}}\Sigma^{-1}(x-\mu)}$　　D. $\sqrt{(x-\mu)\Sigma^{-1}(x-\mu)^{\mathrm{T}}}$

2. 现有 n 个样品的数据，若不进行标准化处理，当采用下列哪种距离计算不同样品之间的距离时，能够考虑所有样品数据的离散程度？____

A. 马氏距离　B. 欧氏距离　C. 切比雪夫距离　D. 绝对值距离

3. 对于距离判别法，下面说法正确的是____。

A. 距离判别法不需要事先知道观测对象共有多少种类型

B. 记某总体均值为 $\mu_{p\times1}$，协方差矩阵为 Σ，则个体 $x_{p\times1}$ 到该总体的马氏距离是 $d=(x-\mu)\Sigma(x-\mu)$

C. 对于一个待判别的对象，将其判别为离其距离最近的总体

D. 马氏距离不能消除变量之间的方差差异

4. 设有两个一维正态总体 G_1 和 G_2，分别服从正态分布 $N(0,\sigma_1^2)$ 和 $N(0,\sigma_2^2)$，有一个样本 $x=2.5$，若 G_1 的峰度大于 G_2，则运用马氏距离进行判别时，样本 x 应判给总体____。

A. G_1　B. G_2

C. G_1 和 G_2 都可以　D. G_1 和 G_2 都不可以

5. 错判概率是评价判别分析准则优劣的重要依据，通常情况下，回代估计法得到的错判概率____交叉确认估计法得到的错判概率。

A. 小于　B. 等于　C. 大于　D. 不确定

6. 在针对样本量为 100 的某次判别分析中，用回代估计法计算得到总错判率为 15%，则判断正确的样本数为____。

A. 15　B. 85　C. 50　D. 100

7. 在聚合型系统聚类法中，最短距离法将两个类间的距离定义为____。

A. 两个类中距离最近的两个对象之间的距离

B. 两个类中距离最远的两个对象之间的距离

C. 两个类的重心之间的距离

D. 两个类中所有对象之间距离的平均值

8. 关于系统聚类法，下面说法正确的是____。

A. 系统聚类需要提前假定聚类的数量

B. 系统聚类的结果可以用谱系图来表示

C. 聚合型系统聚类法首先将所有样品视为一个类型

D. 分解型系统聚类法首先将每个样品视为一个类型

9. 关于聚类分析，下面说法正确的是____。

A. 在基于最长距离法的聚合型系统聚类中，当两个类之间的距离最长时，将其聚合

B. 在系统聚类法的计算过程中，当两个对象被聚合到一个类中后，在下一步计算中可能会被划分到其他类中

C. 当采用不同的距离定义相似性时，系统聚类法得到的聚类结果也相同

D. 在 K-均值聚类法的计算过程中，当两个对象被聚合到一个类中后，在下一步计算中可能会被划分到其他类中

10. 关于判别分析和聚类分析，下面说法正确的是____。

A. 在开展两种分析时，都可以不对数据进行去量纲化处理

B. 当总体类型已知时，此时开展的分类研究属于聚类分析

C. 当总体类型未知时，此时开展的分类研究属于判别分析

D. 判别分析和聚类分析都属于分类研究，在实际应用时可以将两种方法结合起来

9.3.2　判断题

若说法正确则答案为 T，反之为 F。

1. 在计算一个样品到某一总体的马氏距离时，需要事先知道该总体的协方差矩阵。（　）

2. 在计算一个样品到某一总体的马氏距离时，要求该总体的协方差矩阵行列式不等于 0。（　）

3. Fisher 判别法依据样本观测值与各总体均值在某个方向上的投影对样本观测值进行判别。（　）

4. 聚类分析主要依据观测对象的相似性将对象进行分类。（　）

5. 对于聚类分析，在某种距离度量下，记样品 A、B 之间的距离为 d_{AB}，B、C 之间的距离为 d_{BC}，则 A、C 之间的距离 d_{AC} 只满足 $d_{AC} > d_{AB} + d_{BC}$。（　）

6. 对于 R 型聚类问题，通常用距离衡量聚类对象之间的相似性。（　）

7. 对于 R 型聚类问题，如果采用夹角余弦衡量两个变量的相似性，则余弦值越小意味着两个变量的相似度越大。（　）

8. 系统聚类分析事先不需要知道观测对象共有多少种类型。（　）

9. K-均值聚类法不需要指定聚类的个数。（　）

10. K-均值聚类法的聚类结果与初始凝聚点的选择无关。（　）

9.3.3　简答题

1. 针对判别分析问题，已知有 k 个类型的总体，记类型 i 的均值为 μ_i，协方差为 Σ_i，其中 $i = 1, \cdots, k$ 。假设采用马氏距离，请简述如何运用距离判别法判别一个新的样品 x 归属于哪个类型。

2. 请简述 Fisher 判别法的主要步骤。

3. 请简述估计错判概率的必要性，以及回代估计法和交叉确认估计法的基本思想。

4. 请简述聚类分析中相似性度量方法的公理。

5. 请简述聚合型系统聚类法的实现过程。

6. 现有 4 个样品，试简述运用最短距离法进行聚合型系统聚类的分析过程。

7. 请简述常用的确定初始凝聚点的方法。

8. 请写出 K-均值聚类的过程。

9. 现有一组苹果含水量、硬度和色差共 3 个特征变量的数据，样本容量为 40，试选择一种聚类方法，将这些苹果按照这 3 个特征变量分为 3 种类型，并简述基本过程。

10. 请简述判别分析与聚类分析的联系和区别。

9.3.4　计算题

1. 针对二维数据的某判别问题，已知有 2 种类型 G_1 和 G_2，G_1 和 G_2 的均值向量分别为 $[1,0]^{\mathrm{T}}$ 和 $[0,1]^{\mathrm{T}}$，且 G_1 和 G_2 的协方差矩阵都为 $\Sigma=\begin{bmatrix}0.3 & 0.2\\0.2 & 0.3\end{bmatrix}$。请基于马氏距离，采用距离判别法判别样品 $[0.4,0.6]^{\mathrm{T}}$ 属于何种类型。

2. 已知两总体 G_1 和 G_2，其均值分别为 $[2,6]^{\mathrm{T}}$ 和 $[4,2]^{\mathrm{T}}$，协方差为 $\Sigma_1=\Sigma_2=\Sigma=\begin{bmatrix}1 & 1\\1 & 9\end{bmatrix}$。现有新获得的样本观测值 $x=[3,5]^{\mathrm{T}}$，请基于马氏距离判别法判断 x 属于哪个总体。

3. 针对某判别问题，已知有 3 种类型，各类型的协方差矩阵相等。从各类型中各随机抽取容量为 50 的样本，根据样本数据计算得到各类型的样本均值分别为 $\bar{x}_1=[5,3]^{\mathrm{T}}$，$\bar{x}_2=[6,4]^{\mathrm{T}}$，$\bar{x}_3=[4,5]^{\mathrm{T}}$，并进一步求得样本协方差矩阵为 $\Sigma=\begin{bmatrix}0.2 & 0.4\\0.4 & 0.3\end{bmatrix}$，现有新获得的样本观测值 $x=[2,1]^{\mathrm{T}}$，请利用马氏距离，运用距离判别法判别该样本属于何种类型。

4. 设有 A、B、C、D 共 4 个对象的距离矩阵为（由于距离矩阵的对称性，只给出下三角阵，以下题目中的距离矩阵与之类似）

$$\begin{array}{c} \\ \mathrm{A}\\ \mathrm{B}\\ \mathrm{C}\\ \mathrm{D}\end{array}\begin{array}{c}\begin{array}{cccc}\mathrm{A} & \mathrm{B} & \mathrm{C} & \mathrm{D}\end{array}\\ \begin{bmatrix}0 & & & \\ 4 & 0 & & \\ 7 & 5 & 0 & \\ 9 & 10 & 8 & 0\end{bmatrix}\end{array}$$

请使用系统聚类中的最短距离法对这 4 个对象进行聚类，并给出计算过程。

5. 对第 4 题中的 A、B、C、D 共 4 个对象，请使用聚合型系统聚类法中的最长距离法对这 4 个对象进行聚类，并给出计算过程。

6. 设有 5 个分类对象，已计算出各个对象之间的距离矩阵 D 为

$$D=\begin{bmatrix}0 & & & & \\ 4 & 0 & & & \\ 7 & 10 & 0 & & \\ 5 & 9 & 7 & 0 & \\ 8 & 6 & 11 & 12 & 0\end{bmatrix}$$

请给出运用最短距离法进行系统聚类的计算过程。

7. 对计算题第 6 题中的 5 个对象，请使用聚合型系统聚类法中的最长距离法对这 5 个对象进行聚类，并给出计算过程。

8. 设有 5 个分类对象，已计算出各个对象之间的距离矩阵 D 为

$$D=\begin{bmatrix}0 & & & & \\ 4 & 0 & & & \\ 6 & 5 & 0 & & \\ 8 & 7 & 3 & 0 & \\ 12 & 10 & 7 & 9 & 0\end{bmatrix}$$

请给出运用最长距离法进行系统聚类的计算过程。

9. 对计算题第 8 题中的 5 个对象，请使用聚合型系统聚类法中的最短距离法对这 5 个对象进行聚类，并给出计算过程。

10. 现有 4 个对象 A、B、C 和 D，各对象对应的观测向量分别为 $[1,0]^{\mathrm{T}}$、$[3,2]^{\mathrm{T}}$、$[2,3]^{\mathrm{T}}$、$[0,1]^{\mathrm{T}}$，请使用 K-means 聚类方法进行聚类，要求：①采用欧氏距离；②指定聚类数目为 2；③假定初始凝聚点为对象 A 与 D；④给出最终各类的中心向量。

11. 已知两正态总体 G_1 和 G_2，其均值为 $u_1=\begin{bmatrix}2\\3\\5\end{bmatrix}$ 和 $u_2=\begin{bmatrix}4\\5\\8\end{bmatrix}$，协方差矩阵 $\Sigma_1=\Sigma_2=\Sigma=\begin{bmatrix}1 & 0.5 & 0.5\\0.5 & 1 & 0.5\\0.5 & 0.5 & 1\end{bmatrix}$。现有新获得的样本观测值 $x=\begin{bmatrix}1\\4\\7\end{bmatrix}$，请基于马氏距离判别法判断该新样本应属于哪个正态总体。

9.4 习题参考答案

9.4.1 单项选择题

1. D；2. A；3. C；4. B；5. A；6. B；7. A；8. B；9. D；10. D

9.4.2 判断题

1. T；2. T；3. T；4. T；5. F；6. F；7. T；8. T；9. F；10. F

9.4.3 简答题

1. 答：分别计算新样品 x 与类型 i 之间的马氏距离 $d_i=\sqrt{(x-\mu_i)\Sigma_i^{-1}(x-\mu_i)^{\mathrm{T}}}$，其

中 $i=1,\cdots,k$；若 $j=\arg\min_i d_i$，则判别新样品 x 归属于类型 j；若 d_i 中最小值不唯一，则任选一最小值所对应的类型作为判别结果。

2. 答：Fisher 判别法的主要步骤如下。根据样本数据计算组内离差矩阵 E 和组间离差矩阵 B，求 $E^{-1}B$ 的最大特征值及对应的特征向量 v_1，计算各总体均值在向量 v_1 上的一维投影，计算待判别样本点 x 在 v_1 上的一维投影 y，比较 y 与各总体均值投影之间的差值，选择最小差值对应的总体作为待判别样本点 x 的判别结果。

3. 答：错判概率是评判不同判别分析方法优劣的指标。回代估计法将全部的原始数据作为训练集去构建判别模型，再代入全部原始数据估计错判概率；交叉确认估计法将全部的原始数据分为训练集和测试集，用训练集构建判别模型，再代入测试集估计错判概率。

4. 答：对距离这一类的相似性度量，需满足三条公理，即非负性、对称性、三角不等式。对相似度这一类的相似性度量，需满足三条公理，即相似度数值绝对值不超过 1；当两个变量之间的相似度值绝对值为 1 时，两个变量同方向；对称性。

5. 答：聚合型系统聚类法的实现过程是聚合型系统聚类法先将每个对象视为一类，规定对象与对象、类与类之间的距离。在所有的类中先选择距离最小的一对类合并成为一个新的类，再计算所得的新类和所有其他各类的距离，将距离最近的两个类合并。这样每次合并两个类，直到将所有的对象都合并为一个类。

6. 答：运用最短距离法进行聚合型系统聚类的分析过程是先将 4 个样品各自视为一类；从 4 个类中选择距离最近的 2 个类进行合并，再更新这个类与其他两个类的距离，其中距离更新时取类中距离最短的对象之间的距离作为更新后的距离；从 3 个类中选择距离最近的 2 个类进行合并，再更新这个类与剩余一个类的距离，其中距离更新时取类中距离最短的对象之间的距离作为更新后的距离；将 2 个类合并，聚类结束。

7. 答：常用的确定初始凝聚点的方法有 3 种，第一种方法是直接指定法，即直接指定部分样品作为初始凝聚点；第二种方法是分类确定法，即将全部样品划分为几个类，再以每个类的重心作为初始凝聚点；第三种方法是逐个确定法，即根据最小最大原则，逐个确定初始凝聚点，使得初始凝聚点具有较好的分散性。

8. 答：K-均值聚类的过程是首先指定聚类数目 K，确定 K 个初始凝聚点或分类中心点；根据所得到的分类中心点，运用距离最近的原则对所有样本进行归类，得到分类结果；根据上述分类结果，以各类的重心作为新的凝聚点集合，再运用距离最近的原则对所有样本进行归类，得到分类结果；重复上述步骤直到各个类中的对象集合稳定为止。

9. 答：选用 K-均值聚类算法进行聚类，基本过程是指定聚类数目 K 为 3，确定 3 个初始凝聚点；根据所得到的分类中心点，运用距离最近的原则将 40 个苹果进行归类，得到 3 个分类结果；根据上述分类结果，以 3 个类的重心作为新的凝聚点集合，运用距离最近的原则将 40 个苹果进行归类，得到 3 个分类结果；重复上述步骤直到 3 个类中的对象集合稳定为止。

10. 答：判别分析和聚类分析的联系是两种分析方法都属于分类问题的研究方法，区别在于判别分析需要已知总体类型及其个数，聚类分析事先不知道总体类型及其个数。

9.4.4 计算题

1. 解：计算协方差矩阵的逆矩阵为

$$\Sigma^{-1}=\frac{1}{0.09-0.04}\times\begin{bmatrix}0.3 & -0.2\\ -0.2 & 0.3\end{bmatrix}=\begin{bmatrix}6 & -4\\ -4 & 6\end{bmatrix}$$

计算样本到两个总体的马氏距离分别为 $d_1=\sqrt{[0.4-1\quad 0.6-0]\Sigma^{-1}[0.4-1\quad 0.6-0]^{\mathrm{T}}}$ $=\sqrt{7.2}$，$d_2=\sqrt{[0.4-0\quad 0.6-1]\Sigma^{-1}[0.4-0\quad 0.6-1]^{\mathrm{T}}}=\sqrt{3.2}$，由于 $d_1>d_2$，判别属于类型 G_2。

2. 解：计算逆矩阵 $\Sigma^{-1}=\dfrac{1}{8}\begin{bmatrix}9 & -1\\ -1 & 1\end{bmatrix}$，计算新样本到两个总体的马氏距离分别为 $d_1=\sqrt{[3-2\quad 5-6]\Sigma^{-1}[3-2\quad 5-6]^{\mathrm{T}}}=\sqrt{1.5}$，$d_2=\sqrt{[3-4\quad 5-2]\Sigma^{-1}[3-4\quad 5-2]^{\mathrm{T}}}=\sqrt{3}$，由于 $d_1<d_2$，所以判别属于总体 G_1。

3. 解：求得逆矩阵为 $\Sigma^{-1}=\begin{bmatrix}-3 & 4\\ 4 & -2\end{bmatrix}$，根据马氏距离公式 $d_i=\sqrt{(x-\bar{x}_i)^{\mathrm{T}}\Sigma^{-1}(x-\bar{x}_i)}$，其中 $i=1,2,3$，代入数据后求得 $d_1=\sqrt{13}$，$d_2=\sqrt{30}$，$d_3=\sqrt{20}=2\sqrt{5}$，由于 d_1 最小，故判别该样本属于类型 1。

4. 解：（1）令类 $G_{\mathrm{A}}=\{\mathrm{A}\}$，$G_{\mathrm{B}}=\{\mathrm{B}\}$，$G_{\mathrm{C}}=\{\mathrm{C}\}$，$G_{\mathrm{D}}=\{\mathrm{D}\}$，各类间距离矩阵为

$$D=\left[d_{ij}\right]=\begin{array}{c} \\ \mathrm{A}\\ \mathrm{B}\\ \mathrm{C}\\ \mathrm{D}\end{array}\begin{array}{c}\begin{array}{cccc}\mathrm{A} & \mathrm{B} & \mathrm{C} & \mathrm{D}\end{array}\\ \begin{bmatrix}0 & & & \\ \underline{4} & 0 & & \\ 7 & 5 & 0 & \\ 9 & 10 & 8 & 0\end{bmatrix}\end{array}$$

（2）将 G_{A}、G_{B} 合并为 $G_{\mathrm{AB}}=\{\mathrm{A,B}\}$，按最短距离法公式计算 G_{AB} 与其他类的距离，可得 $d_{(\mathrm{AB})\mathrm{C}}=\min\{d_{\mathrm{AC}},d_{\mathrm{BC}}\}=5$，$d_{(\mathrm{AB})\mathrm{D}}=\min\{d_{\mathrm{AD}},d_{\mathrm{BD}}\}=9$，对应的距离矩阵为

$$D=\left[d_{ij}\right]=\begin{array}{c} \\ (\mathrm{AB})\\ \mathrm{C}\\ \mathrm{D}\end{array}\begin{array}{c}\begin{array}{ccc}(\mathrm{AB}) & \mathrm{C} & \mathrm{D}\end{array}\\ \begin{bmatrix}0 & & \\ \underline{5} & 0 & \\ 9 & 8 & 0\end{bmatrix}\end{array}$$

（3）将 G_{AB}、G_{C} 合并为 $G_{\mathrm{ABC}}=\{G_{\mathrm{AB}},G_{\mathrm{C}}\}$，按最短距离法公式计算 G_{ABC} 与 G_{D} 的距离为 $d_{(\mathrm{ABC})\mathrm{D}}=\min\left\{d_{(\mathrm{AB})\mathrm{D}},d_{\mathrm{CD}}\right\}=8$。

（4）将 G_{ABC}、G_{D} 合并为一个类，聚类结束。

5. 解：（1）令类 $G_{\mathrm{A}}=\{\mathrm{A}\}$，$G_{\mathrm{B}}=\{\mathrm{B}\}$，$G_{\mathrm{C}}=\{\mathrm{C}\}$，$G_{\mathrm{D}}=\{\mathrm{D}\}$，各类间距离矩阵为

$$
D=\left[d_{ij}\right]=\begin{array}{c} \\ A \\ B \\ C \\ D \end{array}\begin{array}{c} \begin{array}{cccc} A & B & C & D \end{array} \\ \left[\begin{array}{cccc} 0 & & & \\ \underline{\mathbf{4}} & 0 & & \\ 7 & 5 & 0 & \\ 9 & 10 & 8 & 0 \end{array}\right] \end{array}
$$

（2）将 G_{A}、G_{B} 合并为 $G_{\mathrm{AB}}=\{\mathrm{A},\mathrm{B}\}$，按最长距离法公式计算 G_{AB} 与其他类的距离，可得 $d_{(\mathrm{AB})\mathrm{C}}=\max\{d_{\mathrm{AC}},d_{\mathrm{BC}}\}=7$， $d_{(\mathrm{AB})\mathrm{D}}=\max\{d_{\mathrm{AD}},d_{\mathrm{BD}}\}=10$，对应的距离矩阵为

$$
D=\left[d_{ij}\right]=\begin{array}{c} \\ (\mathrm{AB}) \\ \mathrm{C} \\ \mathrm{D} \end{array}\begin{array}{c} \begin{array}{ccc} (\mathrm{AB}) & \mathrm{C} & \mathrm{D} \end{array} \\ \left[\begin{array}{ccc} 0 & & \\ \underline{\mathbf{7}} & 0 & \\ 10 & 8 & 0 \end{array}\right] \end{array}
$$

（3）将 G_{AB}、G_{C} 合并为 $G_{\mathrm{ABC}}=\{G_{\mathrm{AB}},G_{\mathrm{C}}\}$，按最长距离法公式计算 G_{ABC} 与 G_{D} 的距离为 $d_{(\mathrm{ABC})\mathrm{D}}=\max\left\{d_{(\mathrm{AB})\mathrm{D}},d_{\mathrm{CD}}\right\}=10$。

（4）将 G_{ABC}、G_{D} 合并为一个类，聚类结束。

6. 解：（1）令类 $G_1=\{1\}$， $G_2=\{2\}$， $G_3=\{3\}$， $G_4=\{4\}$， $G_5=\{5\}$，各类间距离矩阵为

$$
D=\left[d_{ij}\right]=\begin{array}{c} \\ 1 \\ 2 \\ 3 \\ 4 \\ 5 \end{array}\begin{array}{c} \begin{array}{ccccc} 1 & 2 & 3 & 4 & 5 \end{array} \\ \left[\begin{array}{ccccc} 0 & & & & \\ \underline{\mathbf{4}} & 0 & & & \\ 7 & 10 & 0 & & \\ 5 & 9 & 7 & 0 & \\ 8 & 6 & 11 & 12 & 0 \end{array}\right] \end{array}
$$

（2）将 G_1、G_2 合并为 $G_{12}=\{1,2\}$，按最短距离法公式计算 G_{12} 与其他类的距离，可得 $d_{(12)3}=\min\{d_{31},d_{32}\}=7$， $d_{(12)4}=\min\{d_{41},d_{42}\}=5$， $d_{(12)5}=\min\{d_{51},d_{52}\}=6$，更新距离矩阵为

$$
D=\left[d_{ij}\right]=\begin{array}{c} \\ (12) \\ 3 \\ 4 \\ 5 \end{array}\begin{array}{c} \begin{array}{cccc} (12) & 3 & 4 & 5 \end{array} \\ \left[\begin{array}{cccc} 0 & & & \\ 7 & 0 & & \\ \underline{\mathbf{5}} & 7 & 0 & \\ 6 & 11 & 12 & 0 \end{array}\right] \end{array}
$$

（3）将 G_{12}、G_4 合并为 $G_{124}=\{1,2,4\}$，按最短距离法公式计算 $G_{(12)4}$ 与其他类的距离，可得 $d_{(124)3}=\min\left\{d_{(12)3},d_{43}\right\}=7$， $d_{(124)5}=\min\left\{d_{(12)5},d_{45}\right\}=6$，更新距离矩阵为

$$D=\left[d_{ij}\right]=\begin{array}{c} (124) \\ 3 \\ 5 \end{array}\overset{\begin{array}{ccc}(124) & 3 & 5\end{array}}{\begin{bmatrix} 0 & & \\ 7 & 0 & \\ \underline{\mathbf{6}} & 11 & 0 \end{bmatrix}}$$

（4）将G_{124}、G_5合并为$G_{1245}=\{1,2,4,5\}$，按最短距离法公式计算G_{1245}与其他类的距离为$d_{(1245)3}=\min\left\{d_{(124)3},d_{35}\right\}=7$。

（5）将G_{1245}、G_3合并为一个类，聚类结束。

7. 解：（1）令类$G_1=\{1\}$，$G_2=\{2\}$，$G_3=\{3\}$，$G_4=\{4\}$，$G_5=\{5\}$，各类间距离矩阵为

$$D=\left[d_{ij}\right]=\begin{array}{c} 1 \\ 2 \\ 3 \\ 4 \\ 5 \end{array}\overset{\begin{array}{ccccc}1 & 2 & 3 & 4 & 5\end{array}}{\begin{bmatrix} 0 & & & & \\ \underline{\mathbf{4}} & 0 & & & \\ 7 & 10 & 0 & & \\ 5 & 9 & 7 & 0 & \\ 8 & 6 & 11 & 12 & 0 \end{bmatrix}}$$

（2）将G_1、G_2合并为$G_{12}=\{1,2\}$，按最长距离法公式计算G_{12}与其他类的距离，可得$d_{(12)3}=\max\left\{d_{31},d_{32}\right\}=10$，$d_{(12)4}=\max\left\{d_{41},d_{42}\right\}=9$，$d_{(12)5}=\max\left\{d_{51},d_{52}\right\}=8$，更新距离矩阵为

$$D=\left[d_{ij}\right]=\begin{array}{c} (12) \\ 3 \\ 4 \\ 5 \end{array}\overset{\begin{array}{cccc}(12) & 3 & 4 & 5\end{array}}{\begin{bmatrix} 0 & & & \\ 10 & 0 & & \\ 9 & \underline{7} & 0 & \\ 8 & 11 & 12 & 0 \end{bmatrix}}$$

（3）将G_3、G_4合并为$G_{34}=\{3,4\}$，按最长距离法公式计算G_{34}与其他类的距离，可得$d_{(12)(34)}=\max\left\{d_{(12)3},d_{(12)4}\right\}=10$，$d_{(34)5}=\max\left\{d_{35},d_{45}\right\}=12$，更新距离矩阵为

$$D=\left[d_{ij}\right]=\begin{array}{c} (12) \\ (34) \\ 5 \end{array}\overset{\begin{array}{ccc}(12) & (34) & 5\end{array}}{\begin{bmatrix} 0 & & \\ 10 & 0 & \\ \underline{\mathbf{8}} & 12 & 0 \end{bmatrix}}$$

（4）将G_{12}、G_5合并为$G_{125}=\{1,2,5\}$，按最长距离法公式计算G_{125}与其他类的距离为$d_{(125)(34)}=\max\left\{d_{(12)(34)},d_{5(34)}\right\}=12$。

（5）将G_{125}、G_{34}合并为一个类，聚类结束。

8. 解：（1）令类$G_1=\{1\}$，$G_2=\{2\}$，$G_3=\{3\}$，$G_4=\{4\}$，$G_5=\{5\}$，各类间距离矩阵为

$$D=\left[d_{ij}\right]=\begin{array}{c} \\ 1\\2\\3\\4\\5\end{array}\begin{array}{c}\begin{matrix}1&2&3&4&5\end{matrix}\\ \begin{bmatrix}0&&&&\\4&0&&&\\6&5&0&&\\8&7&\underline{\mathbf{3}}&0&\\12&10&7&9&0\end{bmatrix}\end{array}$$

（2）将 G_3、G_4 合并为 $G_{34}=\{3,4\}$，按最长距离法公式计算 G_{34} 与其他类的距离，可得 $d_{(34)1}=\max\{d_{31},d_{41}\}=8$，$d_{(34)2}=\max\{d_{32},d_{42}\}=7$，$d_{(34)5}=\max\{d_{35},d_{45}\}=9$，更新距离矩阵为

$$D=\left[d_{ij}\right]=\begin{array}{c} \\ 1\\2\\(34)\\5\end{array}\begin{array}{c}\begin{matrix}1&2&(34)&5\end{matrix}\\ \begin{bmatrix}0&&&\\\underline{\mathbf{4}}&0&&\\8&7&0&\\12&10&9&0\end{bmatrix}\end{array}$$

（3）将 G_1、G_2 合并为 $G_{12}=\{1,2\}$，按最长距离法公式计算 G_{12} 与其他类的距离，可得 $d_{(12)(34)}=\max\{d_{(34)1},d_{(34)2}\}=8$，$d_{(12)5}=\max\{d_{15},d_{25}\}=12$，更新距离矩阵为

$$D=\left[d_{ij}\right]=\begin{array}{c} \\ (12)\\(34)\\5\end{array}\begin{array}{c}\begin{matrix}(12)&(34)&5\end{matrix}\\ \begin{bmatrix}0&&\\\underline{\mathbf{8}}&0&\\12&9&0\end{bmatrix}\end{array}$$

（4）将 G_{12}、G_{34} 合并为 $G_{1234}=\{1,2,3,4\}$，按最长距离法公式计算 G_{1234} 与其他类的距离为 $d_{(1234)5}=\max\{d_{(12)5},d_{(34)5}\}=12$。

（5）将 G_{1234}、G_5 合并为一个类，聚类结束。

9. 解：（1）令类 $G_1=\{1\}$，$G_2=\{2\}$，$G_3=\{3\}$，$G_4=\{4\}$，$G_5=\{5\}$，各类间距离矩阵为

$$D=\left[d_{ij}\right]=\begin{array}{c} \\ 1\\2\\3\\4\\5\end{array}\begin{array}{c}\begin{matrix}1&2&3&4&5\end{matrix}\\ \begin{bmatrix}0&&&&\\4&0&&&\\6&5&0&&\\8&7&\underline{\mathbf{3}}&0&\\12&10&7&9&0\end{bmatrix}\end{array}$$

（2）将 G_3、G_4 合并为 $G_{34}=\{3,4\}$，按最短距离法公式计算 G_{34} 与其他类的距离，可得 $d_{(34)1}=\min\{d_{31},d_{41}\}=6$，$d_{(34)2}=\min\{d_{32},d_{42}\}=5$，$d_{(34)5}=\min\{d_{35},d_{45}\}=7$，更新距离矩阵为

$$D=\left[d_{ij}\right]=\begin{array}{c} \\ 1 \\ 2 \\ (34) \\ 5 \end{array}\begin{array}{c} \begin{array}{cccc} 1 & 2 & (34) & 5 \end{array} \\ \left[\begin{array}{cccc} 0 & & & \\ \underline{\mathbf{4}} & 0 & & \\ 6 & 5 & 0 & \\ 12 & 10 & 7 & 0 \end{array}\right] \end{array}$$

（3）将 G_1、G_2 合并为 $G_{12}=\{1,2\}$，按最短距离法公式计算 G_{12} 与其他类的距离，可得 $d_{(12)(34)}=\min\left\{d_{(34)1},d_{(34)2}\right\}=5$，$d_{(12)5}=\min\left\{d_{15},d_{25}\right\}=10$，更新距离矩阵为

$$D=\left[d_{ij}\right]=\begin{array}{c} \\ (12) \\ (34) \\ 5 \end{array}\begin{array}{c} \begin{array}{ccc} (12) & (34) & 5 \end{array} \\ \left[\begin{array}{ccc} 0 & & \\ \underline{\mathbf{5}} & 0 & \\ 10 & 7 & 0 \end{array}\right] \end{array}$$

（4）将 G_{12}、G_{34} 合并为 $G_{1234}=\{1,2,3,4\}$，按最短距离法公式计算 G_{1234} 与其他类的距离为 $d_{(1234)5}=\min\left\{d_{(12)5},d_{(34)5}\right\}=7$。

（5）将 G_{1234}、G_5 合并为一个类，聚类结束。

10. 解：①取初始凝聚点为 $m_1^{(0)}=[1,0]^{\mathrm{T}}$，$m_2^{(0)}=[0,1]^{\mathrm{T}}$，分别计算 B、C 到 $m_1^{(0)}$ 与 $m_2^{(0)}$ 的距离，可得 $d_{\mathrm{B1}}=\sqrt{8}=2\sqrt{2}$，$d_{\mathrm{B2}}=\sqrt{10}$，$d_{\mathrm{C1}}=\sqrt{10}$，$d_{\mathrm{C2}}=\sqrt{8}=2\sqrt{2}$，所以将 A、B 归为第 1 类 $G_1^{(1)}=\{\mathrm{A,B}\}$，C、D 归为第 2 类 $G_2^{(1)}=\{\mathrm{C,D}\}$；②更新凝聚点为 $m_1^{(1)}=[2,1]^{\mathrm{T}}$，$m_2^{(1)}=[1,2]^{\mathrm{T}}$，分别计算 A、B、C、D 到 $m_1^{(1)}$ 与 $m_2^{(1)}$ 的距离，可得 $d_{\mathrm{A1}}=\sqrt{2}$，$d_{\mathrm{A2}}=2$，$d_{\mathrm{B1}}=\sqrt{2}$，$d_{\mathrm{B2}}=2$，$d_{\mathrm{C1}}=2$，$d_{\mathrm{C2}}=\sqrt{2}$，$d_{\mathrm{D1}}=2$，$d_{\mathrm{D2}}=\sqrt{2}$，所以将 A、B 归为第 1 类 $G_1^{(2)}=\{\mathrm{A,B}\}$，C、D 归为第 2 类 $G_2^{(2)}=\{\mathrm{C,D}\}$；③由于聚类结果不变，故迭代终止，最终各类型的中心向量为 $m_1=[2,1]^{\mathrm{T}}$，$m_2=[1,2]^{\mathrm{T}}$。

11. 解：算得 $\Sigma^{-1}=\begin{bmatrix}1.5 & -0.5 & -0.5\\ -0.5 & 1.5 & -0.5\\ -0.5 & -0.5 & 1.5\end{bmatrix}$。计算新样本 x 到总体 G_1 的马氏距离为

$$d_1^2=\left(x-u_1\right)^{\mathrm{T}}\Sigma^{-1}\left(x-u_1\right)=\begin{bmatrix}-1 & 1 & 2\end{bmatrix}\begin{bmatrix}1.5 & -0.5 & -0.5\\ -0.5 & 1.5 & -0.5\\ -0.5 & -0.5 & 1.5\end{bmatrix}\begin{bmatrix}-1\\ 1\\ 2\end{bmatrix}=10$$

计算新样本 x 到总体 G_2 的马氏距离为

$$d_2^2=\left(x-u_2\right)^{\mathrm{T}}\Sigma^{-1}\left(x-u_2\right)=\begin{bmatrix}-3 & -1 & -1\end{bmatrix}\begin{bmatrix}1.5 & -0.5 & -0.5\\ -0.5 & 1.5 & -0.5\\ -0.5 & -0.5 & 1.5\end{bmatrix}\begin{bmatrix}-3\\ -1\\ -1\end{bmatrix}=9.5$$

因 $d_1^2>d_2^2$，所以判别新样本 x 属于总体 G_2。

第 10 章 时间序列分析

10.1 学 习 指 导

本章的知识结构如表 10-1 所示。

表 10-1 时间序列分析的知识结构

<table>
<tr><th>章节</th><th>知识点</th><th colspan="3">内容</th></tr>
<tr><td rowspan="6">时间序列的定义与分类</td><td>对象</td><td colspan="3">指标</td></tr>
<tr><td>形式</td><td colspan="3">随时间变化、随机</td></tr>
<tr><td>要素</td><td colspan="3">时间、对应值</td></tr>
<tr><td rowspan="3">分类</td><td>波动</td><td colspan="2">平稳时间序列、非平稳时间序列</td></tr>
<tr><td>时间</td><td colspan="2">时期时间序列、时点时间序列</td></tr>
<tr><td>指标值</td><td colspan="2">绝对数时间序列、相对数时间序列、平均数时间序列</td></tr>
<tr><td rowspan="11">时间序列的指标分析</td><td rowspan="7">水平指标</td><td>发展水平</td><td colspan="2">报告期、基期</td></tr>
<tr><td rowspan="3">平均发展水平</td><td colspan="2">时期序列</td></tr>
<tr><td>时点序列</td><td>等间隔连续时点序列、不等间隔连续时点序列、等间隔不连续时点序列、不等间隔不连续时点序列</td></tr>
<tr><td colspan="2">相对数序列</td></tr>
<tr><td rowspan="2">增长量</td><td>定义</td><td>报告期和基期的发展水平之差</td></tr>
<tr><td>具体类型</td><td>逐期增长量、累积增长量、年距增长量</td></tr>
<tr><td>平均增长量</td><td colspan="2">水平法、总和法</td></tr>
<tr><td rowspan="4">速度指标</td><td rowspan="2">发展速度</td><td>定义</td><td>报告期和基期的发展水平之比</td></tr>
<tr><td>具体类型</td><td>定基发展速度、环比发展速度、平均发展速度</td></tr>
<tr><td rowspan="2">增长速度</td><td>定义</td><td>报告期增长量和基期发展水平之比</td></tr>
<tr><td>具体类型</td><td>定基增长速度、环比增长速度、平均增长速度、增长 1%的绝对值</td></tr>
</table>

续表

<table>
<tr><th>章节</th><th>知识点</th><th colspan="3">内容</th></tr>
<tr><td rowspan="11">时间序列的分解</td><td rowspan="8">影响因素</td><td rowspan="2">长期趋势</td><td colspan="2">总体趋势</td></tr>
<tr><td>分析方法</td><td>时距扩大法、移动平均法、数学模型法</td></tr>
<tr><td rowspan="2">季节变动</td><td colspan="2">日历时段内的周期性变动</td></tr>
<tr><td>分析方法</td><td>同期平均法</td></tr>
<tr><td rowspan="2">循环变动</td><td colspan="2">较长时间内的交替变动</td></tr>
<tr><td>分析方法</td><td>剩余法</td></tr>
<tr><td rowspan="2">不规则变动</td><td colspan="2">随机性扰动、突发性变动</td></tr>
<tr><td>分析方法</td><td>逐次消去长期趋势、季节变动和循环变动</td></tr>
<tr><td rowspan="3">模型</td><td>乘法模型</td><td colspan="2">长期趋势×季节变动×循环变动×不规则变动</td></tr>
<tr><td>加法模型</td><td colspan="2">长期趋势+季节变动+循环变动+不规则变动</td></tr>
<tr><td>混合模型</td><td colspan="2">长期趋势×季节变动+循环变动+不规则变动、季节变动+长期趋势×循环变动×不规则变动</td></tr>
<tr><td rowspan="7">时间序列的预测</td><td>步骤</td><td colspan="3">绘制时序图、建模、评价预测模型、基于模型进行预测</td></tr>
<tr><td rowspan="2">评价</td><td colspan="3">基于实际值和预测值计算误差</td></tr>
<tr><td>指标</td><td colspan="2">平均绝对误差、均方误差、平均绝对百分比误差</td></tr>
<tr><td rowspan="4">类型</td><td>无季节变动无长期趋势的平稳序列</td><td colspan="2">简单平均法、简单移动平均法、简单指数平滑法、自回归移动平均模型</td></tr>
<tr><td rowspan="2">无季节变动有长期趋势的非平稳序列</td><td colspan="2">重点是建模长期趋势</td></tr>
<tr><td>分析方法</td><td>趋势外推法、移动平均法</td></tr>
<tr><td colspan="3">复合型序列</td></tr>
</table>

本章的学习要点如图 10-1 所示。

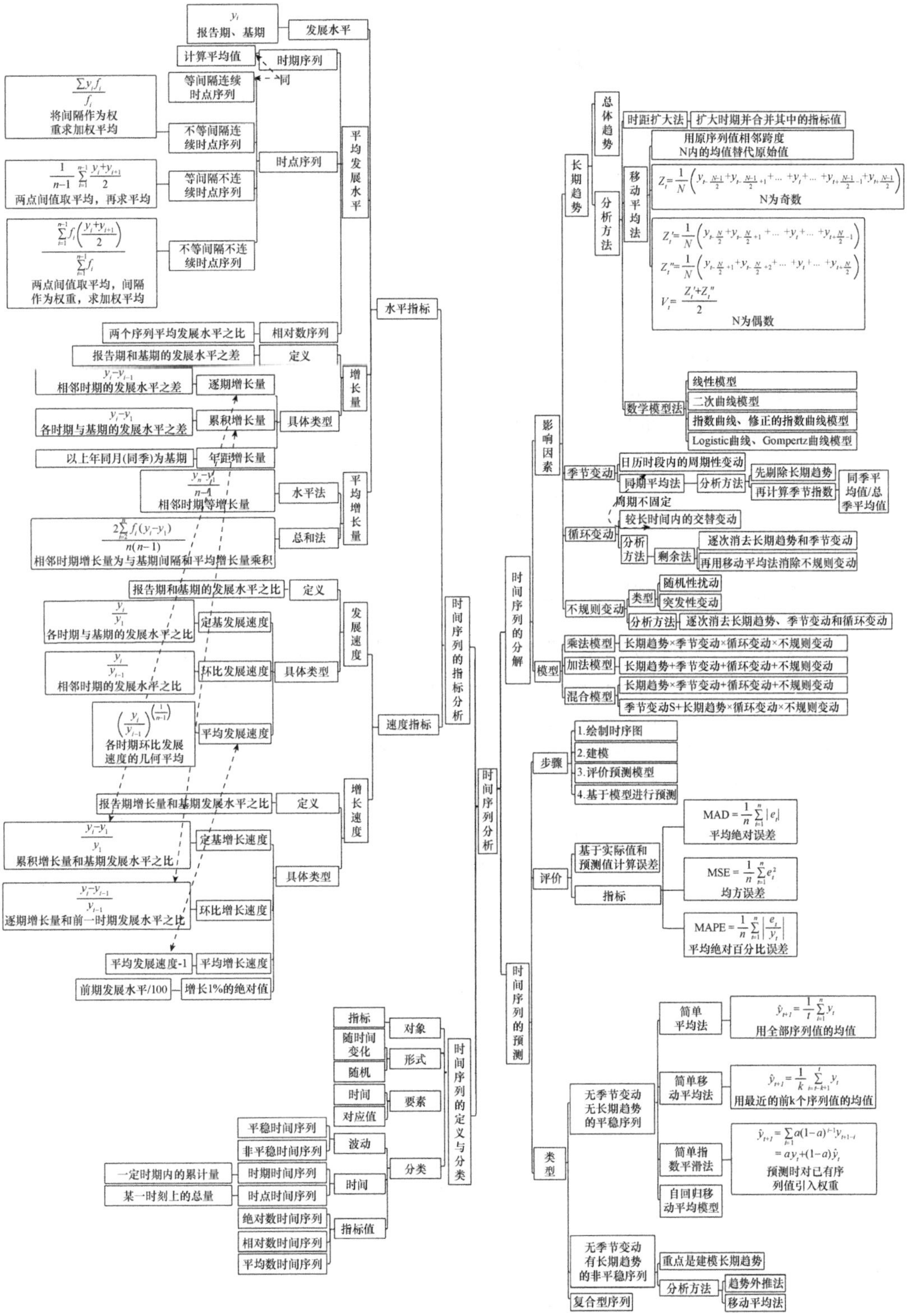

图 10-1　时间序列分析的学习要点

10.2 软 件 操 作

本节针对教材第 10 章中的各个例题，给出软件编程代码。由于本章以数值计算为主，更适合用 MATLAB 分析，因此本章只给出 MATLAB 编程分析的代码。

10.2.1 平均发展水平

1. 不等间隔连续时点序列

教材中的“例 10-1”反映了对于不等间隔连续时点序列的平均发展水平计算问题。对于这一问题，将所需的数据集整理为 Excel 文件，命名为“第 10 章.xlsx”，并将 sheet 表名改为“表 10-4”，数据格式如表 10-2 所示。

表 10-2 不等间隔连续时点数据集

日期	3.28～4.3	4.4～4.10	4.11～4.17	4.18～4.24	4.25～4.27
间隔天数/天	7	7	7	7	3
员工人数/人	865	872	875	870	855

读入 Excel 文件“第 10 章.xlsx”中的 sheet 表“表 10-4”，相应的 MATLAB 代码如下。

```
%%% 自编函数，用于平均发展水平的计算
function value = mean_developmen_for_point(data, data_index, case_index)
%计算时点的平均发展水平，data 是具体数据，data_index 是相应时点
%case_index 取值 1 是等间隔连续、2 是不等间隔连续、3 是等间隔不连续
%4 是不等间隔不连续
   %判定 data 和 data_index 的行列是否一致
   if size(data,1) ~= size(data_index,1)
      data =data';
   end
   %根据时序数据类型，分类计算
   switch case_index
      case 1
         value = mean(data);
      case 2
         value =sum(data .*data_index)/sum(data_index);
      case 3
         temp =data(1:end-1) +data(2:end);
         value = mean(temp/2);
      otherwise
         temp =(data(1:end-1) +data(2:end))/2;
         value =sum(data_index.*temp)/sum(data_index);
   end
end

%读入数据
data = xlsread('第 10 章.xlsx','表 10-4');
%调用函数计算
mean_unequal_interval_continuous =mean_developmen_for_point(data(2,:), data(1,:), 2)
```

2. 等间隔不连续时点序列

教材中的“例 10-2”反映了对于等间隔不连续时点序列的平均发展水平计算问题。对于这一问题，将所需的数据集整理为 Excel 文件，命名为“第 10 章.xlsx”，并将 sheet 表名改为“表 10-5”，数据格式如表 10-3 所示。

表 10-3　等间隔不连续时点数据集

年份	2015	2016	2017	2018	2019	2020	2021
在校学生人数/人	11 580	12 023	13 703	14 480	21 234	22 431	22 650

读入 Excel 文件“第 10 章.xlsx”中的 sheet 表“表 10-5”，相应的 MATLAB 代码如下。

```
%%% 自编函数，用于平均发展水平的计算
function value = mean_developmen_for_point(data, data_index, case_index)
%计算时点的平均发展水平，data 是具体数据，data_index 是相应时点
%case_index 取值 1 是等间隔连续、2 是不等间隔连续、3 是等间隔不连续
%4 是不等间隔不连续
    %判定 data 和 data_index 的行列是否一致
    if size(data,1) ~= size(data_index,1)
        data =data';
    end
    %根据时序数据类型，分类计算
    switch case_index
        case 1
            value = mean(data);
        case 2
            value =sum(data.*data_index)/sum(data_index);
        case 3
            temp =data(1:end-1) +data(2:end);
            value = mean(temp/2);
        otherwise
            temp =(data(1:end-1)+data(2:end))/2;
            value =sum(data_index.*temp)/sum(data_index);
    end
end

%读入数据
data = xlsread('第 10 章.xlsx','表 10-5');
%调用函数计算
mean_equal_interval_uncontinuous =mean_developmen_for_point(data(2,:), [], 3)
```

3. 不等间隔不连续时点序列

教材中的“例 10-3”反映了对于不等间隔不连续时点序列的平均发展水平计算问题。对于这一问题，将所需的数据集整理为 Excel 文件，命名为“第 10 章.xlsx”，并将 sheet 表名改为“表 10-6”，数据格式如表 10-4 所示。

表 10-4　不等间隔不连续时点数据集

时间	1 月初	4 月初	7 月初	12 月末
库存量/件	1250	1345	1280	1385

读入 Excel 文件“第 10 章.xlsx”中的 sheet 表“表 10-6”，相应的 MATLAB 代码如下。

```
%%% 自编函数，用于平均发展水平的计算
function value = mean_developmen_for_point(data, data_index, case_index)
%计算时点的平均发展水平，data 是具体数据，data_index 是相应时点
%case_index 取值 1 是等间隔连续、2 是不等间隔连续、3 是等间隔不连续
%4 是不等间隔不连续
    %判定 data 和 data_index 的行列是否一致
    if size(data,1) ~= size(data_index,1)
        data =data';
    end
    %根据时序数据类型，分类计算
    switch case_index
        case 1
            value = mean(data);
        case 2
            value =sum(data.*data_index)/sum(data_index);
        case 3
            temp =data(1:end-1)+data(2:end);
            value = mean(temp/2);
        otherwise
            temp =(data(1:end-1)+data(2:end))/2;
            value =sum(data_index.*temp)/sum(data_index);
    end
end

%调用函数计算
data = xlsread('第 10 章.xlsx','表 10-6');
%调用函数计算
mean_unequal_interval_uncontinuous =mean_developmen_for_point(data, [3,3,6], 4)
```

4. 相对数序列

教材中的“例 10-4”反映了对于相对数序列的平均发展水平计算问题。对于这一问题，首先整理所需的数据集为 Excel 文件，命名为“第 10 章.xlsx”并将 sheet 表名改为“表 10-7”，数据格式如表 10-5 所示。

表 10-5　相对数序列数据集

年份	粮食产量/万吨	年末总人口/万人
2012	61 222.62	135 922
2013	63 048.20	136 726
2014	63 964.83	137 646
2015	66 060.27	138 326
2016	66 043.51	139 232
2017	66 160.73	140 011
2018	65 789.22	140 541
2019	66 384.34	141 008
2020	66 949.15	141 212

读入 Excel 文件“第 10 章.xlsx”中的 sheet 表“表 10-7”，相应的 MATLAB 代码如下。

```
%%% 自编函数，用于平均发展水平的计算
function value = mean_developmen_for_point(data, data_index, case_index)
%计算时点的平均发展水平，data 是具体数据，data_index 是相应时点
%case_index 取值 1 是等间隔连续、2 是不等间隔连续、3 是等间隔不连续
%4 是不等间隔不连续
    %判定 data 和 data_index 的行列是否一致
    if size(data,1) ~= size(data_index,1)
        data =data';
    end
    %根据时序数据类型，分类计算
    switch case_index
        case 1
            value = mean(data);
        case 2
            value =sum(data .*data_index) /sum(data_index);
        case 3
            temp =data(1:end-1) +data(2:end);
            value = mean(temp/2);
        otherwise
            temp =(data(1:end-1) +data(2:end))/2;
            value =sum(data_index.*temp)/sum(data_index);
    end
end

%读入数据
data = xlsread('第 10 章.xlsx','表 10-7');
%调用函数计算平均发展水平
mean_food =mean_developmen_for_point(data(:,2), [], 1)
mean_people =mean_developmen_for_point(data(:,3), [], 3)
%再求比值
mean_ratio =mean_food/ mean_people
```

10.2.2　速度指标

1. 发展速度

教材中的“表 10-8　广东省、贵州省 2019 年和 2020 年地区生产总值数据对比情况”反映了环比发展速度、增长速度、增长 1%的绝对值的计算问题。对于其中的环比发展速度的计算问题，将所需的数据集整理为 Excel 文件，命名为“第 10 章.xlsx”，并将 sheet 表名改为“表 10-8”，数据格式如表 10-6 所示。

表 10-6　发展速度计算所需的数据集（单位：亿元）

省份	2019 年地区生产总值	2020 年地区生产总值
广东	107 986.9	111 151.6
贵州	16 769.3	17 860.4

读入 Excel 文件“第 10 章.xlsx”中的 sheet 表“表 10-8”，相应的 MATLAB 代码如下。

```
%%% 自编函数，计算发展速度
function [base, round, mean] = development_velocity(data)
    %定基发展速度
    base = data(2:end) /data(1);
```

```
    %环比发展速度
    round = data(2:end)./data(1:end-1);
    %平均发展速度
    mean = prod( base).^(1/length(base));
end

%读入数据
data = xlsread('第 10 章.xlsx','表 10-8');
%%%计算环比发展速度
%广东省环比发展速度
[~, round_guangdong, ~] = development_velocity(data(1,:))
%贵州省环比发展速度
[~, round_guizhou, ~] = development_velocity(data(2,:))
```

2. 增长速度

对于教材中的“表 10-8　广东省、贵州省 2019 年和 2020 年地区生产总值数据对比情况”所反映的增长速度的计算问题，将表 10-6 中的数据集整理为 Excel 文件，命名为“第 10 章.xlsx”，并将 sheet 表名改为“表 10-8”，读入这个 Excel 文件，相应的 MATLAB 代码如下。

```
%%% 自编函数，用于增长速度
function [base,round,mean] = increase_velocity(data)
%data 是具体数据
    %定基增长速度
    base =(data(2:end)-data(1))/data(1);
    %环比增长速度
    round =(data(2:end)-data(1:end-1))./data(1:end-1);
    %平均增长速度
    mean = (data(end)/data(1)).^(1/(length(data)-1))-1;
end

%读入数据
data = xlsread('第 10 章.xlsx','表 10-8');
%%%计算增长速度
%广东省增长速度
[~, round_guangdong, ~] = increase_velocity(data(1,:))
%贵州省增长速度
[~, round_guizhou, ~] = increase_velocity(data(2,:))
```

10.2.3　趋势性分析

1. 移动平均法

教材中的“表 10-10　我国 2001～2020 年铁路营业里程和移动平均计算结果”反映了基于移动平均法的趋势性分析问题，其中移动平均的移动项数取奇数。对于这一问题，将所需的数据集整理为 Excel 文件，命名为“第 10 章.xlsx”，并将 sheet 表名改为“表 10-10”，数据格式如表 10-7 所示。

表 10-7　趋势性分析所需的数据集 1（单位：万千米）

年份	原序列值	年份	原序列值
2000	6.87	2011	9.32
2001	7.01	2012	9.76
2002	7.19	2013	10.31
2003	7.30	2014	11.18
2004	7.44	2015	12.10
2005	7.54	2016	12.40
2006	7.71	2017	12.70
2007	7.80	2018	13.17
2008	7.97	2019	13.99
2009	8.55	2020	14.63
2010	9.12		

读入 Excel 文件“第 10 章.xlsx”中的 sheet 表“表 10-10”，相应的 MATLAB 代码如下。

```
%%% 自编函数，趋势分析中的移动平均法
function [temp1, temp2, value, low, upper] = trend_moving_average(data, N)
%data 是具体数据，N 是移动平均的项数
    %判断 N 是否偶数
    index =(mod(N,2) ==0);
    switch index
        case 1 %N 偶数
            %定序列的起止点
            low =1 +N/2;
            upper =length(data) -N/2;
            temp1 =zeros(upper-low+1,1);
            temp2 =zeros(upper-low+1,1);
            value =zeros(upper-low+1,1);
            for i =low : upper
                %两个移动平均序列
                temp1(i-low+1) =mean(data(i-N/2:i+N/2-1));
                temp2(i-low+1) =mean(data(i-N/2+1:i+N/2) );
                %求平均
                value(i-low+1) =(temp1(i-low+1)+temp2(i-low+1))/2;
            end
        otherwise %N 奇数
            %定序列的起止点
            low =1+(N-1)/2;
            upper =length(data)-(N-1)/2;
            value =zeros(upper-low+1,1);
            for i =low:upper
                value(i-low+1) =mean(data(i-(N-1)/2:i+(N-1)/2));
            end
            temp1 =[]; temp2 =[];
    end
end

%读入数据
data = xlsread('第 10 章.xlsx','表 10-10');
%N 取 3 的移动平均
[~,~,value_N3, low_N3, upper_N3] = trend_moving_average(data(:,2),3)
```

```
%N 取 11 的移动平均
[~,~,value_N11, low_N11, upper_N11] = trend_moving_average(data(:,2),11)
```

教材中的“表 10-11 2017～2021 年我国各季度 GDP 及移动平均结果”反映了基于移动平均法的趋势性分析问题，其中移动平均的移动项数取偶数。对于这一问题，将所需的数据集整理为 Excel 文件，命名为“第 10 章.xlsx”，并将 sheet 表名改为“表 10-9”，数据格式如表 10-8 所示。

表 10-8 趋势性分析所需的数据集 2（单位：亿元）

序号	时间	季度值
1	17Q3	596 607.3
2	17Q4	832 035.9
3	18Q1	202 035.7
4	18Q2	425 997.9
5	18Q3	660 472.2
6	18Q4	919 281.1
7	19Q1	217 168.3
8	19Q2	458 670.9
9	19Q3	709 717.2
10	19Q4	986 515.2
11	20Q1	205 244.8
12	20Q2	453 592.5
13	20Q3	717 948.2
14	20Q4	1 013 567.0
15	21Q1	249 200.2
16	21Q2	532 049.4
17	21Q3	823 337.5
18	21Q4	1 149 237.0

读入 Excel 文件“第 10 章.xlsx”中的 sheet 表“表 10-9”，相应的 MATLAB 代码如下。

```
%%% 自编函数，趋势分析中的移动平均法
function [temp1, temp2, value, low, upper] = trend_moving_average(data, N)
%data 是具体数据，N 是移动平均的项数
    %判断 N 是否偶数
    index =(mod(N,2)==0);
    switch index
        case 1 %N 偶数
            %定序列的起止点
            low =1 +N/2;
            upper =length(data) -N/2;
            temp1 =zeros(upper-low+1,1);
            temp2 =zeros(upper-low+1,1);
            value =zeros(upper-low+1,1);
            for i =low:upper
                %两个移动平均序列
                temp1(i-low+1) =mean(data(i-N/2:i+N/2-1));
```

```
            temp2(i-low+1) =mean(data(i-N/2+1 :i+N/2) );
            %求平均
            value(i-low+1) =(temp1(i-low+1) +temp2(i-low+1))/2;
         end
      otherwise %N 奇数
         %定序列的起止点
         low =1 +(N-1)/2;
         upper =length(data)-(N-1)/2;
         value =zeros(upper-low+1,1);
         for i =low:upper
            value(i-low+1) =mean(data(i-(N-1)/2:i+(N-1)/2));
         end
         temp1 =[]; temp2 =[];
   end
end

%读入数据
data = xlsread('第 10 章.xlsx','表 10-9');
%调用函数求解
[temp1, temp2, value, low, upper] = trend_moving_average(data(:,3)/10000, 4)
```

2. 数学模型法

教材中的“表 10-12　2017～2021 年我国各季度 GDP 及回归分析结果”反映了基于数学模型法的趋势性分析问题，其中数学模型采用了线性回归和二次曲线模型。对于这一问题，将表 10-8 中的数据集整理为 Excel 文件，命名为“第 10 章.xlsx”，并将 sheet 表名改为“表 10-9”，读入这个 Excel 文件，相应的 MATLAB 代码如下。

```
%%%%%%自编函数，用于线性回归中的参数估计
function [inv_XTX,beta_est,SSE,sigma2_est] = regression_par_est(X,Y)
%输入参数 X 是 n 行(p+1)列，n 是样本量，Y 是 n 行 1 列
   %X 转置乘以 X 的逆
   inv_XTX =inv(X'*X);
   %估计回归系数
   beta_est = (X'*X)\X'*Y;
   %估计 SSE
   SSE =(Y-X*beta_est)'*(Y-X*beta_est);
   %估计方差
   sigma2_est = SSE /(size(X,1)-size(X,2));
end

%读入数据
data = xlsread('第 10 章.xlsx','表 10-9');
Y = data(:,3)/10000;
%%% 线性回归拟合
%区分自变量
X_linear =cat(2, ones(length(Y),1), (1:length(Y))');
%调用函数分析
[~, beta_est, ~, ~] = regression_par_est(X_linear, Y)
%预测
y_pre_linear = X_linear*beta_est
%%% 二次回归拟合
%区分自变量
X_square =cat(2, ones(length(Y),1), (1:length(Y))', (1:length(Y)).^2');
```

```
%调用函数分析
[~, beta_est, ~, ~] = regression_par_est(X_square, Y)
%预测
y_pre_square = X_square *beta_est
%SI 计算
SI =Y./y_pre_square
```

10.2.4 季节变动分析

教材中的“表 10-13 各季度 GDP 季节指数计算结果”反映了季节指数的计算问题。对于这一问题，将表 10-8 中的数据集整理为 Excel 文件，命名为“第 10 章.xlsx”，并将 sheet 表名改为“表 10-9”，读入这个 Excel 文件，相应的 MATLAB 代码如下。

```
%%%%%%自编函数，用于线性回归中的参数估计
function [inv_XTX,beta_est,SSE,sigma2_est] = regression_par_est(X,Y)
%输入参数 X 是 n 行(p+1)列，n 是样本量，Y 是 n 行 1 列
    %X 转置乘以 X 的逆
    inv_XTX =inv(X'*X);
    %估计回归系数
    beta_est = (X'*X)\X'*Y;
    %估计 SSE
    SSE =(Y-X*beta_est)'*(Y-X*beta_est);
    %估计方差
    sigma2_est = SSE /(size(X,1)-size(X,2));
end

%%% 自编函数，用于季节变动分析
function [season_mean, season_every, season_index] = season_analysis(data, M, N)
%data 是具体数据，M 是季节个数，N 是"年"个数
    %总平均值
    season_mean =mean(data);
    %同季平均值
    season_every =zeros(M,1);
    for i = 1:M
        season_every(i) =mean(data(i:M:N*M+i-M));
    end
    %季节指数
    season_index =season_every/season_mean;
end

%读入数据
data = xlsread('第 10 章.xlsx','表 10-9');
Y = data(:,3)/10000;
%%% 二次回归拟合
%区分自变量
X_square =cat(2, ones(length(Y),1), (1:length(Y))', (1:length(Y)).^2');
%调用函数分析
[~, beta_est, ~, ~] = regression_par_est(X_square, Y)
%预测
y_pre_square = X_square *beta_est
%SI 计算
SI =Y ./y_pre_square
```

```
%调用函数计算
[season_mean,season_every,season_index] = season_analysis(SI(3:end),4,4)
```

10.2.5　不规则变动分析

教材中的“表 10-12　2017～2021 年我国各季度 GDP 及回归分析结果”还反映了不规则变动的计算问题。对于这一问题，将表 10-8 中的数据集整理为 Excel 文件，命名为“第 10 章.xlsx”，并将 sheet 表名改为“表 10-9”，读入这个 Excel 文件，相应的 MATLAB 代码如下。

```
%%%%%%自编函数，用于线性回归中的参数估计
function [inv_XTX,beta_est,SSE,sigma2_est] = regression_par_est(X,Y)
%输入参数 X 是 n 行(p+1)列，n 是样本量，Y 是 n 行 1 列
    %X 转置乘以 X 的逆
    inv_XTX =inv(X'*X);
    %估计回归系数
    beta_est = (X'*X)\X'*Y;
    %估计 SSE
    SSE =(Y-X*beta_est)'*(Y-X*beta_est);
    %估计方差
    sigma2_est = SSE /(size(X,1) -size(X,2));
end

%%% 自编函数，用于季节变动分析
function [season_mean, season_every, season_index] = season_analysis(data, M, N)
%data 是具体数据，M 是季节个数，N 是“年”个数
    %总平均值
    season_mean =mean(data);
    %同季平均值
    season_every =zeros(M,1);
    for i = 1:M
        season_every(i) =mean(data(i :M :N*M+i-M));
    end
    %季节指数
    season_index =season_every/season_mean;
end

%读入数据
data = xlsread('第 10 章.xlsx','表 10-9');
Y = data(:,3)/10000;
%%% 二次回归拟合
%区分自变量
X_square =cat(2, ones(length(Y),1), (1:length(Y))', (1:length(Y)).^2');
%调用函数分析
[~, beta_est, ~, ~] = regression_par_est(X_square, Y)
%预测
y_pre_square = X_square*beta_est
%SI 计算
SI =Y./y_pre_square
%调用函数计算
[season_mean, season_every, season_index] = season_analysis(SI(3:end), 4, 4)

%补充表 10-12 中不规则变动 I
```

```
temp =repmat(season_index, 4, 1);
temp =cat(1, season_index(3:4), temp);
I =SI ./temp
```

10.2.6 平稳序列预测

1. 简单平均法

教材中的“表 10-14 2002～2021 年我国 PPI 简单移动平均法和简单平均法预测结果”反映了基于简单平均法和简单移动平均法的平稳序列预测问题。对于其中的基于简单平均法的平稳序列预测问题，将所需的数据集整理为 Excel 文件，命名为“第 10 章.xlsx”，并将 sheet 表名改为“表 10-14”，数据格式如表 10-9 所示。

表 10-9 平稳序列预测所需的数据集

年份	PPI/%	年份	PPI/%
2002	97.8	2012	98.3
2003	102.3	2013	98.1
2004	106.1	2014	98.1
2005	104.9	2015	94.8
2006	103.0	2016	98.6
2007	103.1	2017	106.3
2008	106.9	2018	103.5
2009	94.6	2019	99.7
2010	105.5	2020	98.2
2011	106.0	2021	108.1

注：PPI（producer price index for industrial products，工业生产者出厂价格指数）

读入 Excel 文件“第 10 章.xlsx”中的 sheet 表“表 10-14”，相应的 MATLAB 代码如下。

```
%%% 自编函数，简单平均法
function [value] = predict_average(data)
%data 是具体数据，k 是步数
   %求累积和
   temp =cumsum(data);
   %确定各点的步长
   den =1:length(data);
   if size(data,1) >1
      den =den';
   end
   %求预测结果
   value =temp./den;
end

%%% 自编函数，用于预测误差分析
function [MAD,MSE,MAPE] = predict_error(data,y_pre)
%data 是具体数据，y_pre 是预测值
   MAD =mean(abs( data-y_pre));
   MSE =mean((data-y_pre).^2);
   MAPE =mean(abs((data-y_pre)./data));
end
```

```
%读入数据
data = xlsread('第 10 章.xlsx', '表 10-14');
%调用函数计算
pre_average = predict_average(data(:,2))
%求误差
error_average = data(2:end,2)-pre_average(1:end-1)
%求误差的平方
error_average2 = error_average.^2
%预测评价，求 MSE 和 MAPE
[~, MSE, MAPE] = predict_error(data(2:end,2), pre_average(1:end-1))
```

以上代码能同时给出预测结果的均方误差和平均绝对百分比误差。

2. 简单移动平均法

教材中的"表 10-14　2002～2021 年我国 PPI 简单移动平均法和简单平均法预测结果"反映了基于简单平均法和简单移动平均法的平稳序列预测问题。对于其中的基于简单移动平均法的平稳序列预测问题，将表 10-9 中的数据集整理为 Excel 文件，命名为"第 10 章.xlsx"，并将 sheet 表名改为"表 10-14"，以移动项数 *k* 取值 3 为例，相应的 MATLAB 代码如下。

```
%%% 自编函数，简单移动平均法
function value = predict_moving_average(data,k)
%data 是具体数据，k 是步数
   temp =movsum(data,[k-1 0]);
   value =temp/k;
end

%%% 自编函数，用于预测误差分析
function [MAD,MSE,MAPE] = predict_error(data,y_pre)
%data 是具体数据，y_pre 是预测值
   MAD =mean(abs(data-y_pre));
   MSE =mean((data-y_pre).^2);
   MAPE =mean(abs((data-y_pre)./data));
end

%设定 k 值
k =3;
%调用函数计算
pre_average_k = predict_moving_average(data(:,2),k)
%求误差
error_average_k = data(k+1:end, 2)-pre_average_k(k:end-1)
%求误差的平方
error_average_k2 = error_average_k.^2
%预测评价，求 MSE 和 MAPE
[~,MSE,MAPE] = predict_error(data(k+1:end,2), pre_average_k(k:end-1))
```

以上代码能同时给出预测结果的均方误差和平均百分比误差。

3. 简单指数平滑法

教材中的"表 10-15　2002～2021 年我国 PPI 与简单指数平滑预测结果"反映了基

于简单指数平滑法的平稳序列预测问题。对于这一问题，将表 10-9 中的数据集整理为 Excel 文件，命名为“第 10 章.xlsx”，并将 sheet 表名改为“表 10-14”，以平滑系数取值 0.4 为例，相应的 MATLAB 代码如下。

```
%%% 自编函数，指数平滑法
function value = predict_exp_moving(data,a)
%data 是具体数据，a 平滑系数
   temp =a *data(2)+(1-a)*data(1);
   value =temp *ones(length(data)-1,1);
   for i = 4:length(data)+1
      value(i-2) =a *data(i-1)+(1-a) *value(i-3);
   end
end

%%% 自编函数，用于预测误差分析
function [MAD,MSE,MAPE] = predict_error(data,y_pre)
%data 是具体数据，y_pre 是预测值
   MAD =mean(abs( data-y_pre));
   MSE =mean((data-y_pre).^2);
   MAPE =mean(abs((data-y_pre)./data));
end

%设定 a
a =0.4;
%调用函数计算
pre_exp = predict_exp_moving(data(:,2),a)
%求误差
error_exp = data(3:end,2)-pre_exp(1:end-1)
%求误差的平方
error_exp2 = error_exp.^2
%预测评价，求 MSE 和 MAPE
[~, MSE, MAPE] = predict_error(data(3:end,2), pre_exp(1:end-1))
```

以上代码能同时给出预测结果的均方误差和平均绝对百分比误差。

10.2.7 趋势序列预测

教材中的“表 10-16　2000～2020 年我国铁路营业里程数与二次曲线模型预测结果”反映了基于二次曲线模型的趋势序列预测问题。对于这一问题，将表 10-7 中的数据集整理为 Excel 文件，命名为“第 10 章.xlsx”，并将 sheet 表名改为“表 10-10”，相应的 MATLAB 代码如下。

```
%%%%%%自编函数，用于线性回归中的参数估计
function [inv_XTX,beta_est,SSE,sigma2_est] = regression_par_est(X,Y)
%输入参数 X 是 n 行(p+1)列，n 是样本量，Y 是 n 行 1 列
   %X 转置乘以 X 的逆
   inv_XTX =inv(X'*X);
   %估计回归系数
   beta_est = (X'*X)\X'*Y;
   %估计 SSE
   SSE =(Y-X*beta_est)'*(Y-X*beta_est);
   %估计方差
```

```
    sigma2_est = SSE/(size(X,1)-size(X,2));
end

%%%%%%%自编函数，模型存在性检验，F 检验
function [SSR, F_test, F_critc, p_value] = regression_F_test(X, Y, beta_est, SSE, alpfa)
    %求进一步均值
    y_mean =mean(Y);
    %求回归平方和
    SSR = sum((X *beta_est -y_mean).^2);
    %求 F 检验统计量
    F_test =(SSR/(size(X,2)-1)) /(SSE/(size(X,1)-size(X,2)) );
    %求临界值
    F_critc = finv(1-alpfa, size(X,2)-1,size(X,1)-size(X,2));
    %求 p 值
    p_value =1 -fcdf(F_test, size(X,2)-1, size(X,1)-size(X,2));
end

%%%%%%%自编函数，拟合效果检验
function [R2, R2_adjust] = regression_fit(X, SSR, SSE)
    R2 = SSR /( SSR+SSE);
    R2_adjust =1-(1-R2)*(size(X,1)-1)/(size(X,1)-size(X,2));
end

%%% 自编函数，用于预测误差分析
function [MAD,MSE,MAPE] = predict_error(data,y_pre)
%data 是具体数据，y_pre 是预测值
    MAD =mean(abs(data-y_pre));
    MSE =mean((data-y_pre).^2);
    MAPE =mean(abs((data-y_pre)./data));
end

%读入数据
data = xlsread('第 10 章.xlsx','表 10-10');
%区分自变量和因变量
Y = data(:,2);
X_square =cat(2, ones(length(Y),1), (1:length(Y))', (1:length(Y)).^2');
%调用函数拟合趋势
[~, beta_est, SSE, ~] = regression_par_est(X_square, Y)
%计算拟合效果
[SSR, ~, ~, ~] = regression_F_test(X_square, Y, beta_est, SSE, 0.05);
[R2, R2_adjust] = regression_fit(X_square, SSR, SSE)
%预测
y_pre_square = X_square *beta_est
%求误差
error_y_pre = Y -y_pre_square
error_y_pre2 = error_y_pre.^2
%评价预测结果
[~, MSE, MAPE] = predict_error(Y, y_pre_square)
```

以上代码能同时给出预测结果的均方误差和平均绝对百分比误差。

10.2.8 复合型序列预测

教材中的“表 10-17　GDP 中不规则变动的移动平均结果”反映了基于简单移动平

均法的不规则变动分析问题。对于这一问题，基于 10.2.5 节中所得的不规则变动分析结果，设移动平均的移动项数 k 取值为 4，相应的 MATLAB 代码如下。

```
%%% 自编函数，简单移动平均法
function value = predict_moving_average(data,k)
%data 是具体数据，k 是步数
    temp =movsum(data,[k-1 0]);
    value =temp/k;
end

%%% 自编函数，用于预测误差分析
function [MAD,MSE,MAPE] = predict_error(data,y_pre)
%data 是具体数据，y_pre 是预测值
    MAD =mean(abs( data-y_pre));
    MSE =mean((data-y_pre).^2);
    MAPE =mean(abs((data-y_pre)./data));
end

%给定移动平均法中的 k
k =4;
%调用移动平均法
pre_I = predict_moving_average(I,k)
%求误差
error_I = I(k+1:end) -pre_I(k:end-1)
error_I2 = error_I.^2
%评价预测结果
[~, MSE, MAPE] = predict_error(I(k+1:end), pre_I(k:end-1))
```

以上代码能同时给出预测结果的均方误差和平均绝对百分比误差。

教材中的“表 10-18　各季度 GDP 和预测结果”反映了复合型序列的预测问题。对于这一问题，将表 10-8 中的数据整理为 Excel 文件，命名为“第 10 章.xlsx”，并将 sheet 表名改为“表 10-9”，读入这个 Excel 文件，相应的 MATLAB 代码如下。

```
%%%%%%自编函数，用于线性回归中的参数估计
function [inv_XTX,beta_est,SSE,sigma2_est] = regression_par_est(X,Y)
%输入参数 X 是 n 行(p+1)列，n 是样本量，Y 是 n 行 1 列
    %X 转置乘以 X 的逆
    inv_XTX =inv(X'*X);
    %估计回归系数
    beta_est = (X'*X)\X'*Y;
    %估计 SSE
    SSE =(Y-X*beta_est)'*(Y-X*beta_est);
    %估计方差
    sigma2_est = SSE /(size(X,1) -size(X,2));
end

%%% 自编函数，用于季节变动分析
function [season_mean, season_every, season_index] = season_analysis(data, M, N)
%data 是具体数据，M 是季节个数，N 是"年"个数
    %总平均值
    season_mean =mean(data);
    %同季平均值
    season_every =zeros(M,1);
```

```
    for i = 1:M
        season_every(i) =mean(data(i :M :N*M+i-M));
    end
    %季节指数
    season_index =season_every /season_mean;
end

%%% 自编函数，简单移动平均法
function value = predict_moving_average(data,k)
%data 是具体数据，k 是步数
    temp =movsum(data,[k-1 0]);
    value =temp/k;
end

%%% 自编函数，用于预测误差分析
function [MAD,MSE,MAPE] = predict_error(data,y_pre)
%data 是具体数据，y_pre 是预测值
    MAD =mean(abs(data-y_pre));
    MSE =mean((data-y_pre).^2);
    MAPE =mean(abs((data-y_pre)./data));
end

%读入数据
data = xlsread('第 10 章.xlsx','表 10-9');
Y = data(:,3)/10000;
%%% 二次回归拟合
%区分自变量
X_square =cat(2, ones(length(Y),1), (1:length(Y))', (1:length(Y)).^2');
%调用函数分析
[~, beta_est, ~, ~] = regression_par_est(X_square, Y)
%预测
y_pre_square = X_square *beta_est
%%%季节指数 S
%SI 计算
SI =Y./y_pre_square
%调用函数计算
[season_mean, season_every, season_index] = season_analysis(SI(3:end), 4, 4)
%%%不规则变动 I
temp =repmat(season_index, 4, 1);
temp =cat(1, season_index(3:4), temp);
I =SI ./temp
%%%不规则变动 I 移动平均
%给定移动平均法中的 k
k =4;
%调用移动平均法
pre_I = predict_moving_average(I,k)
%%%对应原序列的序列预测
%综合二次回归值 y_pre_square、不规则变动 pre_I、季节指数 temp
y_pre_syn =y_pre_square(k+1: end).*pre_I(k: end-1).*temp(k+1: end)
%求误差
error_y_pre_syn =Y(k+1:end) -y_pre_syn
error_y_pre_syn2 = error_y_pre_syn.^2
%评价预测结果
[~, MSE, MAPE] = predict_error(Y(k+1:end), y_pre_syn)
%%%设置待预测点，预测
%二次回归趋势值
```

```
y_pre_add_T = [1, 19, 19^2; 1, 20, 20^2; 1, 21, 21^2; 1, 22, 22^2] *beta_est
%综合预测
y_pre_add = y_pre_add_T .* season_index .*repmat( pre_I(end),4,1)
```

以上代码能给出序列的预测值、预测误差和预测结果的均方误差和平均绝对百分比误差。

10.3 习　　题

10.3.1 单项选择题

1. 如果某时间序列随着时间的推移呈现出固定增长或下降的变化规律，则适合的预测方法是____。

A. 移动平均法　B. 指数平滑法　C. 线性模型法　D. 指数模型法

2. 如果某时间序列的数值按一定的增长率增长或衰减，则适合的预测模型是____。

A. 移动平均法　B. 指数平滑法　C. 线性模型　D. 指数模型

3. 对某时间序列建立的趋势方程是 $\hat{y}(t)=100\times(0.95)^t$，这表明该序列____。

A. 没有趋势　B. 呈现线性上升趋势

C. 呈现指数上升趋势　D. 呈现指数下降趋势

4. 对某企业各年的销售额拟合的直线趋势方程是 $\hat{y}(t)=6+1.5t$，这表明____。

A. 时间每增加 1 年，销售额平均增加 1.5 个单位

B. 时间每增加 1 年，销售额平均减少 1.5 个单位

C. 时间每增加 1 年，销售额平均增长 1.5%

D. 下一年度的销售额为 1.5 个单位

5. 根据各年的季度数据计算季节指数，各季节指数的平均数应等于____。

A. 100%　B. 400%　C. 4%　D. 20%

6. 根据各年的月份资料计算的季节指数之和应等于____。

A. 100%　B. 120%　C. 400%　D. 1200%

7. 在时间序列的乘法模型中，与原序列计量单位相同的通常是____。

A. 长期趋势　B. 季节变动　C. 循环变动　D. 不规则变动

8. 在时间序列的加法模型中，与原序列计量单位相同的是____。

A. 只是长期趋势　B. 只是季节变动

C. 只是循环变动　D. 长期趋势、季节变动、循环变动

9. 对于包含长期趋势、季节变动、循环变动和不规则变动的时间序列，以原序列各项数值除以移动平均值（其平均项数与季节周期长度相等）后所得结果____。

A. 只包含长期趋势　B. 只包含不规则变动

C. 消除了长期趋势和循环变动　D. 消除了长期趋势和不规则变动

10. 移动平均的平均项数越大，则它____。

A. 对序列的平滑修匀作用越强

B. 对序列的平滑修匀作用越弱

C. 对序列数据的变化反应越快

D. 对序列数据的变化反应越大

10.3.2　判断题

若说法正确则答案为 T，反之为 F。

1. 不存在趋势的序列称为平稳序列。（　　）

2. 包含趋势性、季节性或周期性的序列称为非平稳序列。（　　）

3. 指数平滑法得到的 t+1 期的预测值等于 t 期的实际观测值与第 t 期指数平滑值的加权平均值。（　　）

4. 在使用指数平滑法进行预测时，如果时间序列有较大的随机波动，则平滑系数的取值应该小些。（　　）

5. 用最小二乘法拟合直线趋势方程为 $\hat{y}(t)=b_0+b_1t$，若 b_1 为负数，表明该时间序列随着时间的推移呈现出下降趋势。（　　）

6. 对某时间序列建立的趋势方程为 $\hat{y}(t)=100\times1.95t$，表明该序列呈现指数下降趋势。（　　）

7. 对某一时间序列拟合的直线趋势方程为 $\hat{y}(t)=b_0+b_1t$，若 b_1 为 0，表明该序列没有趋势。（　　）

8. 如果某时间序列的发展没有季节变动，则各期的季节指数应等于 100%。（　　）

9. 根据各季度商品销售额数据计算的季节指数分别为：一季度 125%、二季度 70%、三季度 100%、四季度 105%，受季节因素影响最大的是一季度。（　　）

10. 如果某月的商品销售额为 84 万元，该月的季节指数等于 1.2，在消除季节因素后该月的销售额为 70 万元。（　　）

10.3.3　简答题

1. 请解释什么是时间序列的长期趋势以及研究长期趋势的目的是什么。
2. 请解释什么是时间序列的季节变动以及研究季节变动的目的是什么。
3. 请解释什么是时间序列的循环变动以及研究循环变动的目的是什么。
4. 请解释什么是时间序列的不规则变动以及研究不规则变动的目的是什么。
5. 请说明如何判断时间序列中是否存在长期趋势。
6. 请简述什么是移动平均法，简要解释该方法的基本原理，并说明方法的适用性。
7. 请简述什么是指数平滑法，简要解释该方法的基本原理，并说明方法的适用性。
8. 请简述如何利用模型法进行时间序列的预测，并说明方法的适用性。
9. 请简述对于有增长趋势和季节变动的时间序列，如何分析季节变动。
10. 请简述如何对复合型时间序列进行预测。

10.3.4 计算题

1. 某地区的轿车产量如表 10-10 所示，试问该地区轿车产品的平均发展水平是多少？

表 10-10 某地区轿车产量

年份	轿车产量/万辆	年份	轿车产量/万辆
2000	6.070	2010	95.760
2001	7.040	2011	10.127
2002	10.920	2012	10.770
2003	20.710	2013	12.104
2004	22.760	2014	12.483
2005	27.700	2015	11.630
2006	38.690	2016	12.111
2007	47.980	2017	11.945
2008	50.380	2018	12.174
2009	74.850	2019	10.285

2. 基于表 10-10 中所示数据，试问该地区轿车产量的平均增长速度是多少？

3. 某商场过去 18 个月的营业额如表 10-11 所示，请利用移动平均法提取该商场过去 18 个月营业额的长期趋势，其中移动项数取为 3。

表 10-11 某商场过去 18 个月的营业额

月份	营业额/万元	月份	营业额/万元
1	29.5	10	47.3
2	28.3	11	47.0
3	32.2	12	48.1
4	35.5	13	44.9
5	28.6	14	54.4
6	37.9	15	60.1
7	38.1	16	58.7
8	43.1	17	64.4
9	42.4	18	66.0

4. 基于表 10-11 中所示数据，请利用移动平均法提取该商场过去 18 个月营业额的长期趋势，其中移动项数取为 4。

5. 基于表 10-11 中所示数据，请分别利用线性模型和二次曲线模型，拟合某商场过去 18 个月的营业额趋势，进一步利用均方误差指标进行比较，确定营业额的趋势模型。

6. 表 10-12 中的数据是某商场 2006～2015 年各季度的销售额数据，对这一时间序列，试问各季节的季节指数是多少？

表 10-12 某商场 2006～2015 年各季度的销售额数据（单位：万元）

年份	一季度	二季度	三季度	四季度
2006	99.31	97.12	226.41	194.33
2007	167.36	193.15	392.78	307.96

续表

年份	一季度	二季度	三季度	四季度
2008	234.24	255.26	374.75	447.28
2009	325.44	424.52	595.11	637.31
2010	390.42	510.59	725.26	863.05
2011	548.32	599.73	877.61	872.06
2012	512.36	605.10	959.22	834.12
2013	494.24	682.55	890.01	872.31
2014	500.99	625.79	801.68	786.56
2015	605.93	581.97	775.88	812.82

7. 基于表 10-11 中所示数据，请利用简单平均法预测该商场第 19 个月的营业额。

8. 基于表 10-11 中所示数据，请利用 3 期简单移动平均法预测该商场第 19 个月的营业额。

9. 基于表 10-11 中所示数据，请利用简单指数平滑法预测该商场第 19 个月的营业额，其中取平滑系数为 0.3。

10. 基于表 10-11 中所示数据，请在计算题第 5 题的基础上，利用趋势建模预测该商场第 19 个月的营业额。

10.4　习题参考答案

10.4.1　单项选择题

1. C；2. D；3. D；4. A；5. A；6. D；7. A；8. D；9. C；10. A

10.4.2　判断题

1. T；2. T；3. T；4. F；5. T；6. F；7. T；8. T；9. F；10. T

10.4.3　简答题

1. 答：时间序列在一段较长的时间内的总体发展趋势称为长期趋势，通常是受到某些根本性的支配因素影响，表现为逐步上升、逐步下降或基本稳定在某一水平上。

研究长期趋势的目的在于把握客观事物发展的总体规律，此外如果从时间序列中剔除趋势性后，能够为季节变动和循环变动提供基础。

2. 答：时间序列在一个日历时段内（如年、月、周或日）呈现出的周期性变动称为季节变动，也称为季节效应，是季节性规律作用的结果。

研究季节变动的目的是研究时间序列的周期性变化规律，其中季节变动的周期相对固定，季节变动的周期指的是在时间序列的一个周期内指标值相差比较大的几个时段。

3. 答：时间序列在较长的时间内（如数年内）有涨有落的交替变动称为循环变动。

研究循环变动的目的是研究时间序列的周期性变化规律，但循环变动的周期相对较长且不固定。

4. 答：时间序列中的随机变动称为不规则变动，通常由偶然因素引起，是时间序列中除去长期趋势、季节变动和循环变动后的变动，包括随机性扰动和突发性变动。

研究不规则变动的目的是研究时间序列的偶然变化，便于更好地预测时间序列的指标值。

5. 答：可采用时距扩大法、移动平均法和数学模型法分析时间序列的长期趋势。①时距扩大法是将时间序列的时间单位予以扩大，并将相应时间区间内的指标值予以合并，得到一个新的时间序列，从而抵消较小时距单位数据所受偶然因素的影响，呈现长期趋势；②移动平均法是按一定的时间跨度逐项移动，边移动边平均，计算一系列的平均数，然后以该平均值代替原来的时间序列值，从而生成一个新的时间序列；③数学模型法是指利用回归分析拟合一条趋势曲线。

6. 答：移动平均法是一种时间序列的预测方法，该方法的基本原理是将待预测时期前一段时期的时间序列指标值求平均后作为预测值，该方法适用于平稳序列的预测。

7. 答：指数平滑法是一种时间序列的预测方法，该方法的基本原理是将待预测时期上一时期的实际指标值与指数平滑值加权后作为预测值，该方法适用于平稳序列的预测。

8. 答：利用模型法进行时间序列的预测指的是选择合适的模型拟合时间序列再进行预测，该方法适用于非平稳序列的预测。

9. 答：对于有增长趋势和季节变动的时间序列，首先分析出时间序列的长期趋势，其次从序列中剔除趋势，最后再用季节指数等方法分析季节变动。

10. 答：①分析时间序列中的长期趋势和季节变动，在剔除长期趋势后求出各个季节的季节指数；②运用长期趋势模型进行外推预测，求出预测值，再用季节指数对这一外推的预测值进行调整；③对原始观测序列剔除长期趋势和季节变动，得到仅含有循环变动和不规则变动的序列；④对步骤③中的序列进行移动平均处理，从中分离并消除不规则变动，得到循环变动，再运用趋势外推法给出预测值，再用移动平均法或指数平滑法得到不规则变动的预测值；⑤将步骤②中的预测值，与循环变动的预测值和不规则变动的预测值进行复合，可得最终的时间序列预测值。

10.4.4 计算题

1. 解：将该时间序列视为等间隔不连续时点序列，记各年份轿车产量为 y_i，其中 $i=1,\cdots,20$，用公式 $\overline{y}=\frac{1}{19}\sum_{i=1}^{19}\left(\frac{y_i+y_{i+1}}{2}\right)$ 计算，可得平均发展水平为 26.2269 万辆。

2. 解：记各年份轿车产量为 y_i，其中 $i=1,\cdots,20$，用公式 $\overline{g}=\left(\prod_{i=1}^{19}\frac{y_{i+1}}{y_i}\right)^{\frac{1}{19}}-1$ 计算，可得平均增长速度为 2.81%。

3. 解：记各月份的营业额为 y_i，其中 $i=1,\cdots,18$，当利用移动平均法且取移动项数为 3 时提取过去 18 个月营业额的长期趋势时，用公式 $\hat{y}_t=\frac{1}{3}\left(y_{t-1}+y_t+y_{t+1}\right)$ 计算，其中 $t=2,\cdots,17$，可得趋势的提取结果如表 10-13 所示。

表 10-13　基于移动平均法且移动项数取 3 时的某商场过去 18 个月营业额趋势提取结果

月份	营业额原始值/万元	移动平均值
1	29.5	
2	28.3	30.00
3	32.2	32.00
4	35.5	32.10
5	28.6	34.00
6	37.9	34.87
7	38.1	39.70
8	43.1	41.20
9	42.4	44.27
10	47.3	45.57
11	47.0	47.47
12	48.1	46.67
13	44.9	49.13
14	54.4	53.13
15	60.1	57.73
16	58.7	61.07
17	64.4	63.03
18	66.0	

4. 解：记各月份的营业额为 y_i，其中 $i=1,\cdots,18$，当利用移动平均法且取移动项数为 4 时提取过去 18 个月营业额的长期趋势时，用公式 $z_t^1=\frac{1}{2}\left(y_{t-2}+y_{t-1}+y_t+y_{t+1}\right)$ 计算移动平均序列 z_t^1，用公式 $z_t^2=\frac{1}{2}\left(y_{t-1}+y_t+y_{t+1}+y_{t+2}\right)$ 计算移动平均序列 z_t^2，进一步计算两个序列的平均值作为趋势提取结果 $\hat{y}_t=\frac{z_t^1+z_t^2}{2}$，其中 $t=3,\cdots,16$，结果如表 10-14 所示。

表 10-14　基于移动平均法且移动项数取 4 时的某商场过去 18 个月营业额趋势提取结果

月份	营业额原始值/万元	移动平均序列 z_t^1	移动平均序列 z_t^2	趋势
1	29.5			
2	28.3			
3	32.2	31.375	31.150	31.2625

续表

月份	营业额原始值/万元	移动平均序列 z_t^1	移动平均序列 z_t^2	趋势
4	35.5	31.150	33.550	32.3500
5	28.6	33.550	35.025	34.2875
6	37.9	35.025	36.925	35.9750
7	38.1	36.925	40.375	38.6500
8	43.1	40.375	42.725	41.5500
9	42.4	42.725	44.950	43.8375
10	47.3	44.950	46.200	45.5750
11	47.0	46.200	46.825	46.5125
12	48.1	46.825	48.600	47.7125
13	44.9	48.600	51.875	50.2375
14	54.4	51.875	54.525	53.2000
15	60.1	54.525	59.400	56.9625
16	58.7	59.400	62.300	60.8500
17	64.4			
18	66.0			

5. 解：记各月份的营业额为y_i，其中$i=1,\cdots,18$，若利用线性模型拟合趋势，可定义模型为$y_i=\beta_0+\beta_1 i+\varepsilon$，其中$i=1,\cdots,18$表示各个月份，$\varepsilon$为随机项，利用最小二乘法可估计参数为$\hat{\beta}_0=23.9732$和$\hat{\beta}_1=2.1929$，且拟合结果如表 10-15 中第 3 列所示。若利用二次曲线模型拟合趋势，可定义模型为$y_i=\beta_0+\beta_1 i+\beta_2 i^2+\varepsilon$，其中$i=1,\cdots,18$表示各个月份，$\varepsilon$为随机项，利用最小二乘法可估计参数为$\hat{\beta}_0=27.6333$、$\hat{\beta}_1=1.0948$和$\hat{\beta}_2=0.0578$，且拟合结果如表 10-16 中第 3 列所示。

进一步用公式$\text{MSE}=\frac{1}{18}\sum_{i=1}^{18}(y_i-\hat{y}_i)^2$计算均方误差，其中$y_i$为各月份的营业额实际值，$\hat{y}_i$为各月份的营业额预测值，$i=1,\cdots,18$。将利用线性模型和二次曲线模型所提取的趋势结果分别代入该式中，可得线性模型进行趋势提取所得的残差如表 10-15 中第 4 列所示，且均方误差为 8.9114，利用二次曲线模型进行趋势提取所得的残差如表 10-16 中第 4 列所示，且均方误差为 6.9936。根据均方误差最小原则，应取二次曲线模型作为趋势提取的结果。

表 10-15 基于线性模型的某商场过去 18 个月营业额趋势提取结果和残差

月份	营业额原始值/万元	线性模型提取值	残差
1	29.5	26.1661	3.3339
2	28.3	28.3590	−0.0590
3	32.2	30.5519	1.6482
4	35.5	32.7447	2.7553
5	28.6	34.9376	−6.3376
6	37.9	37.1305	0.7695
7	38.1	39.3234	−1.2234
8	43.1	41.5163	1.5838

续表

月份	营业额原始值/万元	线性模型提取值	残差
9	42.4	43.7092	−1.3091
10	47.3	45.9020	1.3980
11	47.0	48.0949	−1.0949
12	48.1	50.2877	−2.1877
13	44.9	52.4806	−7.5807
14	54.4	54.6735	−0.2735
15	60.1	56.8664	3.2336
16	58.7	59.0592	−0.3593
17	64.4	61.2521	3.1479
18	66.0	63.4450	2.5550

表 10-16　基于二次曲线模型的某商场过去 18 个月营业额趋势提取结果和残差

月份	营业额原始值/万元	二次曲线模型提取值	残差
1	29.5	28.7860	0.7140
2	28.3	30.0542	−1.7542
3	32.2	31.4380	0.7620
4	35.5	32.9373	2.5626
5	28.6	34.5523	−5.9523
6	37.9	36.2829	1.6171
7	38.1	38.1290	−0.0290
8	43.1	40.0907	3.0093
9	42.4	42.1680	0.2320
10	47.3	44.3609	2.9391
11	47.0	46.6693	0.3307
12	48.1	49.0934	−0.9934
13	44.9	51.6330	−6.7330
14	54.4	54.2882	0.1118
15	60.1	57.0591	3.0410
16	58.7	59.9454	−1.2454
17	64.4	62.9474	1.4526
18	66.0	66.0649	−0.0649

6. 解：根据表 10-12 中数据，计算所有数据的平均数可得总季平均值为 542.5225 万元，对表中各列数据计算平均数可得一季度、二季度、三季度、四季度的同季平均值分别为 387.861 万元、457.578 万元、661.871 万元、662.78 万元，计算同季平均值与总季平均值的比值可得一季度、二季度、三季度、四季度的季节指数分别为 0.7149、0.8434、1.2200、1.2217。

7. 解：记各月份的营业额为 y_i，其中 $i=1,\cdots,18$，当利用简单平均法预测第 19 个月的营业额时，用公式 $\hat{y}=\dfrac{1}{18}\sum_{i=1}^{18}y_i$ 计算，可得预测结果为 44.8056 万元。

8. 解：记各月份的营业额为y_i，其中$i=1,\cdots,18$，当利用 3 期简单移动平均法预测第 19 个月的营业额时，取第 16 个、17 个、18 个月的营业额，用公式$\hat{y}=\frac{1}{3}\left(y_{16}+y_{17}+y_{18}\right)$计算，可得预测结果为 63.0333 万元。

9. 解：记各月份的营业额为y_i，其中$i=1,\cdots,18$，当利用简单指数平滑法进行时间序列预测时，用公式$\hat{y}_{t+1}=\alpha y_t+\left(1-\alpha\right)\hat{y}_t$计算，其中$t=3,\cdots,18$，$\alpha=0.3$，$\hat{y}_3=\alpha y_2+\left(1-\alpha\right)y_1$，预测结果如表 10-17 所示，可知此时第 19 个月营业额的预测结果为 59.5564 万元。

表 10-17 基于简单指数平滑法的某商场营业额预测结果

月份	营业额原始值/万元	平滑值
1	29.5	
2	28.3	
3	32.2	29.1400
4	35.5	30.0580
5	28.6	31.6906
6	37.9	30.7634
7	38.1	32.9044
8	43.1	34.4631
9	42.4	37.0542
10	47.3	38.6579
11	47.0	41.2505
12	48.1	42.9754
13	44.9	44.5128
14	54.4	44.6289
15	60.1	47.5603
16	58.7	51.3222
17	64.4	53.5355
18	66.0	56.7949
19		59.5564

10. 解：根据计算题第 5 题的趋势模型比较可知，由于二次曲线模型的均方误差更小，应取二次曲线模型作为趋势模型，此时趋势模型为$\hat{y}_i=\beta_0+\beta_1 i+\beta_2 i^2$，其中$i=1,\cdots,18$表示各个月份，参数估计值为$\hat{\beta}_0=27.6333$、$\hat{\beta}_1=1.0948$和$\hat{\beta}_2=0.0578$。代入$i=19$，可预测得到第 19 个月的营业额为 69.3003 万元。

第 11 章　指　　数

11.1　学 习 指 导

本章的知识结构如表 11-1 所示。

表 11-1　指数的知识结构

章节	知识点	内容		
指数概述	概念	狭义	反映复杂现象总体综合变动程度的一种相对数	
		广义	表现数量变动或对比关系的数	
	对象	简单现象总体	单位数和标志值可以直接相加	
		复杂现象总体	单位数和标志值不能直接相加	
	时期	基期、报告期		
	性质	综合性、相对性、平均性、代表性		
	分类	反映现象	个体指数、综合指数	
		反映特性	数量指标指数、质量指标指数	
		计算形式	总量指标指数、平均指标指数	
		基期不同	定基指数、环比指数	
		编制方法	简单指数、加权指数	
指数的编制	明确相关问题	同度量因素	引入后使得各个量可以直接相加	
		指数化因素	总体在某方面的数量特征	
	综合指数	简单指数	简单综合指数	先综合后对比
			简单平均指数	先对比后综合
		加权指数	加权综合指数	拉氏指数
				帕氏指数
			加权平均指数	加权算术平均指数
				加权调和平均指数
	平均指标指数	定义	两个总量指标的均值之比	
		变体	固定构成指数	
			结构变动影响指数	
指数体系和因素分析	综合指数	两因素分析	相对数体系	
			绝对数体系	
	平均指标指数	相对数体系		
		差额关系		
综合评价指数	综合评价的基本过程	5 个步骤		
	单项指标标准化方法	目的	使各个单项指标无量纲化，并且取值在同一数量级，而且变为同一方向的指标值	
		方法	标准比值法、统计标准化法、极值标准化法、功效系数法	
	综合方法	加权算术平均法		
		几何平均法		
几种典型的统计指数	居民消费价格指数和商品零售价格指数	概念、编制和过程		
	顾客满意度指数	概念		
	股票价格指数	代表性的股价指数		

学习要点如图 11-1 所示。因本章的计算比较简单，故不提供相关程序代码。

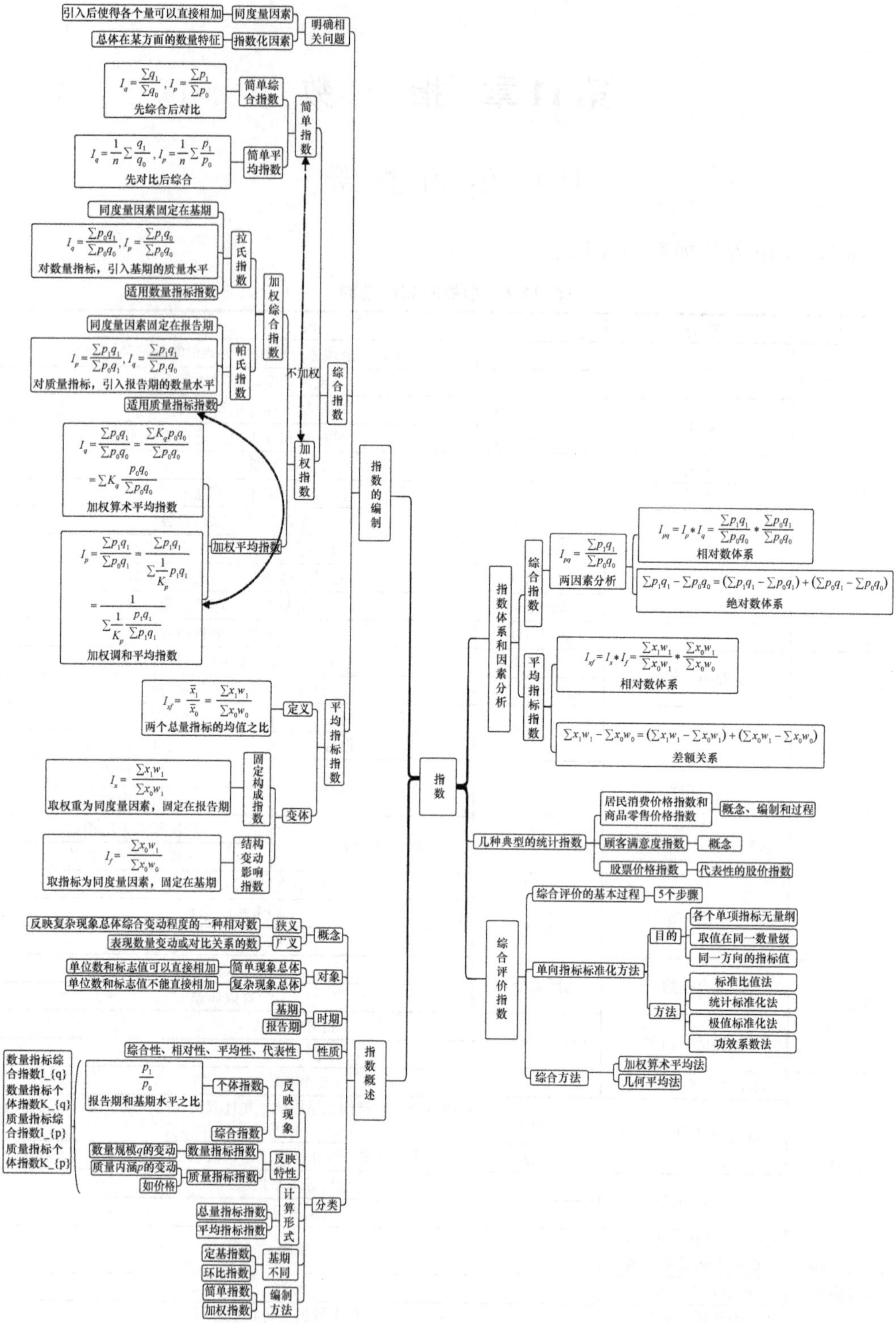

图 11-1　指数的学习要点

11.2 习 题

11.2.1 单项选择题

1. 下列指标中不属于统计指数的是____。
A. 两期同一商品价格的比值
B. 两地区同一商品价格的比值
C. 某校实际招生人数与计划招生人数的比值
D. 某校理工科招生人数与招生总数的比值
2. 拉氏指数方法是指在编制综合指数时____。
A. 用基期的变量值加权　　B. 用报告期的变量值加权
C. 用固定某一时期的变量值加权　　D. 旋转有代表性时期的变量值加权
3. 帕氏指数方法是指在编制综合指数时____。
A. 用基期的变量值加权　　B. 用报告期的变量值加权
C. 用固定某一时期的变量值加权　　D. 旋转有代表性时期的变量值加权
4. 拉氏指数的特点是____。
A. 权数固定在基期，不同时期的指数可以比较
B. 权数固定在基期，不同时期的指数不能比较
C. 权数固定在报告期，不同时期的指数可以比较
D. 权数固定在报告期，不同时期的指数不能比较
5. 设 p 为商品价格，q 为销售量，则指数 $\dfrac{\sum p_0q_1}{\sum p_0q_0}$ 的实际意义是综合反映____。
A. 商品销售额的变动程度
B. 商品价格变动对销售额的影响程度
C. 商品销售量变动对销售额的影响程度
D. 商品价格和销售量变动对销售额的影响程度
6. 设 p 为商品价格，q 为销售量，下列哪个公式是拉氏指数____。
A. $\dfrac{\sum p_1q_1}{\sum p_1q_0}$　　B. $\dfrac{\sum p_1q_0}{\sum p_0q_0}$　　C. $\dfrac{\sum p_0q_1}{\sum p_0q_0}$　　D. $\dfrac{\sum p_1q_1}{\sum p_0q_0}$
7. 设 p 为商品价格，q 为销售量，下列哪个公式是帕氏指数____。
A. $\dfrac{\sum p_1q_1}{\sum p_0q_0}$　　B. $\dfrac{\sum p_1q_1}{\sum p_0q_1}$　　C. $\dfrac{\sum p_1q_0}{\sum p_0q_0}$　　D. $\dfrac{\sum p_1q_1}{\sum p_1q_0}$
8. 某公司今年相比去年的商品价格综合指数为 105%，这说明____。
A. 商品价格平均上涨了 5%　　B. 商品销售量平均上涨了 5%
C. 价格提高使销售量上涨了 5%　　D. 价格提高使销售量下降了 5%
9. 某产品以去年为基期，今年为报告期的销售量指数为 106%，销售额今年比去年

增长 8%，这说明____。

A. 该产品的价格综合指数为 101.89%　B. 该产品的价格上涨

C. 价格提高使销售量提高 101.89%　D. 价格提高使销售额提高 14.48%

10. 某商场的销售额比去年同期销售额增长了 4%，该商场的综合价格指数比去年上涨了 5%，则该商场的销售量增长了____。

A. 2%　B. −0.95%　C. 0.96%　D. −0.96%

11.2.2　判断题

若说法正确则答案为 T，反之为 F。

1. 统计指数是一类特殊的相对数。（　）
2. 统计指数通常表现为百分数。（　）
3. 两期所有品牌电视机的价格指数属于个体指数。（　）
4. 反映数量指标变动程度的相对数称为数量指标指数。（　）
5. 综合反映多种项目数量变动的相对数称为综合指数。（　）
6. 综合指数和个体指数在计算范围和计算方法上都不同。（　）
7. 使用基期价格作权计算的商品销售额指数包含了价格变动的影响。（　）
8. 某公司今年同去年相比，商品的价格提高了 10%，销售量下降了 10%，则商品销售额上升。（　）
9. 某地区今年的价格指数为 105%，这说明价格增长了 5%。（　）
10. 某工厂今年与去年相比，销售量增长了 15%，价格增长了 10%，则销售额增长了 26.5%。（　）

11.2.3　简答题

1. 请解释数量指标指数和质量指标指数的区别。
2. 请解释个体指数与综合指数的区别。
3. 请解释总量指标指数和平均指标指数的区别。
4. 请解释定基指数和环比指数的区别。
5. 请解释简单指数和加权指数的区别。
6. 在编制指数时应注意选择编制的指数类型，请阐述指数的五种分类。
7. 在编制加权指数时，如何确定指数的权重？
8. 请简述简单指数的两种计算方法。
9. 试问加权平均指数与加权综合指数有何联系与区别？
10. 请简述在综合评价中对单项指标进行标准化的目的是什么？

11.2.4　计算题

1. 某商场今年与去年相比，销售量增长了 15%，价格增长了 10%，试问该商场的销售额增长了多少？

2. 某商场中四种商品的销售量如表 11-2 所示，这四种商品的销售量都可用“个”进行描述，试用简单综合指数编制该商场的销售量指数。

表 11-2　某商场四种产品的销售量

商品	销售量/个	
	基期	报告期
A	550	560
B	224	250
C	308	320
D	168	170

3. 基于表 11-2 中所示数据，试用简单平均指数编制该商场的销售量指数。

4. 某商场中四种商品的销售资料如表 11-3 所示，这四种商品的销售量都可用“个”进行描述，试用拉氏指数编制该商场的销售量指数和价格指数。

表 11-3　某商场四种产品的销售数据

商品	销售量/个		销售价格/（元/个）	
	基期	报告期	基期	报告期
A	550	560	1.6	1.8
B	224	250	2	1.9
C	308	320	1	0.9
D	168	170	2.4	3

5. 基于表 11-3 中数据，试用帕氏指数编制该商场的销售量指数和价格指数。

6. 基于表 11-3 中数据，试计算该商场商品的平均销售价格指数。

7. 基于表 11-3 中数据，试计算该商场的销售额总指数。

8. 基于表 11-3 中数据，试计算该商场因销售量和销售价格变动对销售额影响的绝对值。

9. 基于表 11-3 中数据，试计算该商场因销售量变动对销售额影响的相对值。

10. 基于表 11-3 中数据，试计算该商场因销售价格变动对销售额影响的相对值。

11.3　习题参考答案

11.3.1　单项选择题

1. D；2. A；3. B；4. A；5. C；6. C；7. B；8. A；9. A；10. B

11.3.2　判断题

1. T；2. T；3. F；4. T；5. T；6. T；7. F；8. F；9. T；10. T

11.3.3 简答题

1. 答：数量指标指数也称为数量指数，主要反映现象的数量规模的变动情况，其中数量指标是反映现象发展总规模、总水平或工作总量方面的数量；质量指标指数主要用于反映现象质量及内涵的变动情况，其中质量指标是反映现象发展相对水平或质量方面的数量。

2. 答：个体指数是指反映单一要素构成现象变动的相对数，综合指数是指综合反映多种要素构成现象的综合变动的相对数。

3. 答：总量指标指数是用来反映现象在一定条件下的总量（总规模或总水平）的变动程度与方向的指数，平均指标指数是指同一现象两个不同时期数量的平均值对比得到的指数。

4. 答：定基指数是指以某一固定时期的水平为基准编制的指数，环比指数是指以所在时期的前一期为基期编制的指数。

5. 答：简单指数是不加权的指数，即在指数的编制过程中将计入指数的各个项目的重要性视为相同；加权指数是在指数的编制过程中，对计入指数的各个项目根据其重要程度不同赋予不同的权重再进行计算。

6. 答：①按指数反映现象的范围不同，可分为个体指数和综合指数。②按指数反映的指标特性不同，可分为数量指标指数和质量指标指数。③按分析指标的计算形式不同，可分为总量指标指数和平均指标指数。④按采用的基期的不同，可分为定基指数和环比指数。⑤按指数编制的方法不同，可分为简单指数和加权指数。

7. 答：需要根据指数编制的具体情况确定权重，常用的权重确定方法有两种。一种是根据已有信息确定权重；另一种是主观赋权法，当难以客观确定权重时，可根据经验或主观判断给出权重。

8. 答：简单指数是不加权的指数，在计算上分为简单综合指数和简单平均指数两类，其中简单综合指数是直接将报告期的指标总和与基期的指标总和对比形成的指数，其特点是先综合、后对比；简单平均指数是各个体指数的算术平均值，其特点是先对比、后综合。

9. 答：加权平均指数与加权综合指数的联系在于两种指数都是加权指数，区别在于两种指数的数据和计算方式都不同，其中加权综合指数需要固定同度量因素然后将各指数综合后再对比，加权平均指数是对个体指数加权平均后得到的指数。

10. 答：在综合评价中对单项指标进行标准化处理的目的是使得各个单项指标无量纲化，并且取值在同一数量级，此外还需使得各个单项指标变为同一方向的指标值，例如各个单项指标的取值都越大越好。

11.3.4 计算题

1. 解：记该商场今年和去年的销售量分别为 q_1 和 q_0，该商场今年和去年的销售价

格分别为 p_1 和 p_0，由题可知 $\frac{p_1}{p_0}=1.1$，$\frac{q_1}{q_0}=1.15$，则该商场的销售额指数为 $I=\frac{p_1q_1}{p_0q_0}=\frac{p_1}{p_0}\frac{q_1}{q_0}=1.1\times1.15=1.265$，故可知该商场今年和去年的销售额相比增长了 26.5%。

2. 解：记该商场报告期和基期的各商品销售量分别为 q_1 和 q_0，当用简单综合指数编制该商场的销售量指数时，分别对四种商品的报告期销售量 q_1 和基期销售量 q_0 求和，结果如表 11-4 所示，可算得该指数为 $\frac{\sum q_1}{\sum q_0}=\frac{1300}{1250}=104\%$。

表 11-4 基于简单综合指数的某商场销售量指数

商品	销售量/个	
	基期 q_0	报告期 q_1
A	550	560
B	224	250
C	308	320
D	168	170
求和	1250	1300

3. 解：记该商场报告期和基期的各商品销售量分别为 q_1 和 q_0，当用简单平均指数编制该商场的销售量指数时，分别用四种商品的报告期销售量 q_1 和基期销售量 q_0 求各自的指数，结果如表 11-5 所示，最后再求平均可算得该指数为 $\frac{1}{4}\sum\frac{q_1}{q_0}=104.63\%$。

表 11-5 基于简单平均指数的某商场销售量指数

商品	销售量/个		$\frac{q_1}{q_0}$
	基期 q_0	报告期 q_1	
A	550	560	1.0182
B	224	250	1.1161
C	308	320	1.0390
D	168	170	1.0119
求和			4.1852

4. 解：记该商场报告期和基期的各商品销售量分别为 q_1 和 q_0，该商场报告期和基期的销售价格分别为 p_1 和 p_0，当用拉氏指数编制四种商品的销售量指数和价格指数时，将同度量因素的时间固定在基期。对于四种商品的销售量指数，将销售价格固定在基期，分别计算四种商品的 q_1p_0 和 q_0p_0 并求和，结果如表 11-6 所示，可算得该指数为 $\frac{\sum p_0q_1}{\sum p_0q_0}=\frac{2124}{2039}=104.17\%$。对于四种商品的价格指数，将销售量固定在基期，分别计算四种商品

的 q_0p_1 和 q_0p_0 并求和，结果如表 11-6 所示，可算得该指数为 $\frac{\sum p_1q_0}{\sum p_0q_0}=\frac{2197}{2039}=107.75\%$。

表 11-6 基于拉氏指数的某商场四种产品的销售量指数和价格指数

商品	销售量/个		销售价格/（元/个）		q_0p_0	q_1p_0	q_0p_1
	基期 q_0	报告期 q_1	基期 p_0	报告期 p_1			
A	550	560	1.6	1.8	880	896	990
B	224	250	2.0	1.9	448	500	426
C	308	320	1.0	0.9	308	320	277
D	168	170	2.4	3.0	403	408	504
求和					2039	2124	2197

5. 解：记该商场报告期和基期的各商品销售量分别为 q_1 和 q_0，该商场报告期和基期的销售价格分别为 p_1 和 p_0，当用帕氏指数编制四种商品的销售量指数和价格指数时，将同度量因素的时间固定在报告期。对于四种商品的销售量指数，将销售价格固定在报告期，分别计算四种商品的 q_1p_1 和 q_0p_1 并求和，结果如表 11-7 所示，可算得该指数为 $\frac{\sum q_1p_1}{\sum q_0p_1}=\frac{2281}{2197}=103.82\%$。对于四种商品的价格指数，将销售量固定在报告期，分别计算四种商品的 q_1p_1 和 q_1p_0 并求和，结果如表 11-7 所示，可算得该指数为 $\frac{\sum q_1p_1}{\sum q_1p_0}=\frac{2281}{2124}=107.39\%$。

表 11-7 基于帕氏指数的某商场四种产品的销售量指数和价格指数

商品	销售量/个		销售价格/（元/个）		q_0p_1	q_1p_1	q_1p_0
	基期 q_0	报告期 q_1	基期 p_0	报告期 p_1			
A	550	560	1.6	1.8	990	1008	896
B	224	250	2.0	1.9	426	475	500
C	308	320	1.0	0.9	277	288	320
D	168	170	2.4	3.0	504	510	408
求和					2197	2281	2124

6. 解：记该商场报告期和基期的各商品销售量分别为 q_1 和 q_0，该商场报告期和基期的销售价格分别为 p_1 和 p_0，计算该商场商品的平均销售价格指数，需要分别计算该商场基期和报告期的平均销售价格。对基期平均销售价格 $\overline{x}_0$，分别计算四种商品的 q_0p_0 和 q_0 并求和，结果如表 11-8 所示，可算得基期的平均销售价格为 $\overline{x}_0=\frac{\sum q_0p_0}{\sum q_0}=\frac{2039}{1250}=1.6312$（元/个）。对报告期平均销售价格 $\overline{x}_1$，分别计算四种商品的 q_1p_1 和 q_1 并求和，结果如表 11-8 所示，可算得报告期的平均销售价格为 $\overline{x}_1=\frac{\sum q_1p_1}{\sum q_1}=\frac{2281}{1300}=1.7546$（元/

个）。进一步算得平均销售价格指数为 $\dfrac{\overline{x}_1}{\overline{x}_0}=\dfrac{1.7546}{1.6312}=107.56\%$。

表 11-8　某商场的平均销售价格指数

商品	销售量/个		销售价格/（元/个）		q_0p_0	q_1p_1
	基期 q_0	报告期 q_1	基期 p_0	报告期 p_1		
A	550	560	1.6	1.8	880	1008
B	224	250	2.0	1.9	448	475
C	308	320	1.0	0.9	308	288
D	168	170	2.4	3.0	403	510
求和	1250	1300			2039	2281

7. 解：记该商场报告期和基期的各商品销售量分别为 q_1 和 q_0，该商场报告期和基期的销售价格分别为 p_1 和 p_0，计算该商场的销售额总指数，需要分别计算该商场基期和报告期的销售额。对基期销售额，分别计算四种商品的 q_0p_0 并求和，结果如表 11-9 所示。对报告期销售额，分别计算四种商品的 q_1p_1 并求和，结果如表 11-9 所示。进一步算得该商场的销售额总指数为 $\dfrac{\sum q_1p_1}{\sum q_0p_0}=\dfrac{2281}{2039}=111.87\%$。

表 11-9　某商场的销售额总指数

商品	销售量/个		销售价格/（元/个）		q_0p_0	q_1p_1
	基期 q_0	报告期 q_1	基期 p_0	报告期 p_1		
A	550	560	1.6	1.8	880	1008
B	224	250	2.0	1.9	448	475
C	308	320	1.0	0.9	308	288
D	168	170	2.4	3.0	403	510
求和					2039	2281

8. 解：记该商场报告期和基期的各商品销售量分别为 q_1 和 q_0，该商场报告期和基期的销售价格分别为 p_1 和 p_0，计算该商场因销售量和销售价格变动对销售额影响的绝对值，需要分别计算该商场基期和报告期的销售额。分别计算四种商品的 q_0p_0 并求和可得基期销售额，分别计算四种商品的 q_1p_1 并求和可得报告期销售额，结果如表 11-9 所示。进一步可计算得到该商场因销售量和销售价格变动对销售额影响的绝对值为 $\sum q_1p_1-\sum q_0p_0=2281-2039=242$（元）。

9. 解：记该商场报告期和基期的各商品销售量分别为 q_1 和 q_0，该商场报告期和基期的销售价格分别为 p_1 和 p_0，计算该商场因销售量变动对销售额影响的相对值，先分别计算四种商品的 q_1p_0 并求和，再分别计算四种商品的 q_0p_0 并求和，结果如表 11-10 所示。最后可计算得到该商场因销售量变动对销售额影响的相对值为 $\sum q_1p_0-\sum q_0p_0=2124-$

2039=85（元）。

表 11-10　某商场因销售量变动对销售额影响的相对值

商品	销售量/个		销售价格/（元/个）		q_0p_0	q_1p_0
	基期 q_0	报告期 q_1	基期 p_0	报告期 p_1		
A	550	560	1.6	1.8	880	896
B	224	250	2.0	1.9	448	500
C	308	320	1.0	0.9	308	320
D	168	170	2.4	3.0	403	408
求和					2039	2124

10. 解：记该商场报告期和基期的各商品销售量分别为 q_1 和 q_0，该商场报告期和基期的销售价格分别为 p_1 和 p_0，计算该商场因销售价格变动对销售额影响的相对值，先分别计算四种商品的 q_1p_1 并求和，再分别计算四种商品的 q_1p_0 并求和，结果如表 11-11 所示。最后可计算得到该商场因销售量变动对销售额影响的相对值为 $\sum q_1p_1-\sum q_1p_0$ =2281–2124 =157（元）。

表 11-11　某商场因销售价格变动对销售额影响的相对值

商品	销售量/个		销售价格/（元/个）		q_1p_1	q_1p_0
	基期 q_0	报告期 q_1	基期 p_0	报告期 p_1		
A	550	560	1.6	1.8	1008	896
B	224	250	2.0	1.9	475	500
C	308	320	1.0	0.9	288	320
D	168	170	2.4	3.0	510	408
求和					2281	2124

参 考 文 献

贾俊平. 2021. 《统计学（第 8 版）》学习指导书[M]. 北京: 中国人民大学出版社.

贾俊平, 何晓群, 金勇进. 2021. 统计学[M]. 8 版. 北京: 中国人民大学出版社.

卢冶飞, 孙忠宝. 2017. 应用统计学[M]. 3 版. 北京: 清华大学出版社.

苏继伟. 2010. 统计学案例分析[M]. 北京: 高等教育出版社.

武小悦, 刘琦. 2009. 应用统计学[M]. 长沙: 国防科技大学出版社.

武小悦, 刘琦, 贾祥, 等. 2024. 应用统计学[M]. 北京: 科学出版社.

杨维忠. 2020. Eviews 统计分析与实验指导: 视频教学版[M]. 北京: 清华大学出版社.

尹丽子, 王洪凯, 靳绍礼, 等. 2020. 应用统计分析[M]. 北京: 北京大学出版社.

袁卫, 庞皓, 贾俊平, 等. 2016. 统计学（第四版）习题与案例[M]. 北京: 高等教育出版社.

David R A, Dennis J S, Thomas A W, 等. 2017. 商务与经济统计[M]. 13 版. 张建华, 王健, 聂巧平, 等译. 北京: 机械工业出版社.